Ralph Tunder

Der Transaktionswert der Hersteller-Handel-Beziehung

DUV **Wirtschaftswissenschaft**

ebs **Forschung**

Schriftenreihe der
EUROPEAN BUSINESS SCHOOL
Schloß Reichartshausen
Herausgeber: Prof. Dr. Georg H. Küster

Band 25

Ralph Tunder

Der Transaktionswert der Hersteller-Handel-Beziehung

Hintergründe, Konzeptualisierung und Implikationen auf Basis der Neuen Institutionenökonomik

Mit einem Geleitwort von Prof. Dr. Roland Mattmüller

Springer Fachmedien Wiesbaden GmbH

Die Deutsche Bibliothek – CIP-Einheitsaufnahme

Tunder, Ralph:
Der Transaktionswert der Hersteller-Handel-Beziehung : Hintergründe, Konzeptualisierung und Implikationen auf Basis der Neuen Institutionenökonomik / Ralph Tunder. Mit einem Geleitw. von Roland Mattmüller. – Wiesbaden : DUV, Dt. Univ.-Verl., 2000
(DUV : Wirtschaftswissenschaft) (Ebs-Forschung ; Bd. 25)
Zugl.: Oestrich-Winkel, Europ. Business School, Diss., 1999
ISBN 978-3-8244-0518-3

Ursprünglich erschienin bei Deutscher Universitäts Verlag 2000

Lektorat: Ute Wrasmann / Sebastian Hammelsbeck

www.duv.de

ISBN 978-3-8244-0518-3 ISBN 978-3-663-07922-4 (eBook)
DOI 10.1007/978-3-663-07922-4

Geleitwort

Eine Analyse der Hersteller-Handel-Beziehung mag auf den ersten Blick wie eine vertraut erscheinende Themenstellung wirken. Diese war immer schon Gegenstand von marketingbezogenen Forschungsarbeiten, wobei vor allem die Bestimmungsgründe für die Wahl des Handels im Absatzweg der Hersteller sowie die Selektionskriterien zur Auswahl bestimmter Handelsstufen bzw. -formen traditionell einen großen Raum einnehmen. Die von Ralph Tunder vorgelegte Arbeit steht auf der einen Seite durchaus in der Tradition dieser Forschungsrichtung. Auf der anderen Seite geht er jedoch von anderen Voraussetzungen aus – vor allem von einem zugunsten des Handels vorliegenden Machtgefüge. Darüber hinaus ist die Untersuchung von einem anderen paradigmatischen Grundverständnis, nämlich der Neuen Institutionenökonomik, geprägt.

Im Ergebnis geht es dem Verfasser um die Generierung einer Theorie der Transaktionsbeziehung zwischen Hersteller und Handel, die auf dem Transaktionswert als maßgeblichem Effizienzkriterium beruht. Auf der Grundlage des Integrativ-Prozessualen Marketingansatzes analysiert der Verfasser hierzu diesen Transaktionswert als Saldo aus Transaktionskosten und -nutzen und zeigt anschließend die wesentlichen Bestimmungsfaktoren dieser Größen aus Herstellersicht auf: indirekte Transaktionskostenersparnisse (Ersparnisse mit Blick auf die Beziehung des Herstellers zum Letztnachfrager einerseits) und direkte Transaktionskosten (mit Blick auf die unmittelbare Beziehung des Herstellers zum Handel) andererseits.

Neben vielen Einzelergebnissen gelingt dem Verfasser eine hervorragende Untersuchung zur Marke und zu ihrem Einfluß auf Transaktionskosten bzw. -ersparnisse. Eine Zusammenführung dieser Ausführungen in einem Prüfschema erlaubt dem Hersteller eine Einordnung seiner Marke(n) nach deren Funktionen (Rationalisierungs- und Substitutsfunktion bzw. Kostenstraffer, Erlösbringer und Reputationsmedium) und ihren Auswirkungen auf den Transaktionswert. Abschließend geht der Verfasser auf die Schlußfolgerungen ein, die Hersteller aus bestimmten Transaktionswerten ziehen und somit ihre Beziehung zum Handel gestalten können. Zu diesem Zweck werden verschiedene Fälle eines möglichen Saldos des Transaktionswertes differenziert: positiver, negativer und indifferenter Transaktionswert. Für jede dieser Varianten leitet der Verfasser dann Handlungsempfehlungen für die Hersteller ab und ergänzt diese durch konkrete Hinweise, die sich aus seiner Analyse zur Marke ergeben. Neben den bekannten vertraglichen Vertriebssystemen wird dabei auch das Konzept des Efficient Consumer Response als eine Gestaltungsoption aufgegriffen und einer transaktionskostentheoretischen Analyse unterzogen. Diese wird in dieser Form erstmalig von Tunder vorgelegt, womit er eine bisherige Lücke in der weitgehend rein deskriptiven Literatur zu diesem „Modethema“ schließt. Weiterführend sind auch die Ausführungen zum negativen Transaktionswert, der für den Hersteller eigentlich in ein transaktionskostentheoretisches Dilemma mündet. Der von Tunder entwickelte Transaktionswert bietet jedoch auch hierfür Lösungsansätze und führt – in Abweichung der Vorschläge nach dem Markt-Hierarchie-Paradigma – zu einer Hybridlösung in Form eines relationalen Vertragsverhältnisses.

Dem Verfasser gelingt so der Entwurf eines geschlossenen theoretischen Fundaments zur Hersteller-Handel-Beziehung. Gleichzeitig erarbeitet er einige grundlegende und im besten Sinne originäre Ergebnisse, die von erheblicher Bedeutung für die Umsetzung sind. Die zudem als Musterbeispiel für eine streng wissenschaftliche Vorgehensweise geltende Arbeit ist daher von hohem Nutzen für alle an fundierten Ergebnissen interessierten Entscheidungsträger in Industrie und Handel sowie für Lehrende und Lernende in allen marketing- und distributionsorientierten Fachdisziplinen.

Prof. Dr. Roland Mattmüller

Vorwort

Vor dem Hintergrund eines gestiegenen Machtpotentials des Handels sieht sich der Hersteller zunehmend in der Defensive, auf permanent steigende Preis- und Konditionenforderungen des Handels einzugehen. Dabei offenbaren sich für den Hersteller bei einem erneuten Jahresgespräch einmal gewährte Zugeständnisse zur Minimalforderung des Handels. Für einen Ausweg aus dieser Forderungsspirale ist für den Hersteller ein verändertes Rollenverständnis zum Handel zwingend, wonach der Handel nicht mehr nur als vertikaler Konkurrent und schon gar nicht als Erfüllungsgehilfe, sondern vielmehr als der originäre Kunde des Herstellers zu verstehen ist. Damit hat sich der Hersteller vom allseits noch vorherrschenden hierarchischen Rollenverständnis zu lösen und die Beziehung zum Handel als eine Dyade zu interpretieren.

Auf dieser Basis wird in der vorliegenden Arbeit eine Theorie der Transaktionsbeziehung zwischen Hersteller und Handel entwickelt, die auf den Transaktionswert als maßgeblichem Effizienzkriterium beruht. Die Arbeit wurde im Dezember 1999 unter dem Titel „Transaktionsbeziehung und Transaktionswert – Theoretische Hintergründe, Konzeptualisierung und Implikationen aus Sicht des Herstellers gegenüber dem Handel" vom Fachbereich Betriebswirtschaftslehre der EUROPEAN BUSINESS SCHOOL, Schloß Reichartshausen, als Dissertation angenommen. Letzteres ist Verpflichtung genug, sich bei denjenigen zu bedanken, die zum Gelingen der Arbeit beigetragen haben.

Im besonderen und somit zuerst möchte ich mich bei meinem verehrten akademischen Lehrer Herrn Prof. Dr. Roland Mattmüller bedanken, der das Erstgutachten übernahm. Seine leidenschaftliche Fürsprache für den Handel, seine kritische Haltung gegen undifferenzierte Denk- und Handlungsmuster und seine vorgelebte Begeisterung zur wissenschaftlichen Auseinandersetzung haben maßgeblich die Arbeit geprägt. Ich bin dankbar für das von ihm geschaffene kooperativ-produktive Arbeitsumfeld, für seine immerwährende Bereitschaft zum kritischen Gedankenaustausch und für seine Motivationsfähigkeit zur wissenschaftlichen Durchdringung.

Ebenso möchte ich mich herzlich bei Herrn Prof. Dr. Jean-Paul Thommen für die kritische Begleitung der Arbeit und für die unbürokratische Übernahme des Zweitgutachtens bedanken. Mein Dank gilt ferner Herrn Prof. Dr. Georg H. Küster für die zügige Abwicklung des Promotionsverfahrens.

Die Arbeit habe ich im Rahmen meiner Tätigkeit als wissenschaftlicher Mitarbeiter am Lehrstuhl für Allgemeine Betriebswirtschaftslehre, insbesondere Marketing und Handel an der EUROPEAN BUSINESS SCHOOL geschrieben. Dabei bedanke ich mich bei Herrn Prof. Dr. Roland Mattmüller für die mir eingeräumten Freiräume an seinem Lehrstuhl, die allerdings erst durch die aufopferungsvolle Entlastung durch meine Kollegen so richtig zum tragen kamen. Ihre Unterstützung war mir von besonders großen Wert für das Gelingen der Arbeit. In diesem Zusammenhang gebührt Herrn Dipl.-Kfm. Jörg Hensen ein besonderer Dank, der mir nicht nur in vielen Bereichen der Arbeit zur Hand ging, sondern der oft der persönlich Leittragende für meine Freiräume war. Danken möchte ich auch Frau Dipl.-Kffr. Angelika Kunz für die kritische Durchsicht des Manuskriptes und für ihre motivierenden Anmerkungen zu manchem Status quo der Arbeit. Ferner danke ich Herrn Dipl.-Kfm. Tim E. Fischer für seine großartige Unterstützung insbesondere im Vorfeld der Arbeit. Ebenso bedanke ich mich bei Herrn Dipl.-Kfm. Matthias Tewes und Herrn Dipl.-Kfm. Thomas Weisshaupt. Generell möchte ich mich nicht nur für die Unterstützung bei allen meinen Kollegen bedanken, sondern auch für ihre konstruktiven Diskussionsbeiträgen in den zahlreichen Doktorandenseminaren; sie waren für mich stets sehr erkenntnisreich und von nachhaltiger Bedeutung – nicht nur für die Dissertation. Ein ganz besonderer Dank geht schließlich an Frau Beate Wenzl, die mir immer wieder von neuem hilfreich zur Seite stand. Besonders ihrer gewissenhaften Durchsicht des Manuskriptes verdanke ich es, daß (fast) alle Lapsus Calamis in der Arbeit entdeckt wurden.

Zu guter Letzt gilt es auch, im privaten Danke zu sagen: Ich danke meiner Frau und meinem Sohn für Ihre Nachsicht, auf so manches Gemeinsame verzicht zu haben. Danke auch an meine Eltern, deren Unterstützung meinen bisherigen Werdegang maßgeblich bestimmt haben.

Ralph Tunder

Inhaltsverzeichnis

Abbildungsverzeichnis

Tabellenverzeichnis

Abkürzungsverzeichnis

a.a.O.	am angegebenen Ort
Abb.	Abbildung
Abs.	Absatz
Art.	Artikel
asw	absatzwirtschaft, Zeitschrift für Marketing
Aufl.	Auflage
Bd.	Band
BfuP	Betriebswirtschaftliche Forschung und Praxis
BGB	Bürgerliches Gesetzbuch
bspw.	beispielsweise
bzw.	beziehungsweise
ca.	circa
d.h.	das heißt
DBW	Die Betriebswirtschaft
e.V.	eingetragener Verein
ECR	Efficient Consumer Response
EGV	Vertrag zur Gründung der Europäischen Gemeinschaft
EHI	Europäisches Handelsinstitut Köln e.V.
erg.	ergänzt(e)
erw.	erweitert(e)
et al.	und andere
etc.	et cetera
FfH	Forschungsstelle für den Handel Berlin (FfH) e.V.
f.	folgende
ff.	fortfolgende
Ges.	Gesamt
GG	Grundgesetz
GWB	Gesetz gegen Wettbewerbsbeschränkungen
hrsg.	herausgegeben
Jg.	Jahrgang
neubeab.	neubearbeitet(e)
o.O.	ohne Ortsangabe

o.S.	ohne Seitenangabe
o.V.	ohne Verfasserangabe
OK	Objektkosten
ON	Objektnutzen
S.	Seite
Sp.	Spalte
Tab.	Tabelle
TK	Transaktionskosten
TKE	Transaktionskostenersparnis
TKR	Transaktionskosten (Residual)
TN	Transaktionsnutzen
TNE	Transaktionsnutzenentgang
TNR	Transaktionsnutzen (Residual)
TW	Transaktionswert
u.a.	unter anderem
überarb.	überarbeitete
u.	und
UWG	Gesetz gegen unterlauteren Wettbewerb
verb.	verbessert(e)
Vgl.	Vergleich(e)
Vol.	Volume
vollst.	vollständig
v.	von
vs.	versus
WiSt	Wirtschaftswissenschaftliches Studium
WISU	Das Wirtschaftsstudium
ZfB	Zeitschrift für Betriebswirtschaft
ZfbF	Schmalenbachs Zeitschrift für betriebswirtschaftliche Forschung
ZFP	Marketing – Zeitschrift für Forschung und Praxis
ZgS/JITE	Zeitschrift für die gesamte Staatswissenschaft/Journal of Institutional and Theoretical Economics

1. Grundlegung der Untersuchung

1.1 Problemhintergrund und Problemstellung

Obwohl die Herstellung bzw. Erzeugung von Waren und der Handel mit diesen eine „... uralte und ureigenste Eigenschaft des Menschen“[1] ist, nahm die systematische und wissenschaftliche Analyse von ökonomischen Austauschprozessen und -beziehungen zwischen Einzelwirtschaften[2] erst gegen Ende des 19. bzw. mit Beginn des 20. Jahrhunderts ihren Anfang.[3] Dabei rückte auch die Gestaltung des Absatzweges vom Erstanbieter zum Letztnachfrager und die damit verbundene Frage nach der Einschaltung von Zwischennachfragern/Zwischenanbietern in den Fokus der Diskussionen,[4] so daß die Beziehung zwischen Hersteller und Handel als Forschungsgegenstand der Betriebswirtschaftslehre auf eine ungefähr hundertjährige Geschichte zurückblicken kann.

Nichtsdestotrotz stößt dieser Forschungsgegenstand längst noch nicht an die Grenzen seiner möglichen wissenschaftlichen Durchdringung, unter anderem weil die unternehmerische wie auch wissenschaftliche Dynamik in einem gegenseitigen Wechselspiel diese Grenzen immer wieder von neuem abstecken.

---

1 Mattmüller, Roland: Marketingstrategien des Handels und staatliche Restriktionen: Geschäftsfeldsegmentierung, Wachstumsoptionen und rechtliche Rahmenbedingungen, 2. Aufl., München 1998, S. 9

2 „Einzelwirtschaften sind Individuen (Ein-Personen-Haushalte z.B.) und Gruppen (Familienhaushalte, Familienbetriebe z.B.) sowie Zweckverbände aller Art (Unternehmungen, Genossenschaften, Gewerkschaften, Schulen und Universitäten, Bundeswehr, Verwaltungen, Krankenhäuser, Gefängnisse etc.).“ Meyer, Paul W.: Die machbare Wirtschaft: Grundlagen des Marketing, Essen 1973, S. 43

3 Vgl. Meffert, Heribert: Marketing-Geschichte, in: Vahlens Großes Marketinglexikon, hrsg. v. Hermann Diller, München 1992, S. 662

4 Vgl. hierzu beispielsweise die Arbeiten von Sparling, Samuel E.: Introduction to Business Organization, New York 1906; Jones, Edward D.: Cost of Living and the Retail Trade, in: Mill Supplies, 2. Jg., 1912, S. 461-462; Shaw, Arch W.: Some Problems in Market Distribution, in: Quarterly Journal of Economics, 26. Jg., 1912, S. 703-765. Shaw geht u.a. der Frage nach, warum sogenannte „merchant-producer“ (Hersteller, die Tätigkeiten des Handels übernehmen) zunehmen, wobei er über eine Funktionsanalyse des Handels die Sinnhaftigkeit der Ausschaltung von Händlern durch die ersten Anbieter diskutiert. Vgl. ebenda, S. 731

Auf der einen – eher praxis-geleiteten – Seite ist die Beziehung zwischen Hersteller und Handel – wie jede andere (soziale) Beziehung auch – keine statische Größe, sondern stellt einen evolutorischen Prozeß dar, der durch sich permanent verändernde beziehungsendogene und -exogene Faktoren stets auf ein Neues bestimmt wird. Diese Dynamik externer und interner Bestimmungsfaktoren der Hersteller-Handel-Beziehung und die daraus entstehenden Konsequenzen werfen somit immer wieder neue Fragen auf, und stellen folglich sowohl die relevante unternehmerische Praxis als auch die wissenschaftliche Forschung fortlaufend vor neue Herausforderungen. In diesem Zusammenhang sei beispielsweise an aus der Praxis hervorgegangene Konzepte verwiesen, namentlich beispielhaft das „Vertikale Marketing“, „Key Account Management“ und – wie gegenwärtig aktuell diskutiert – das Konzept des „Efficient Consumer Response“, die gemeinsam, aber hinsichtlich ihrer spezifischen Inhalte unterschiedlich, eine Verbesserung der Hersteller-Handel-Beziehung zum Gegenstand haben und von denen jeweils gravierende Strukturveränderungen für die Zukunft erwartet werden.[5]

Auf der anderen – eher theorie-geleiteten – Seite führen neue Entwicklungen in den theoretischen Bezugnahmen der Wirtschaftswissenschaften mit veränderten oder neuen Forschungsansätzen und Theorien zum Aufbrechen etablierter Denkmuster in Hersteller-Handel-Beziehungen. Der hieraus sich öffnende Horizont gewährt nicht nur neue Interpretationen im gegenseitigen Umgang zwischen Hersteller und Handel, sondern stellt darüber hinaus den praxis-determinierten Status quo von Hersteller-Handel-Beziehungen mehr als nur kritisch in Frage. Hier sei insbesondere die Neue Institutionenökonomik angeführt, die sich von dem „ceteris-paribus-Preisdogma“ der neoklassischen Denkwelt löst und über weniger restriktive Annahmen ein wirklichkeitsnäheres Abbild der Realität schafft. So zeichnen sich mit der Neuen Institutionenökonomik beispielsweise neue Ansatzpunkte in der Diskussion um die geeignetste Absatzwegewahl des Herstellers ab, die nicht allein auf kostenrechnerische- oder management-orientierte Ansätze zurückgehen. Generell gehen somit von der Neuen Institutionenökonomik für die Analyse von Hersteller-Handel-Beziehungen Impulse aus, die mit

[5] Vgl. zu den erwarteten Aussichten in der Hersteller-Handel-Beziehung beispielsweise Kaiser, Claus-Jürgen: Szenario der Zukunft: Handel und Industrie im Jahr 2005, in: asw, 40. Jg., Heft 6/1998, S. 30 ff.

etablierten Vorstellungen und traditionellen Bildern brechen und zu neuen Denkanstößen – nicht nur für die Theorie, sondern auch für die Praxis – anregen.

1.1.1 Historisch gestützte Herleitung des Problemhintergrundes

Die Beziehung des Herstellers mit dem Handel, so wie sie sich heute in groben Zügen darstellt, steht in einem über hundertjährigen Kontext. Vor der Industrialisierung dominierte zwar die *Funktion* des Handels das Wirtschaftsleben[6], allerdings hatte im Vergleich dazu die *Institution* Handel – insbesondere die des stationären Einzelhandels – einen weitaus geringeren Stellenwert, da ein Großteil der Handelsleistung im Rahmen des Direktabsatzes durch die ersten Anbieter selbst oder, wenn vom institutionalen Handel, dann vom ambulanten Handel erbracht wurde. Erst als mit der Industrialisierung die Massenproduktion und infolgedessen eine zunehmende Verstädterung bei gleichzeitigem Bevölkerungswachstum einsetzte, änderte sich gezwungenermaßen die bis dahin existierende Struktur der Güterverteilung. Insbesondere in den Städten entwickelten sich daraufhin der stationäre Einzelhandel und simultan dazu ein entsprechender Großhandel als Bindeglied zwischen den Produktionsstätten und dem Einzelhandel.[7]

Seit dieser Zeit existiert zwischen Hersteller und Handel ein systemimmanentes Konfliktfeld, welches – wie in der Forschung wiederholt analysiert[8] – vornehmlich auf die Zieldivergenzen zwischen Hersteller und Handel in der Gestaltung ihrer Beziehung zueinander beruht und durch die Handlungsmaxime: „Dein Gewinn ist mein Verlust"

---

6 Vgl. Tietz, Bruno: Zukunftsstrategien für Handelsunternehmen: Dynamik im Handel, Band 3, Frankfurt am Main 1993, S. 11

7 Vgl. Berekoven, Ludwig: Erfolgreiches Einzelhandelsmarketing: Grundlagen und Entscheidungshilfen, München 1990, S. 6

8 Vgl. hierzu beispielsweise Steffenhagen, Hartwig: Konflikt und Kooperation in Absatzkanälen. Ein Beitrag zur verhaltensorientierten Marketingtheorie, Wiesbaden 1975; Thies, Gerhard: Vertikales Marketing. Marktstrategische Partnerschaft zwischen Industrie und Handel, Berlin, New York 1976, S. 41; Kunkel, Rolf: Vertikales Marketing im Herstellerbereich. Bestimmungsfaktoren und Gestaltungselemente stufenübergreifender Marketing-Konzeptionen, München 1977, S. 104 ff.; Hansen, Ursula: Absatz- und Beschaffungsmarketing. Eine Aktionsanalyse, 2., neubearbeitete u. erweiterte Aufl., Göttingen 1990, S. 134 f.; Ahlert, Dieter: Distributionspolitik. Das Management des Absatzkanals, 3. Aufl., Stuttgart, Jena 1996, S. 89 ff.

geleitet wird.[9] Nach Irrgang geht es zwischen Hersteller und Handel dabei letzten Endes „... um den Kampf der Verteilung von Funktionen und Spanne."[10] Während der Funktionsverteilungskampf hinterfragt, wer von den beiden Parteien welche Aufgaben bei der Verteilung der Waren[11] innerhalb der Marktkette zu erfüllen hat, ist der Kampf um die Vertriebsspanne darauf gerichtet, wer von den beiden Parteien wie stark am Erlös des Verkaufs eines vom Hersteller produzierten und über den Handel an den Letztnachfrager abgesetzten Austauschobjektes partizipiert.[12]

Nach der Sozialen Austauschtheorie (Social Exchange Theory) und der Ressourcen-Abhängigkeitstheorie (Resource Dependence Theory) ist die Art und Weise der Ausgestaltung dieses Konfliktfeldes im wesentlichen abhängig von der Eindeutigkeit der Machtverteilung im Beziehungsgefüge zwischen Hersteller und Handel. Diese Machtverteilung wiederum stellt sich historisch gesehen durch ein permanentes Wechselspiel zwischen Angebots- und Nachfragemacht dar.

Dabei obliegt es der jeweils überlegenen Wirtschaftsstufe, ihre spezifischen Interessen durchzusetzen und somit die Beziehung zur unterlegenen Wirtschaftsstufe ihren Vorstellungen gemäß zu gestalten.[13] Je ausgeglichener das Machtverhältnis dabei ist, um so schwieriger wird es zwischen Hersteller und Handel, die jeweils überlegene Wirtschaftsstufe zu definieren und desto größer erscheint die Wahrscheinlichkeit, daß beide Parteien, im jeweils sicheren Glauben, der Stärkere zu sein, es zu einer Konfliktaus-

9 Vgl. Bunk, Burkhardt: Handel und Markenartikelindustrie: In Wertschöpfung vereint?, in: asw, Heft 7/1996, S. 31

10 Irrgang; Wolfgang: Strategien im vertikalen Marketing. Handelsorientierte Konzeptionen der Industrie, München 1989, S. 8

11 Die Begriffe „Ware" oder „Produkt" decken entsprechend ihrem allgemeinen Begriffsverständnis, das weitgehend von einer materiellen Sache ausgeht, nur einen Teil möglicher handel- bzw. austauschbarer Objekte ab, zu denen außerdem noch Objektsysteme, ökonomische Chancen und veredelte Dienstleistungen zu zählen sind. Infolgedessen wird im weiteren statt der obengenannten Begriffe der umfassendere Begriff „Austauschobjekt" verwendet. Vgl. zur Systematisierung von handelbaren Objekten Meyer, Paul W.: Der integrative Marketingansatz und seine Konsequenzen für das Marketing, in: Integrierte Marketingfunktionen, hrsg. v. Paul W. Meyer, 4. Aufl., Stuttgart u.a. 1996, S. 16 f.

12 vgl. ebenda, S. 8 ff.

13 Vgl. Bodenstein, Gerhard; Spiller, Achim; Zühlsdorf, Anke: Absatzkanalmanagement in der Konsumgüterindustrie: Eine Analyse aus interaktionstheoretischer Sicht, Diskussionsbeitrag des Fachbereichs Wirtschaftswissenschaften der Universität – Gesamthochschule – Duisburg, Duisburg 1992, S. 1 f.

tragung kommen lassen. Allerdings gibt die Machtkonstellation allein noch keinen ausreichenden Hinweis über eine etwaige Führungsstruktur bzw. über eine latente Konfliktgefahr im Beziehungsgefüge zwischen Hersteller und Handel. Macht zeigt nur die Fähigkeit zur Führung oder die Neigung zur Konfliktaustragung auf. Der eigene Wille oder der von außen vorgegebene Zwang, vorhandene Macht auch tatsächlich auszuüben, müssen noch hinzukommen.[14]

Im Verlauf der letzten fünfzig Jahre wechselte die dominierende Position zwischen Hersteller und Handel allgemein betrachtet vom erst- zum letztgenannten. Nach dem zweiten Weltkrieg bestimmten zunächst die Hersteller, insbesondere die Anbieter von Markenartikeln, die Form der Beziehung zwischen ihnen und dem Handel. Letzterer galt nur als Erfüllungsgehilfe der Industrie,[15] der zum einen aufgrund seiner atomistischen, mittelständischen Struktur bei gleichzeitig geringerem Marketing-Know-how im Vergleich zu den Herstellern, und zum anderen wegen der gesetzlich vorgeschriebenen Preisbindung der zweiten Hand[16] über keine sonderlichen Potentiale verfügte, um Einfluß auf die Beziehung zu den Herstellern nehmen zu können. Zwischen der Produktion und der Konsumtion von Austauschobjekten kam dem Handel im wesentlichen nur eine Verteilerfunktion zu, ohne daß der Hersteller ihn dabei mit spezifischen Marketingaktivitäten motivieren mußte. Für die über den Handel an den Letztnachfrager absetzende Industrie galt es vielmehr, mit Hilfe eines ausschließlich auf den Letztnachfrager gerichteten Marketing einen Nachfragesog zu erzeugen, der letztlich die Händler zur Listung der vom Hersteller produzierten Austauschobjekte zwang.[17]

14 Vgl. Kümpers, Ursula A.: Marketingführerschaft. Eine verhaltenswissenschaftliche Analyse des vertikalen Marketing, Münster 1976, S. 104 ff.

15 Vgl. Möhlenbruch, Dirk: Betriebswirtschaftliche Probleme einer Kontrolle der Nachfragemacht des Handels unter besonderer Berücksichtigung der Marktabgrenzung und des Diskriminierungsverbotes, Göttingen 1985, S. 24

16 Die Preisbindung zweiter Hand verpflichtet einen Händler, die ihm gelieferte Ware nur zu dem vom ersten Anbieter festgelegten Preis weiter zu verkaufen. Seit 1974 ist diese vertikale Preisbindung gemäß § 15 GWB grundsätzlich verboten. Ausnahmen – insbesondere für Verlagserzeugnisse – regelt § 16 GWB.

17 Vgl. Nieschlag, Robert; Dichtl, Erwin; Hörschgen, Hans: Marketing, 17. Aufl., Berlin 1997, S. 479

Seit den sechziger Jahren bzw. spätestens mit der Aufhebung der vertikalen Preisbindung (1.1.1974) verschob sich sukzessive die Machtverteilung zwischen Hersteller und Handel zu Gunsten des letztgenannten. Der Handel begann „... seine Position durch konzeptionelle Emanzipation, horizontale Konzentration und konsequente Ausnutzung des strukturellen Wandels ...“[18] gegenüber der Industrie schrittweise auszubauen. Anfangs führte dies zu einer Angleichung der Machtverhältnisse zwischen Hersteller und Handel, hatte jedoch Ende der siebziger, Anfang der achtziger Jahre „... eine Störung der Marktgleichgewichte ...“[19] zum Vorteil des Handels zur Folge.

Die dabei wohl auffälligste Entwicklung vollzog sich in den Konzentrations- und Zentralisationsprozessen des Handels. Gab es 1961 beispielsweise noch 161.359 Lebensmittelgeschäfte in Westdeutschland, waren es 1990 nur noch ca. 60.000 Verkaufsstellen. Im wiedervereinigten Deutschland setzte sich der Konzentrationstrend fort: Von 85.294 Lebensmittelgeschäften 1991 sank deren Anzahl bis 1998 auf 73.418.[20] Darüber hinaus entstanden über Fusionen große Handelskonzerne, so daß sich hinter mehreren Tausend Verkaufsstellen, mit zum Teil unterschiedlichen Betriebsformen, zentrale Strukturen widerspiegeln.[21] Dabei erwirtschafteten 1997 die acht größten Handelsgruppen einen Anteil von über 86% des gesamten Lebensmittelumsatzes.[22] Folglich vereinen heute einige Handelsgruppen bis zu 20% des gesamten Umsatzes eines Herstellers auf sich,[23] während umgekehrt der Umsatzanteil eines Herstellers am Gesamtumsatz dieser Handelskonzerne in kaum einem Fall mehr als 2% beträgt. Im Ergebnis existiert gegenwärtig eine weitaus größere (quantitative) Abhängigkeit selbst der größten Hersteller gegenüber den großen Handelsunternehmen, als das vice versa der Fall wäre. Mit anderen Worten: Hersteller können nur noch begrenzt, zum Teil

---

18 Bergmann, Gustav: Strategisches Absatzkanalmanagement in Märkten mit hoher Nachfragemacht des Handels: Eine Bestandsaufnahme mit Beispielen aus der Möbelindustrie, Frankfurt am Main 1988, S. 5

19 Swoboda, Bernhard: Wertschöpfungspartnerschaften in der Konsumgüterwirtschaft: Ökonomische und ökologische Aspekte des ECR-Managements, in: WiSt, 26. Jg., Heft 9/1997, S. 449

20 Vgl. EHI: Handel aktuell '98, Köln 1998, S. 58 f.

21 Beispielsweise gehören zur Rewe-Gruppe 11.787, zur Edeka-Gruppe 11.212 und zur Tengelmann-Gruppe 4.154 Verkaufsstellen (Stand 1997). Vgl. ebenda, S. 78

22 Vgl. ebenda, S. 62 u. 114

23 Vgl. Prießnitz, Horst: Handelskonzentration: Herausforderung an die Politik, in: Markenartikel, Heft 3/1996, S. 96

überhaupt nicht mehr, bestimmten Handelsunternehmen ausweichen, ohne ihre eigene Existenz zu gefährden.[24]

Einhergehend mit diesen Konzentrationsbewegungen kam es, verbunden mit einer „... Professionalisierung des Handelsmanagements ...,“[25] zu einer zunehmenden Entscheidungszentralisation im Handel. Während Beschaffungsentscheidungen in den siebziger Jahren überwiegend noch auf regionaler bzw. lokaler Ebene und somit dezentral von einer Vielzahl von Entscheidern getroffen wurden,[26] wird derzeit davon ausgegangen, daß nur zehn nationale Entscheidungsinstanzen des Handels über 80% des gesamten Umsatzes im Lebensmitteleinzelhandel beeinflussen.[27] Deren Einfluß bestimmt dabei u.a., inwieweit Austauschobjekte eines Herstellers im Einzelhandel überhaupt erhältlich sind, inwieweit der Einzelhandel diese Austauschobjekte aus Sicht des Herstellers strategieadäquat führt bzw. in welcher physischen und kommunikativen Form er sie präsentiert sowie gegebenenfalls in welcher Intensität und Qualität Serviceleistungen vor und nach dem Kauf von ihm erbracht werden.[28] Der Handel tauschte somit die Rolle des Erfüllungsgehilfen in die des Gatekeeper ein, was zu einer nicht unerheblichen, für den Hersteller nachteiligen Neuausrichtung der Machtverteilung zwischen ihm und dem Handel führte.[29]

---

24 Vgl. Ahlert, Dieter: Distributionspolitik, a.a.O., S. 116 f. In differenzierterer Form kam es auch auf Seiten der Industrie zu Konzentrationsprozessen. So vereinigen beispielsweise die fünf größten Hersteller in den Warengruppen Zigaretten, WC-Reiniger, Baby-Artikel und Mundhygiene mehr als 70% Marktanteil auf sich. Ebenfalls sind bei den Warengruppen Haarpflege, Zucker, Öle/Fette/Margarine, Süßwaren, Kaffee/Tee sowie Teigwaren Konzentrationstendenzen erkennbar. Folglich liegen bei diesen Warengruppen bilateral oligopolistische Marktstrukturen vor, so daß in Bezug auf Marktgröße ein ausgeglichenes Machtverhältnis zwischen den großen Hersteller- und Handelsunternehmen vorliegt, was jedoch ein erhöhtes Konfliktpotential bedeutet. Vgl. Arbeitskreis „Das Unternehmen im Markt“: Vertikale Geschäftsbeziehungen zwischen Industrie und Handel, in: Kontrakte, Geschäftsbeziehungen, Netzwerke. Marketing und Neue Institutionenökonomik, hrsg. v. Klaus P. Kaas, ZfbF Sonderheft 35/95, Düsseldorf 1995, S. 180; Irrgang, Wolfgang: Strategien im vertikalen Marketing der Industrie, in: Vertikales Marketing im Wandel, hrsg. v. Wolfgang Irrgang, München 1993, S. 23

25 Westphal, Jörg: Vertikale Wettbewerbsstrategien in der Konsumgüterindustrie, Wiesbaden 1991, S. 39

26 Vgl. Kemna, Harald: Key Account Management: Verkaufserfolg der Zukunft durch Kundenorientierung, München 1979, S. 52

27 Vgl. Ahlert, Dieter: Distributionspolitik, a.a.O., S. 114

28 Vgl. Tomczak, Torsten; Gussek, Frank: Handelsorientierte Anreizsysteme der Konsumgüterindustrie, in: ZfB, 62. Jg,, Heft 7/1992, S. 784

29 Vgl. Obergfell, Eugen: Die Führungsrolle des Handels im Absatzweg von Konsumgütern: Eine aktionsanalytische Untersuchung der gate-keeper-Position, Frankfurt am Main 1977, S. 38 ff.

Die bisherige dichotome Betrachtung zwischen Hersteller und Handel kann jedoch nicht unabhängig von den jeweiligen horizontalen Wettbewerbsverhältnissen gesehen werden, denn die Stärke im horizontalen Wettbewerb kann in der vertikalen Ausrichtung – also im Umgang mit der jeweils anderen Wirtschaftsstufe – instrumentalisiert werden. Allerdings stehen sowohl der Hersteller als auch der Handel auf ihrer jeweiligen Wirtschaftsstufe in einem mehr oder weniger intensiven Preis- bzw. Kostenwettbewerb, der sich auf die Beziehung zu der jeweils anderen Wirtschaftsstufe eher negativ auswirkt.[30] Insbesondere aus Sicht des Herstellers haben u.a. von ihnen selbst vorgenommene Produktdifferenzierungen zu Kannibalisierungseffekten und die vom Handel ausgehende Ausweitung von Handelsmarken zu Substitutionen geführt, so daß sich beim Hersteller die horizontale Wettbewerbssituation über die Jahre noch verschärft hat.[31] Mittlerweile verfügen nur noch wenige Hersteller über eine so dominierende horizontale Wettbewerbsstellung, daß damit ein Nachfragesog beim Handel verbunden ist.

1.1.2 Gegenwärtiger Status quo der Hersteller-Handel-Beziehung

Ausgehend von dem systemimmanenten Konfliktfeld und entsprechend der hier skizzierten Entwicklungen läßt sich der gegenwärtige Status quo des allgemeinen Kräfteverhältnisses zwischen Hersteller und Handel fürs Erste dahingehend vereinfachend zusammenfassen, daß

(1) die Machtverteilung zwischen den beiden Parteien zugunsten des Handels ausfällt,

(2) der Handel gewillt oder gezwungen ist, diese vorhandene Macht gegenüber dem Hersteller auch konsequent auszuüben und

(3) der Hersteller als Reaktion kaum noch bestimmten Handelsunternehmen ausweichen kann, ohne dabei ihre eigene Existenz zu gefährden.

---

30 Vgl. Gaitanides, Michael; Westphal, Jörg: 'Nachfragemacht' und Erfolg: Eine empirische Untersuchung von Erfolgsdeterminanten in Hersteller-Handels-Beziehungen, in: ZfB, 60. Jg., Heft 2/1990, S. 136

31 Vgl. Schnoedt, Eike: Kooperation im Distributionskanal: Eine Analyse interorganisatorischer Kooperationspotentiale und -hemmnisse in der Konsumgüterdistribution, Nürnberg 1994, S. 5 f.

Für den letztgenannten Punkt ist als Indiz zu werten, daß Hersteller sich verstärkt bemühen, den nicht endenden Preis- und Konditionenforderungen des Handels bzw. den sogenannten „Kampf um Funktionen und Spanne" weitestgehend zu umgehen, indem sie sich mit umfangreichen Serviceleistungen beim Handel zu behaupten und im horizontalen Wettbewerb mit den anderen Herstellern zu differenzieren versuchen.[32] Allerdings gehen die Serviceleistungen in der Regel nicht auf strategisch ausgereifte Marketingkonzeptionen zurück, sondern sind das Ergebnis spontan formulierter Zugeständnisse im Rahmen von Verkaufs- oder Jahresgesprächen mit den Vertretern des Handels.[33] Dabei wird der Verhandlungsspielraum des Herstellers mit jedem weiteren Jahresgespräch zunehmend kleiner, denn einmal gemachte Zusagen sind Verhandlungsbasis für nächstfolgende Gespräche mit dem Handel. Hersteller, die in diesem Zusammenhang keine für den Handel befriedigenden Antworten auf dessen Forderungen finden, „... werden den Kampf um die knappe Ressource Regalplatz mit hoher Wahrscheinlichkeit verlieren."[34] Infolgedessen befindet sich der Hersteller in Bezug auf die ständig anwachsenden Forderungen des Handels in einem Teufelskreis oder sieht sich – wie Bergmann konstatiert – einer „Nachfragemachtspirale"[35] ausgesetzt.

Vor diesem gegenwärtigen, teilweise historisch gewachsenen Problemhintergrund von Hersteller-Handel-Beziehungen stehen dem Hersteller prinzipiell zwei Möglichkeiten von Auswegen offen: erstens den selbständigen Handel soweit es geht zu meiden und über eigen geführte Absatzsysteme direkt an den Letztnachfrager zu liefern; zweitens sich der skizzierten Situation mit dem Handel zu stellen und ihm ein neues, beidseitig akzeptables Beziehungsverständnis anzubieten.

---

32 Vgl. Westphal, Jörg: Vertikale Wettbewerbsstrategien in der Konsumgüterindustrie, a.a.O., S. 2 f.

33 Vgl. Tomczak, Torsten; Gussek, Frank: Handelsorientierte Anreizsysteme der Konsumgüterindustrie, a.a.O., S. 784 f.; Steffenhagen, Hartwig: Effizienz und Flexibilität in leistungsorientierten Konditionensystemen der Markenartikelindustrie, in: Marktorientierte Unternehmensführung im Umbruch, hrsg. v. Manfred Bruhn; Heribert Meffert u. Frank Wehrle, Wiesbaden 1994, S. 100

34 Gaitanides, Michael; Westphal, Jörg: 'Nachfragemacht' und Erfolg, a.a.O., S. 136

35 Bergmann, Gustav: Strategisches Absatzkanalmanagement in Märkten mit hoher Nachfragemacht des Handels, a.a.O., S. 256

Letztere Alternative stellt sich, wie bereits oben erwähnt, für die meisten Hersteller aufgrund ihrer Abhängigkeit vom Handel als einzige realistische Alternative dar, weswegen sich auch hieraus die *Problemstellung* für die vorliegende Arbeit ableitet. Konkret geht es darum, dem Hersteller einen neuen Denkansatz im Verständnis zum Handel aufzuzeigen, der dem gegenwärtigen Kräfteverhältnis zwischen diesen beiden Parteien gerecht wird. Dieser Ansatz begreift den Handel nicht nur als einen vertikalen Absatzpartner bzw. Agenten, sondern vor allem auch als einen Kunden des Herstellers, ohne dabei die systemimmanente vertikale Konkurrenz[36] zwischen Hersteller und Handel außer acht zu lassen. In diesem Sinne steht die Untersuchung vor der Aufgabe, dem Hersteller eine Perspektive im Umgang mit dem Handel zu eröffnen, die sich von den klassischen Rollen- und Konfliktfeldern in Hersteller-Handel-Beziehungen löst. Dabei sollen dem Hersteller mögliche Ansatzpunkte aufgezeigt werden, um seine Position gegenüber dem Handel einzuordnen und gegebenenfalls auch zu verbessern.

Selbst wenn diese Problemstellung bereits auf den ersten Blick genügend Berührungspunkte zu anderen wirtschaftswissenschaftlichen Disziplinen – speziell der Organisations- und Verhaltensforschung – erkennen läßt, soll sie doch im wesentlichen in der Tradition der funktionalen Marketinglehre[37] stehen. Dadurch liegt der Fokus der Problemstellung weniger auf einer Intra- als mehr auf einer Inter-Analyse von Hersteller-Handel-Beziehungen. Die Annäherung an die Problemstellung erfolgt jeweils in einem ersten Schritt über eine theoretische Bezugnahme und erst im zweiten Schritt praxisgeleitet, um so nicht der Gefahr Vorschub zu leisten, die aus der Praxis gewonnenen Erkenntnisse erst ex post theoretisch zu untermauern und anschließend im Ergebnis der Arbeit als „neuartige" praxisrelevante Handlungsempfehlungen wiederum zu formulieren (Zirkelschlußargumentation).

---

[36] Vgl. Westphal, Jörg: Vertikale Wettbewerbsstrategien in der Konsumgüterindustrie, a.a.O., S. 4

[37] Vgl. zum Funktionalen Marketingansatz Meyer, Paul W.: Der integrative Marketingansatz und seine Konsequenzen für das Marketing, a.a.O., S. 23 ff.

1.2 Zielsetzung und Erkenntnisziel der Untersuchung

Mit der Zielsetzung im Rahmen von wissenschaftlichen Arbeiten wird ex ante das angestrebte Ergebnis einer Untersuchung festgelegt, welches zum einen nach seinem praxisrelevanten Erkenntnisfortschritt und/oder zum anderen nach seinem wissenschaftlichen Mehrwert beurteilt werden sollte. Beides wird bereits zu Beginn einer wissenschaftlichen Arbeit in einem starken Maße durch die Ansprüche bestimmt, die an die Qualität der Untersuchung im gesamten und an die Qualität der Ziele im besonderen gestellt werden. Wenngleich diese beiden Anspruchsdimensionen selbstredend stark interdependent zueinander stehen, sollten sie bei der eigentlichen Zielsetzung von Forschungsarbeiten zumindest implizit in Form einer semantischen Differenzierung Berücksichtigung finden. Um diesem Gedankengang Rechnung zu tragen, wird im folgenden – wenn auch nicht immer inhaltlich trennscharf – zwischen der *Zielsetzung der Untersuchung* einerseits und dem eigentlichen *Erkenntnisziel der Untersuchung* andererseits differenziert.

Gewissermaßen von einer Metaebene ausgehend wird die Qualität der hier vorliegenden Untersuchung von dem (übergeordneten) Ziel geleitet, durch eine grundlagenorientierte Betrachtungsweise und Ergebniserzielung gekennzeichnet zu sein. Wenngleich damit a prima vista die Anwendungsbezogenheit der Ergebnisse in dem Maße eingeschränkt wird, wie es nicht Ziel wissenschaftlicher Untersuchungen sein kann, dem „how to do" der Praxis zu folgen, zeigt sich bei näherer Sicht, daß sich die Anwendbarkeit der Ergebnisse[38] durchaus auf die Führungs- bzw. Leitungsfunktion von

---

[38] „Anwendungsorientiert" stellt kein Synonym für „praxisorientiert" dar, denn praxisorientiert ist die Betriebswirtschaftslehre per se qua Definition, da das Erkenntnisobjekt der Betriebswirtschaftslehre die (unternehmerische) Praxis ist. Somit ist die der betriebswirtschaftlichen Forschung häufig vorgeworfene Kritik der Praxisferne im Grunde genommen gegenstandslos. Allerdings ist der Transfer der Erkenntnisse aus der Forschung in die betriebswirtschaftliche Praxis und deren dortige konkrete Umsetzung kritisch zu hinterfragen. Die in anderen wissenschaftlichen Disziplinen selbstverständliche Verzahnung zwischen Wissenschaft und Praxis – insbesondere bei vielen Naturwissenschaften – scheint für die Betriebswirtschaftslehre in der Intensität nicht zu gelten. Gründe hierfür liegen u.a. einerseits in der allgemeinen Voreingenommenheit der Praxis gegenüber Bildungs- und Forschungseinrichtungen sowie gegenüber der „grauen Theorie" als solche, anderseits in der Fokussierung von Forschungen in hochspezialisierte Problemstellungen mit Lösungsvorschlägen von zudem meist stark quantitativ formalem Charakter, die von der Praxis nur schwer nachvollziehbar sind. Vgl. Mattmüller, Roland; Tunder, Ralph: Zur theoretischen Basis der Marketingwissenschaft: Die Verknüpfung der Neuen Institutionenökonomik mit dem Integrativ-Prozessualen Marketingansatz, Arbeitspapier Nr. 5 des Lehr- und Forschungsteam Marketing, 2. Aufl., Schloß Reichartshausen 1998, S. 4

Einzelwirtschaften bezieht. Dieses an die Untersuchung selbst gesteckte Ziel entspricht zwar durchaus dem auf eine lange Tradition zurückblickenden Selbstverständnis der Betriebswirtschaftslehre als Führungslehre,[39] darf jedoch zugleich nicht dahingehend mißverstanden werden, daß der Objektbereich der vorliegenden Arbeit von einer ausschließlich partikularistischen Interpretation geprägt ist.

Insbesondere letzterer Hinweis knüpft an die Diskussion über die Werturteile im Basisbereich der Marketingwissenschaft an, wozu auch hier die Entscheidung über die Auswahl des für die Untersuchung relevanten Problemfeldes gehört.[40] In diesem Zusammenhang haben sich in der Marketingwissenschaft zwei grundsätzliche Auffassungen sowohl über die Eingrenzung des Objektbereiches als auch über den Anspruch an eine Zielformulierung herausgebildet, wobei es im Kern dabei um die Frage nach einer pluralistischen oder partikularistischen Ausrichtung von Forschungsarbeiten geht.[41]

Bei einer *partikularistischen Ausrichtung* steht das Postulat der buchhalterischen Gewinnerzielung im Vordergrund. Damit wird zum einen der Objektbereich in der Weise abgrenzt, daß nur Einzelwirtschaften berücksichtigt werden, bei denen das Gewinnstreben die dominante Handlungsmaxime darstellt. Zum anderen gibt die partikularistische Ausrichtung die Zielsetzung wissenschaftlichen Arbeitens insofern vor, als daß der Erkenntnisgewinn der betreffenden Forschungsarbeit an dem Beitrag zur Gewinnerzielung gemessen wird. Gegen einen derartigen Partikularismus wäre nichts einzuwenden, wenn das damit verbundene Marketingverständnis nicht zugleich „... mit erheblichen Negativwirkungen verbunden ist, die zu einer Beeinträchtigung menschlicher Bedürfnisbefriedigung führen."[42]

---

39 Vgl. Mattmüller, Roland: Marketingstrategien des Handels und staatliche Restriktionen, a.a.O., S. 7

40 Vgl. Raffée, Hans: Grundprobleme der Betriebswirtschaftslehre, 9., unveränderter Nachdruck der 1. Aufl. von 1974, Göttingen 1995, S. 46

41 Vgl. Hansen, Ursula: Absatz- und Beschaffungsmarketing des Einzelhandels: Eine Aktionsanalyse, 2., neubearb. und erw. Aufl., Göttingen 1990, S. 3

42 Raffée, Hans: Grundfragen der Marketingwissenschaft, in: WiSt, 9. Jg., Heft 7/1980, S. 318. In diesem Zusammenhang sei beispielsweise an die Diskussion um die soziale und ökologische Verantwortung von Entscheidungsträgern verwiesen.

Im Gegensatz dazu berücksichtigt eine *pluralistische Ausrichtung* von Zielsetzungen die Interessen aller Marktbeteiligten bei der Abgrenzung eines relevanten Problemfeldes und bei der Formulierung von Untersuchungszielen. Der dabei verfolgte Erkenntnisgewinn wird somit nicht mehr allein nach seinem Potential zur Erreichung von Gewinnzielen der Unternehmungen beurteilt, sondern auch an seiner allgemeinen, nicht unbedingt ökonomischen Nutzenstiftung für alle Marktbeteiligten.[43] Der Rekurs auf die Nutzenstiftung bzw. auf die Bedürfnisbefriedigung aller am einzelwirtschaftlichen Austausch beteiligten Subjekte hat innerhalb der Wirtschaftswissenschaften in Form des sogenannten Utilitarismus eine lange Tradition. Selbst wenn Schanz in diesem Zusammenhang konstatiert, daß das ursprüngliche Verständnis des Utilitarismus obsolet sei, bietet sich jedoch eine auf die heutigen Belange modifizierte utilitaristische Zielausrichtung für eine „... Wissenschaft geradezu zwangsläufig an, die sich sowohl als *kritisches* als auch *konstruktives* Unternehmen begreift."[44]

Um dem Anspruch an eine pluralistische und modifiziert utilitaristische Ausrichtung annähernd gerecht zu werden, wird der vorliegenden Arbeit erstens ein Marketingverständnis im Sinne des Integrativ-Prozessualen Marketingansatzes zugrunde gelegt, der sich – wie noch zu zeigen ist – u.a. aus der konzeptionellen Einbeziehung bzw. Einbindung aller Anspruchsgruppen einer Unternehmung konstituiert. Zweitens orientiert sich die Zielsetzung der Untersuchung nicht fragmentarisch nur an potentiellen Unternehmungszielen, sondern ganzheitlich an der grundlegenden Funktion der betriebswirtschaftlichen Forschung, Erkenntnisfortschritte zur einzelwirtschaftlichen Daseinsbewältigung zu leisten.[45] In diesem Zusammenhang hat das Erkenntnisziel der vorliegenden Arbeit eine *aufklärende*, *kritische* und *steuernde* Funktion[46] zu verfolgen.

---

43 Vgl. zur Problematik einer partikularistischen Marketingwissenschaft und zur Forderung nach einer pluralistischen Marketingwissenschaft ebenda, S. 318 ff.

44 Schanz, Günther: Die Betriebswirtschaftslehre als Gegenstand kritisch-konstruktiver Betrachtungen: Kommentare und Anregungen, Stuttgart 1990, S. 60 (Hervorhebungen im Original)

45 Vgl. Mattmüller, Roland: Marketingstrategien des Handels und staatliche Restriktionen, a.a.O., S. 6 sowie Kortzfleisch, Gert v.: Wissenschaftstheoretische und wissenschaftspolitische Gedanken zum Thema: Betriebswirtschaft als Wissenschaft, in: Wissenschaftsprogramm und Ausbildungsziele der Betriebswirtschaftslehre, Bericht von der wissenschaftlichen Tagung in St. Gallen vom 2.-5. Juni 1971, hrsg. v. Verband der Hochschullehrer für Betriebswirtschaftslehre e.V., Berlin 1971, S. 7

46 Vgl. allgemein zu den Funktionen von Erkenntniszielen auch Hansen, Ursula: Absatz- und Beschaffungsmarketing des Einzelhandels, a.a.O., S. 3

Zur aufklärenden Funktion des Erkenntnisziels

Der aufklärenden Funktion des Erkenntnisziels dienen deskriptive und explikative Aussagen. Aussagen erstgenannter Natur erfassen zu beobachtende Sachverhalte als Grundlage für die Entwicklung weitergehender Schlußfolgerungen – beispielsweise in Form von explikativen Aussagen. Diese stellen zwischen den deskriptiv erfaßten Erscheinungen Ursachen-Wirkungs-Zusammenhänge her, wobei sie in der Regel als Wenn-Dann-Aussage formuliert werden. Die erklärende Kraft bzw. die Güte einer explikativen Aussage hängt zum einen von ihrer empirischen Validität – die um so größer ist, je geringer sie an eine zeitlich-räumliche Restriktion gebunden ist – und zum anderen von ihrem Informationsgehalt ab. In diesem Sinne werden drei Kategorien explikativer Aussagen unterschieden: deterministische, stochastische und tendenzielle Aussagen.[47]

Zur ersten Kategorie zählen solche explikativen Aussagen, die für sich eine uneingeschränkte Gültigkeit beanspruchen, d.h. daß sie für alle Zeiten, in jedem Raum und für alle Elemente, auf die sie sich beziehen, Gültigkeit aufweisen. Dementsprechend wird bei Aussagen dieser Kategorie von *deterministischen Aussagen* oder von *Gesetzeshypothesen* gesprochen. Allerdings lassen sich in den Sozialwissenschaften im allgemeinen und in der Betriebswirtschaftslehre im besonderen nur selten deterministische Aussagen formulieren, da hier die Vorgänge innerhalb der zu erklärenden Problemfelder bzw. Objektbereiche nur in den seltensten Fällen auf wenige, übersichtliche und voneinander unabhängige Kausalfaktoren zurückgeführt werden können. Insofern ist auch im Rahmen dieser Arbeit eine für die Formulierung von determistischen Aussagen notwendige Isolierung von Kausalfaktoren mit entsprechend eindeutiger Zuordnung zu bestimmten Wirkungen kaum möglich.[48]

Die zweite und dritte Kategorie explikativer Aussagen treten dieser Problematik mit unterschiedlichen Eingeständnissen an die Aussagekraft entgegen, indem jeweils der Anspruch an die Allgemeingültigkeit von deterministischen Aussagen sukzessive aufgegeben wird. In der zweiten Kategorie werden demnach Abweichungen in der For-

---

47 Vgl. Raffée, Hans: Grundprobleme der Betriebswirtschaftslehre, a.a.O., S. 29 ff.

48 Vgl. Eberlein, Gerald L.: Zum epitheoretischen Programm der Sozialwissenschaften, in: Forschungslogik der Sozialwissenschaften, hrsg. v. Gerald L. Eberlein u. Werner Kroeber-Riel, Düsseldorf 1974, S. 115 u. 119

mulierung von Aussagen zugelassen, wobei allerdings die Wahrscheinlichkeiten, daß diese Abweichungen auftreten, eindeutig zu quantifizieren sind. Infolgedessen werden Aussagen dieser Kategorie als *stochastische Aussagen* bzw. als *Wahrscheinlichkeitsaussagen* bezeichnet.

Schließlich werden der dritten Kategorie solche Aussagen zugeordnet, die weder eine eindeutige Ursachen-Wirkungs-Beziehung aufweisen, noch quantifizierende Angaben über deren Zutreffen bzw. Eintreten machen. Derartige Aussagen bringen somit nur rein qualitativ argumentierte Erklärungsleistungen über Zusammenhänge zum Ausdruck, weswegen sie auch als *Tendenzaussagen* bezeichnet werden. Insbesondere die betriebswirtschaftliche Forschung muß sich häufig bei der Formulierung von Ursachen-Wirkungs-Zusammenhängen mit solchen tendenziellen Aussagen begnügen, „... da die Komplexität und Dynamik betrieblicher Abläufe in einer turbulenten Unternehmensumwelt [...] exakte Kausalaussagen in der Betriebswirtschaftslehre außerordentlich schwierig [machen].“[49]

Was bisher für die Betriebswirtschaftslehre im allgemeinen galt, ist uneingeschränkt auch auf das Marketing, respektive auf die hier vorliegende Problemstellung im besonderen, zu übertragen. Zwangsläufig muß sich daher die Explikationsleistung der aufklärenden Funktion des Erkenntnisziels auch bei der vorliegenden Arbeit vielfach auf tendenzielle Aussagen beschränken. Um allerdings mit den angestrebten Tendenzaussagen – entsprechend dem Standpunkt: „Ausnahmen bestätigen die Regel“ – nicht Gefahr zu laufen, daß sie die Forderung nach Falsifizierbarkeit[50] ad absurdum führen, wird für die vorliegende Arbeit bewußt eine theoretisch-deduktive Argumentationsform gewählt. Auf diese Weise erfahren aufgestellte Tendenzaussagen eine nachvollziehbare Qualität, die für jedermann unter Bezugnahme auf die relevante Modellwelt überprüfbar ist. Die Qualität mißt sich dabei an der argumentativ-logischen Konsistenz (Widerspruchslosigkeit) und Stringenz (Bündigkeit) der Aussagen und nicht – wie häufig bei qualitativen Argumentationen – nur allein an der Plausibilität (Verständlichkeit). In diesem Sinne soll die hier angewandte Nähe zur theoretischen Abstraktion

49 Hansen, Ursula: Absatz- und Beschaffungsmarketing des Einzelhandels, a.a.O., S. 6

50 Falsifizierbarkeit oder das sog. Popper-Kriterium gehen auf die weitläufig rezipierte Auffassung des Kritischen Rationalismus zurück, wonach empirische Aussagen so zu gestalten sind, daß sie an der Realität scheitern können, d.h. potentiell falsifizierbar sind. Vgl. Popper, Karl R: Logik der Forschung, 10., verb. u. vermehrte Aufl., Tübingen 1994, S. 14 ff.

nicht als Selbstzweck fehlgedeutet werden, sondern als Mittel zum Zweck im Sinne der Legitimation von Tendenzaussagen.[51]

Im Rahmen der vorliegenden Arbeit wird die aufklärende Funktion bei verschiedenen Problemzusammenhängen an den unterschiedlichsten Stellen verfolgt. Eine aufklärende Funktion, die für die Arbeit als solches von strukturprägendem Charakter ist, erfüllen zum einen die Deskriptionen zum Beziehungsgefüge zwischen Hersteller und Handel im Rahmen von Transaktionen und Transaktionsprozessen sowie zum anderen die Explikationen zur Bedeutung des Handels für den Hersteller auf Basis des Transaktionswertes. Von ähnlich aufklärender Bedeutung sind die anschließenden explikativen Ausführungen zu den Einflußgrößen, die den Transaktionswert bestimmen und somit Hersteller-Handel-Beziehungen prägen.

Zur kritischen Funktion des Erkenntnisziels

Die betriebswirtschaftliche Forschung darf sich allerdings nicht allein mit der Deskription und Explikation empirischer bzw. theoretischer Ursachen-Wirkungs-Zusammenhänge zufrieden geben, sondern sollte diese in Form von normativ-ethischen Aussagen stets in Frage stellen. Diesen Anspruch greift die kritische Funktion des Erkenntnisziels einer wissenschaftlichen Untersuchung auf. Erst im Dreiklang von Deskriptionen, Explikationen und kritischen Evaluationen wird eine hinreichende Voraussetzung geschaffen, um Handlungsempfehlungen aufzustellen und/oder um aufklärerisch auf einen wissenschaftstheoretischen Mehrwert hinzuwirken.

In der vorliegenden Arbeit wird analog zur aufklärenden Funktion die kritische Funktion des Erkenntnisziels fortlaufend an den verschiedensten Analysestellen verfolgt. Von zentraler Bedeutung für die Gesamtlogik der Arbeit ist dabei die durchgängige,

---

[51] Raffée schlägt in diesem Zusammenhang vor, Tendenzaussagen mit einer beliebigen Quantifizierung zu belegen, denn so eröffnet sich einem die Option, tendenzielle Aussagen zumindest Ansatzweise empirisch überprüfen zu können. Diese so quasi-quantifizierten Tendenzaussagen oder – wie Raffée sie nennt – quasi-stochastischen Aussagen, unterscheiden sich von den rein stochastischen Aussagen dadurch, daß das ihnen zugrunde liegende Verteilungsgesetz unbekannt bleibt. Vgl. Raffée, Hans: Grundprobleme der Betriebswirtschaftslehre, a.a.O., S. 37 f. Allerdings erscheint es zwingende Voraussetzung für diese Art der Quantifizierung von Tendenzaussagen zu sein, daß auch die Aussagen bzw. einzelne Aussagegegenstände selbst operationalisierbar sind. Hier stößt der Vorschlag von Raffée an seine Grenzen, denn nicht operationalisierbare Aussagen zu quantifizieren bereitet den Nährboden für Widerspruch im Inhalt der Aussagen und in der Methodik der Untersuchung. So belegte Tendenzaussagen bleiben immer anfechtbar.

allerdings zumeist implizite kritische Infragestellung des gegenwärtigen Verständnisses des Herstellers gegenüber dem Handel. Dieses Verständnis läßt sich prägnant dahingehend zusammenfassen, daß der Hersteller den Handel nicht entsprechend seiner Stellung in der Marktkette als seinen ersten, unmittelbaren Kunden einstuft, sondern ihn als eine Art vertikalen Konkurrenten betrachtet und entsprechend diesem Konkurrenzverhältnis auch mehr oder weniger bekämpft.[52] Einhergehend mit dieser kritischen Auseinandersetzung soll die Hersteller-Handel-Beziehung als eine Art wechselseitige Prinzipal-Agenten-Beziehung interpretiert werden, woraus sich wiederum Ansatzpunkte zum kritischen Hinterfragen des gegenwärtigen Status quo ergeben.

Zur steuernden Funktion des Erkenntnisziels

Mit der soeben angesprochenen kritischen Funktion soll eine neue Perspektive aufgeworfen werden, aus der ein geeignetes Instrumentarium oder ein sinnvoller Mechanismus zur Veränderung bestehender kritischer Zustände gewonnen werden kann. Somit wird nach der aufklärenden und kritischen nun schließlich die steuernde Funktion des Erkenntnisziels aufgegriffen. Dabei gilt es, mittels praktisch-normativer Aussagen ein System von Verhaltens-, Handlungs- und Gestaltungsanweisungen zu entwickeln.

In Bezug auf die konkrete Problemstellung der hier vorliegenden Arbeit wird die steuernde Funktion des Erkenntnisziels insbesondere darin verfolgt, daß dem Hersteller ein neuer Denkansatz im Verständnis gegenüber dem Handel aufgezeigt werden soll. Die damit verbundene steuernde Komponente führt den Hersteller aus dem bestehenden vertikalen Konkurrenzverhältnis zum Handel heraus, indem der Hersteller die Interessenlage des Handel in die Gestaltung der Transaktionsbeziehung integriert. Dabei wird auf die notwendige Abkehr vom klassischen Bild der Arbeitsteilung zwischen Hersteller und Handel hingewiesen, wonach der Hersteller in der optimalen Marken- und der Handel in der optimalen Einkaufsstättenpositionierung ihre jeweilig systemspezifische Bestimmung erfahren.[53] Hieraus zeigt sich für den Hersteller, daß die Nutzenstiftung gegenüber dem Handel zur zentralen Erfolgsdeterminante für sein gesamtes Absatz-

---

52 Vgl. Schnoedt, Eike: Kooperation im Distributionskanal, a.a.O., S. 6 f.

53 Vgl. Ahlert, Dieter: Vertikales Marketing im Wandel – Zur Frage des Restrukturierungsbedarfs vertikaler Marketingkonzeptionen in Theorie und Praxis, in: Marktorientierte Unternehmensführung: Reflexionen – Denkanstöße – Perspektiven, hrsg. v. Manfred Bruhn u. Hartwig Steffenhagen, Wiesbaden 1997, S. 144

marketing wird,[54] womit sich der Kreis zur aufklärenden Funktion im Erkenntnisziel wieder schließt.

Zusammenfassend – und in Anbetracht des anfangs skizzierten Problemhintergrundes der Beziehung zwischen Hersteller und Handel im allgemeinen sowie der daraus abgeleiteten Problemstellung im besonderen – wird für die anstehende Untersuchung folgendes zentrales Erkenntnisziel definiert:

Mit der vorliegenden Arbeit soll im Ergebnis eine Theorie der Transaktionsbeziehung zwischen Hersteller und Handel angestrebt werden, die eine Antwort auf die Frage gibt,

- *inwieweit der Transaktionswert als Effizienzkriterium die Denk- und Handlungsweise des Herstellers im Umgang mit dem Handel bestimmt,*
- *welche Faktoren dabei den Rahmen bilden,*
- *welche Einflußgrößen mit welcher Wirkung dahinter stehen und*
- *welche Ursachen sowie Begründungen dem ganzen vorausgehen.*

Aus diesem zentralen Erkenntnisziel leiten sich für die vorliegende Arbeit eine Reihe von Detailfragen ab, die zur Erreichung des angestrebten Untersuchungsergebnisses eine aufklärende, kritische oder steuernde Funktion erfüllen, wobei die Antworten auf die Fragen in unterschiedliche Aussagekategorien einzuordnen sind. Die nachfolgende Abbildung 1 gibt einen Überblick über die wesentlichen Detailfragen.

---

[54] Vgl. Dichtl, Erwin; Hardock, Petra; Ohlwein, Martin; Schellhase, Ralf: Die Zufriedenheit des Lebensmitteleinzelhandels als Anliegen von Markenartikelunternehmen, in: DBW, 57. Jg., Heft 4/1997, S. 491; Tomczak, Torsten: Differenzierte Formen der Zusammenarbeit von Industrie und Handel, Bericht und Materialien 1/93 aus dem Forschungsinstitut für Absatz und Handel an der Hochschule St. Gallen für Wirtschafts-, Rechts- und Sozialwissenschaften, St. Gallen 1993, S. 3

Funktionen der Detailfragen — ***Kategorien von Aussagen***

aufklärend — **deskriptiv und explikativ**

Welches Verständnis von Transaktionen liegt der Neuen Institutionenökonomik bzw. der Transaktionskostentheorie zugrunde und wie verhält sich dieses im Bezug auf marketingrelevante Problemstellungen?
In welcher Form konstituiert sich eine Transaktionsbeziehung zwischen Hersteller und Handel?
Welche systemimmanenten Leistungen erbringt der Handel, damit der Hersteller eine Transaktionsbeziehung zu ihm in Erwägung zieht?
Welche systemimmanenten Aufwendungen seitens des Herstellers stehen den Leistungen des Handels gegenüber?
Welche Einflußgrößen mit welcher Ausprägung bestimmen den Transaktionswert der Hersteller-Handel-Beziehung?

kritisch — **normativ-ethisch**

Inwieweit werden die etablierten Denkstrukturen im Marketing des Herstellers den Integrationserfordernissen aller Anspruchsgruppen im allgemeinen und denen des Handels im besonderen gerecht?
Wie hat ein marketingtheoretischer Denkansatz auszusehen, wenn er den Integrationserfordernissen und den Prozeßgedanken von Transaktionen Rechnung trägt?
Inwieweit und mit welchen Konsequenzen für Hersteller-Handel-Beziehungen ist die Polarisierung zwischen Einzeltransaktion und Geschäftsbeziehung aufrechtzuerhalten?
Inwiefern eröffnen sich für den Hersteller neue Perspektiven im Umgang mit dem Handel, wenn der Transaktionsbeziehung ein dyadisches und integratives Verständnis vorausgeht?
Inwieweit spiegeln gegenwärtige Koordinationsformen von Hersteller-Handel-Beziehungen das tatsächliche Kräfteverhältnis wider?

steuernd — **praktisch-normativ**

Welches Bild gewinnt der Hersteller vom Handel unter Bezugnahme eines dyadischen und integrativen Verständnisses der Transaktionsbeziehung?
In welcher Form kann sich der Hersteller gegenüber dem Handel unter Verwendung des Transaktionswertes positionieren?
Wo zeigen sich für den Hersteller Ansatzpunkte zur Nutzenstiftung für den Handel und inwieweit kann er diese instrumentalisieren, um aus der Nachfragemachtspirale des Handels auszubrechen?
Inwieweit kann der Hersteller bei opportunistischem Verhaltens seitens des Handels gegensteuern?
Welche Gestaltungsoptionen einer Transaktionsbeziehung mit dem Handel leiten sich aus dem Transaktionswert für den Hersteller ab?

Abb. 1: Funktionen und Aussagekategorien wesentlicher Detailfragen

1.3 Methodologie und Gang der Untersuchung

Allgemein wird unter einer Methode die Art und Weise des Vorgehens verstanden, die zur Erreichung bestimmter Ergebnisse bzw. zur Lösung bestimmter Problemstellungen führt. Um allerdings von einer *wissenschaftlichen Methode* zu sprechen, sind an diese drei wesentliche Anforderungen gestellt:

(1) Die Vorgehensweise selbst muß systematisch – d.h. nach definierten Verfahrensregeln – erfolgen,

(2) die einzelnen Verfahrensschritte müssen intersubjektiv nachvollziehbar sein und

(3) die mit Hilfe der angewandten Methode erzielten Ergebnisse müssen intersubjektiv überprüfbar sein.[55]

Entsprechend diesen Anforderungen lassen sich in der Betriebswirtschaftslehre mit der *Hermeneutik*, der *Induktion* und der *Deduktion* drei verschiedene Arten grundlegender Methoden klassifizieren, die jedoch nicht in demselben Maße dazu geeignet sind, die an die vorliegende Arbeit gestellten Ziele zu realisieren. So werden im Vergleich zur Deduktion den hermeneutischen und den induktiven Grundlagenmethoden die Fähigkeit abgesprochen, daß sie die Aufklärungs- und die darauf aufbauenden Steuerungskomponenten im Erkenntnisziel befriedigend zu lösen vermögen.[56] Aufgrund dessen wird im weiteren bei den deduktiven Grundlagenmethoden angesetzt, um zu einer geeigneten Vorgehensweise für die hier beabsichtigte Untersuchung zu gelangen.

Innerhalb der Betriebswirtschaftslehre werden deduktive Methoden in unterschiedlichen Varianten eingesetzt. Im einzelnen handelt es sich dabei um die axiomatisch-deduktive, um die realtheoretische und um die deduktiv-nomologische Methode sowie um die deduktiven Deutungsansätze. In einer vergleichenden Betrachtung dieser vier Varianten kommt Raffée zu dem Urteil, daß in Bezug auf die Realisierung von Aufklä-

[55] Vgl. Raffée, Hans: Gegenstand, Methoden und Konzepte der Betriebswirtschaftslehre, in: Vahlens Kompendium der Betriebswirtschaftslehre, hrsg. v. Michael Bitz et al., Band 1, 3., überarb. u. erw. Aufl., München 1993, S. 11

[56] Vgl. hierzu die Diskussion bei Raffée, Hans: Gegenstand, Methoden und Konzepte der Betriebswirtschaftslehre, a.a.O., S. 14 ff.

rungs-, Kritik- und Steuerungszielen „... die deduktiv-nomologische Methode die größte Leistungsfähigkeit aufweist, zumindest in ihrer modernen, liberalen Form."[57]

Die im wesentlichen auf Hempel/Oppenheim[58] zurückzuführende deduktiv-nomologische Methode geht davon aus, daß bestimmte beobachtbare Erscheinungen als Wirkungen bestimmter Ursachen zu begreifen und daraus kausale Beziehungen zwischen den Erscheinungen zu entdecken sind. Diese Entdeckungen können dann als allgemeingültige Aussagen im Sinne von Gesetzen formuliert werden, auf deren Basis neu zu beobachtende Erscheinungen erklärt werden können.[59] Dementsprechend setzt sich die deduktiv-nomologische Methode aus drei Elementen zusammen:

(1) aus der zu beobachtenden und noch zu erklärenden Erscheinung (dem sogenannten Explanandum),

(2) aus den verursachenden bzw. vorausgehenden Bedingungen (den sogenannten Antecedenzbedingungen) und

(3) aus den allgemeinen Gesetzesaussagen (den sogenannten nomologischen Hypothesen).

Die Antecedenzbedingungen und die allgemeinen Gesetzesaussagen fungieren zusammengenommen als Erklärung bzw. als sogenanntes Explanans, welches wiederum über den Vorgang der Deduktion mit dem Explanandum verknüpft wird. In formaler Darstellung weist die deduktiv-nomologische Methode nach Hempel/Oppenheim eine Struktur entsprechend der Abbildung 2 (siehe nächste Seite) auf, wobei der Deduktionsvorgang durch den waagerechten Strich symbolisiert wird.

57 Raffée, Hans: Gegenstand, Methoden und Konzepte der Betriebswirtschaftslehre, a.a.O., S. 24

58 Vgl. Hempel, Carl G.; Oppenheim, Paul: Studies in the Logic of Explanation, in: Philosophy of Science, 9. Jg., 1948, S. 136 ff. sowie Hempel, Carl G.: Deduktiv-nomologische Erklärungen, in: Theorie, Handeln und Geschichte: Erklärungsprobleme in den Sozialwissenschaften, hrsg. v. Bernhard Giesen u. Michael Schmid, Hamburg 1975, S. 40 ff.

59 In diesem Sinne geht die deduktiv-nomologische Methode auf die galileische Denktradition zurück, wonach die wissenschaftliche Forschung Erscheinungen kausal erklären soll. Vgl. Konegen, Nobert; Sondergeld, Klaus: Wissenschaftstheorie für Sozialwissenschaftler, Opladen 1985, S. 65 u. 68

(1)	$A_1, \ldots, A_n$	Antecedenzbedingung(en)	Explanans
(2)	$G_1, \ldots, G_m$	Nomologische Hypothese(n)	
	E	Explanadum: aus (1) und (2) deduzierte Aussage	

Abb. 2: Formale Struktur der deduktiv-nomologischen Methode nach Hempel/Oppenheim

Obwohl die deduktiv-nomologische Methode sich auf die Vorstellung der Einheit aller Wissenschaftsdisziplinen gründet, so daß ihre Anwendung einen universellen Anspruch erhebt,[60] ist ihre Anwendung insbesondere in sozialwissenschaftlichen Disziplinen – wie der Betriebswirtschaftslehre – nicht frei von Problemen. In diesem Zusammenhang ist im besonderen der bereits skizzierte Umstand herauszuheben, daß sich aufgrund der komplexen Interdependenzen einzelner Erscheinungen in den Problemfeldern der Betriebswirtschaftslehre praktisch keine nomologischen Hypothesen formulieren lassen.[61] Um letzteres zu umgehen, wird die deduktiv-nomologische Methode nach Hempel/Oppenheim zum einen um sogenannte probabilistische Aussagen ergänzt, die auch eine nomologische Natur aufweisen, da sie auf Gesetzmäßigkeiten beruhen, die nur in probabilistisch-statistischer Natur vorliegen.[62] Zum anderen wird durch Popper die ursprüngliche deduktiv-nomologische Methode zu einer Methode erweitert, die auf eine – wie er es nennt – „Propensitäts-Interpretation der Erklärung“[63] aufbaut. Damit trägt Popper der Tatsache Rechnung, „daß die nomologische Verknüpfung der meisten sozialwissenschaftlichen Kausalfaktoren unvollständiger Art ist, d.h.

60 Vgl. Konegen, Nobert; Sondergeld, Klaus: Wissenschaftstheorie für Sozialwissenschaftler, a.a.O., S. 68

61 Siehe hierzu die Ausführungen zu den explikativen Aussagen auf Seite 16 f.

62 Vgl. Raffée, Hans: Gegenstand, Methoden und Konzepte der Betriebswirtschaftslehre, a.a.O., S. 20

63 Popper, Karl R.: Ausgangspunkte: Meine intellektuelle Entwicklung, Hamburg 1979, S. 312 sowie vgl. derselbe: Logik der Forschung, a.a.O., S. 250 f.

Wirkungen nicht mit Bestimmtheit, sondern nur mit einer gewissen Wahrscheinlichkeit hervorgerufen werden."[64]

Durch diese Ergänzungen bzw. Erweiterungen der ursprünglichen deduktiv-nomologischen Methode nach Hempel/Oppenheim erscheint ein Rückgriff auf stochastische oder quantifiziert tendenzielle Aussagen bzw. Hypothesen möglich, ohne daß der grundlegende Charakter einer deduktiv-nomologischen Methode verloren geht.

In der Marketingwissenschaft liegt einer strengen deduktiv-nomologischer Methode in der Regel ein quantitativer (empirisch-analytischer) Forschungsansatz zugrunde, der ein Explanandum über eine möglichst große Stichprobe und insbesondere mit Hilfe des Einsatzes multivariater Analysemethoden zu erklären versucht. Der damit verbundene relativ restriktive und somit realitätsferne Hypothesenrahmen läßt jedoch häufig nur Erkenntnisgewinne zu, die von geringer anwendungsbezogener und/oder wissenschaftlicher Relevanz sind.[65] Folglich stößt der Einsatz multivariater Analysemethoden und somit die Verfolgung eines quantitativen Forschungsansatzes bei komplexen und vielschichtigen Problemstellungen schnell an Grenzen bzw. auf Schwierigkeiten, so wie es sich auch für die hier vorliegende Problemstellung abzeichnet. Beispielsweise lassen sich die für eine stringent analytische Arbeit notwendigen Daten bei Hersteller-Handel-Beziehungen nur in einem begrenzten Umfang generieren, da die Verhandlungsprozesse und die unmittelbaren -ergebnisse für den Marketingforscher kaum zu-

---

64 Raffée, Hans: Gegenstand, Methoden und Konzepte der Betriebswirtschaftslehre, a.a.O., S. 20

65 Vgl. Tomczak, Torsten: Forschungsmethoden in der Marketingwissenschaft: Ein Plädoyer für den qualitativen Forschungsansatz, in: Marketing ZFP, 14. Jg., Heft 2/1992, S. 77 ff. u. 81. Zudem neigen rein quantitativ ausgerichtete Forschungsarbeiten zu einem stark ausgeprägten heuristischen Vorgehen, „... in dem zahlreiche Entscheidungen über Fragestellungen, Variablenselektion, Variablenverknüpfung und -transformation, Auswahl empirischer Analyseverfahren, Toleranzgrenzen etc. zu treffen sind. Am Ende derartiger Auswertungsprozesse stehen oft Hypothesen und Einsichten, die man eigentlich `aus den Daten´ gewonnen hat, ..." Wollnik, Michael: Die explorative Verwendung systematischen Erfahrungswissens: Plädoyer für einen aufgeklärten Empirismus in der Betriebswirtschaftslehre, in: Empirische und handlungstheoretische Forschungskonzeption in der Betriebswirtschaftslehre, hrsg. v. Richard Köhler, Stuttgart 1977, S. 43 f. Aus diesem Grund tendieren quantitativ ausgerichtete Marketingforscher eher dazu, sich mit methodischen Detailfragen auseinanderzusetzen, als selbstkritisch die Bedeutung ihrer Forschungsergebnisse im Verwertungszusammenhang zu hinterfragen. Vgl. Kroeber-Riel, Werner: Konsumentenverhalten, 2., neu gefaßte u. wesentlich erw. Aufl., München 1980, S. 27. Dies verleitet Tomczak zu der Feststellung, daß solche Marketingwissenschaftler „... nicht an der Realität, sondern an der Weiterentwicklung von Methoden interessiert [sind]. Für sie ist die Realität eher ein Erprobungsfeld für Forschungsmethoden und -designs." Tomczak, Torsten: Forschungsmethoden in der Marketingwissenschaft, a.a.O., S. 81

gänglich sind. Darüber hinaus kann das relativ lange Zeitintervall zwischen Ursache und Wirkung, das üblicherweise bei Aktivitäten zwischen Hersteller und Handel auftritt, nicht mit Hilfe der quantitativen Methoden zur Datengewinnung abgedeckt werden.[66]

Vor diesem Hintergrund ist die Forderung von Schanz nach einem Forschungsansatz jenseits der quantitativen Methoden zu verstehen, der die Merkmale eines spekulativen Denkens, eines deduktiven Argumentierens und eines empirischen Experimentierens aufweist.[67] Insbesondere letzteres konstituiert sich nicht nur aus der quantitativen, sondern auch aus der qualitativen Empirie, d.h. unter Berücksichtigung von Fallbeispielen, Expertengesprächen, Desk research und bei Absicherung der Ergebnisse durch Kombinationen sowie Querbezüge.[68]

Die Abbildung 3 auf der nachfolgenden Seite verdeutlicht nochmals das methodische Vorgehen der hier vorliegenden Arbeit, wobei zwischen der Methode und dem Ansatz der Forschung differenziert wird.

Der konkrete Aufbau der Arbeit folgt zum einen diesen Überlegungen zur Methodologie und knüpft zum anderen natürlich an die Verfolgung der obigen Zielsetzung und der dabei aufgezeigten Argumentationskette an. Das bedeutet im einzelnen, daß die Untersuchung im Anschluß an diese einleitenden Ausführungen in dem nun folgenden *zweiten Kapitel* zunächst einmal in ihren wissenschaftstheoretischen Kontext eingeordnet und ihr paradigmatischer Standort definiert wird. Letzterer liegt, wie bereits aus obigen Ausführungen zu entnehmen ist, vornehmlich in dem Theoriegebäude der Neuen Institutionenökonomik.

---

66 In diesem Sinne typisch für einen quantitativen Forschungsansatzes ist es, daß die Potentiale der Analysemethoden das Explanandum prägen und nicht, wie es eigentlich sein sollte, daß die Analysemethode sich nach dem Explanandum richtet. Vgl. Tomczak, Torsten: Forschungsmethoden in der Marketingwissenschaft, a.a.O., S. 82

67 Vgl. Schanz, Günther: Die Betriebswirtschaftslehre als Gegenstand kritisch-konstruktiver Betrachtungen, a.a.O., S. 155

68 Vgl. Tomczak, Torsten: Forschungsmethoden in der Marketingwissenschaft, a.a.O., S. 82

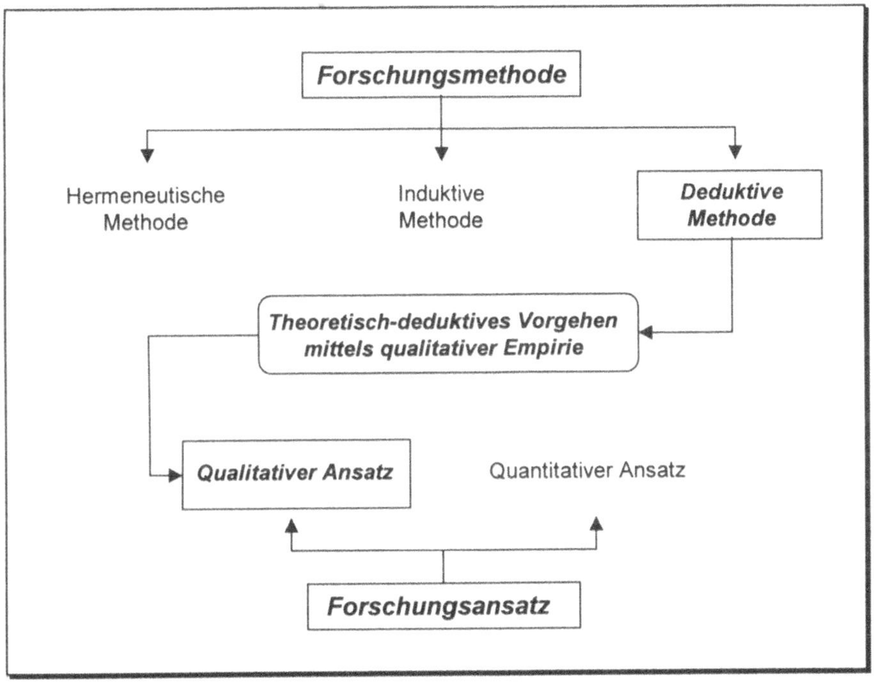

Abb. 3: Einordnung des methodischen Vorgehens

Die weitere Argumentationsfolge stützt sich dann im wesentlichen auf die deduktiv-nomologische Methode nach Hempel/Oppenheim. Insofern gilt es zunächst einmal, im *dritten Kapitel* einen nomologischen Hypothesenrahmen zu entwerfen, der sich über die logische Kette von der Transaktion über den Transaktionsprozeß zur Transaktionsbeziehung aufspannt. In diesem Zusammenhang wird unter anderem mit dem Integrativ-Prozessualen Marketingansatz ein konzeptioneller Bezugspunkt zum marketingrelevanten Verständnis von Transaktionen gesetzt, um darauf aufbauend die Transaktionsbeziehung zwischen Hersteller und Handel als eine wechselseitige Prinzipal-Agenten-Beziehung zu charakterisieren.

Im Anschluß daran richtet sich das Augenmerk im *vierten Kapitel* auf mögliche Antecedenzbedingungen der Transaktionsbeziehung zwischen Hersteller und Handel, wobei diese in zwei Schritten aufgezeigt werden sollen. Im ersten Schritt (Abschnitt 4.1) wird vor dem Hintergrund der Transaktionskostentheorie nach den Bestimmungsgründen des Herstellers zum Eingehen von Transaktionsbeziehungen mit dem Handel gefragt. Eine entsprechende Antwort dazu soll über das Konstrukt des „Transaktionswertes", der als Effizienzkriterium von Transaktionsbeziehungen eingeführt wird, gefunden werden. Aus der Überleitung vom allgemeinen zum problemrelevanten Transaktionswert sollen dann Bestimmungsfaktoren entwickelt werden, die konstitutiv auf den Transaktionswert des Herstellers im Bezug auf eine Transaktionsbeziehung mit dem Handel einwirken. Im zweiten Schritt (Abschnitt 4.2) werden dann die Größen herausgearbeitet, die Einfluß auf die Bestimmungsfaktoren des Transaktionswertes ausüben. Dabei gilt es, als Ergebnis ein Prüfschema zu entwickeln, das die systemimmanenten Antecendenzbedingungen im allgemeinen berücksichtigt und die Kausalwirkungen der Einflußgrößen im besonderen aufzeigt. Getreu der formalen Struktur des hier zugrunde gelegten Transaktionswertes bedeutet das, sowohl die direkte als auch die indirekte Perspektive der Transaktionsbeziehung zwischen Hersteller und Handel zu berücksichtigen.

Auf Grundlage des im dritten und vierten Kapitel entworfenen Explanans werden im vorletzten Abschnitt der Arbeit, dem *fünften Kapitel,* Deduktionen aufgestellt. Diese richten sich an mögliche Optionen für den Hersteller bei der Frage nach der Gestaltung der Transaktionsbeziehung mit dem Handel. Mit einer Quintessenz über die wesentlichen Ergebnisse der Untersuchung schließt die Arbeit.

2. Wissenschaftstheoretische Hintergründe und Einordnung der Arbeit

Wie bereits den bisherigen Ausführungen implizit zu entnehmen war, fungiert als Forschungsdisziplin für die gesamte Untersuchung grundsätzlich die Betriebswirtschaftslehre im allgemeinen und die Marketingwissenschaft als deren spezielles Teilgebiet im besonderen. Gleichwohl verlangen die Problemstellung und die angestrebte pluralistische Ausrichtung der Erkenntnisziele eine interdisziplinär offene Blickrichtung, so daß stellenweise auch volkswirtschaftliche und rechtliche Bewertungseinheiten beim Aufspannen des wissenschaftlichen Bezugsrahmens für die Arbeit Berücksichtigung finden.[69] Dabei ist die Einbeziehung rechtlicher Restriktionen aufgrund deren Einfluß auf die Entwicklungs- und Ausgestaltungsmöglichkeiten von Hersteller-Handel-Beziehungen zwar einerseits erforderlich, anderseits führt dies notgedrungen dazu, daß der räumlich-zeitliche Urteilsbezug eingeschränkt werden muß. Die Untersuchung beschränkt sich dementsprechend im wesentlichen auf die deutsche Wirtschaft der Gegenwart. Nichtsdestotrotz werden jedoch auch Belege für Wirkungszusammenhänge aus früheren Zeitabschnitten verwendet, ebenso wie auf Beispiele aus anderen Ländern verwiesen wird, um möglichst Ergebnisse von einem allgemeingültigen Charakter anzustreben.

Nach dieser ersten einführenden Abgrenzung des Bezugsrahmens dienen die nachfolgenden Ausführungen neben der konkreten Zuordnung des Standortes der Arbeit in den betriebswirtschafts- und marketingtheoretischen Kontext auch der begrifflichen und inhaltlichen Abgrenzung des Forschungsgegenstandes. Dabei wird zunächst das grundlegende Untersuchungs- oder Fragegebiet (Explananda) der Marketingwissenschaft dargestellt, um davon abgeleitet den Forschungsgegenstand der vorliegenden

---

69 Obwohl im speziellen auf vertragliche Vertriebsbindungssysteme bezogen – aber zu jeder Zeit auf die Hersteller-Handel-Beziehung im allgemeinen übertragbar – weist Ahlert daraufhin, daß „... Interdependenzen zwischen den wissenschaftlichen Disziplinen sowohl bei der Beurteilung bestehender Verhältnisse [...] als auch bei der Formulierung von Entwicklungsansprüchen in bezug auf Vertragliche Vertriebssysteme aus volkswirtschaftlicher, betriebswirtschaftlicher und rechtspolitischer Sicht ..." bestehen. Ahlert, Dieter: Probleme und wechselseitige Abhängigkeiten einer betriebswirtschaftlichen, rechtlichen und volkswirtschaftlichen Beurteilung Vertraglicher Vertriebssysteme: Eine Einführung des Herausgebers, in: Vertragliche Vertriebssysteme zwischen Industrie und Handel: Grundzüge einer betriebswirtschaftlichen, rechtlichen und volkswirtschaftlichen Beurteilung, hrsg. v. Dieter Ahlert, Wiesbaden 1981, S. 34

Arbeit mit seinen beiden zentralen Untersuchungsobjekten – Hersteller und Handel – zu präzisieren. Anschließend wird insbesondere mit der Neuen Institutionenökonomik der Blickwinkel für die weitere Untersuchung abgesteckt.

2.1 Explananda der Marketingwissenschaft und Abgrenzung des Forschungsgegenstandes

Wahrnehmbare Erscheinungen (Realitäten), die die Wissenschaft zu beschreiben und zu erklären versucht, werden Explananda genannt. Sie stecken im weitesten Sinne das grundlegende Untersuchungs- oder Fragegebiet einer Wissenschaft ab und bestimmen somit deren Erfahrungs- und Erkenntnisobjekt.

Die Betriebswirtschaftslehre als übergeordnete Forschungsdisziplin der vorliegenden Arbeit befaßt sich entsprechend ihres gegenwärtigen Selbstverständnisses – und dieses in allgemeinster Form interpretiert – mit allen Prozessen, die in irgendeiner Verbindung zu Einzelwirtschaften stehen. Hierzu zählen sowohl alle Prozesse, die von den Einzelwirtschaften selbst ausgehen – indem sie dort ablaufen oder von diesen initiiert oder beeinflußt werden – als auch jene Prozesse, die den Handlungsspielraum der Einzelwirtschaften vorgeben und somit deren Erfolg bzw. Mißerfolg determinieren. Demnach können sämtliche Einzelwirtschaften mit dem Erfahrungsobjekt und sämtliche Prozesse im obigen Sinne mit dem Erkenntnisobjekt der Betriebswirtschaftslehre gleichgesetzt werden.[70]

Von diesen grundsätzlichen Überlegungen ausgehend beschränkt sich das Erkenntnisobjekt der Marketingwissenschaft auf die ökonomischen *Austausch*prozesse, die zwischen Einzelwirtschaften ablaufen. Diese Einordnung der Marketingwissenschaft in die Betriebswirtschaftslehre und die damit verbundene Fokussierung auf ökonomische Austauschprozesse steht nicht nur im Einklang zu zahlreichen Marketingdefiniti-

70 Vgl. zur Abgrenzung von Erfahrungs- und Erkenntnisobjekt in der Betriebswirtschaftslehre bspw. Thommen, Jean-Paul: Allgemeine Betriebswirtschaftslehre: Umfassende Einführung aus managementorientierter Sicht, Wiesbaden 1991, S. 47 ff.

onen,[71] sondern ist auch der semantischen Herleitung des Begriffes „Marketing“ zu entnehmen. So ist die Bezeichnung „Marketing“ im angloamerikanischen Sprachgebrauch als künstliches Bedeutungswort für die Tätigkeitsumschreibung „to go into the market“ entstanden. Dieses sprichwörtliche „in den Markt hineingehen“ kann sowohl derjenige, der etwas anbietet als auch derjenige, der etwas nachfragt,[72] so daß sich hieraus die von der Marketingwissenschaft zu untersuchenden ökonomischen Austauschbeziehungen zwischen anbietenden und nachfragenden Einzelwirtschaften konstituieren. Diese Austauschbeziehungen sind dabei nicht unabhängig von den Austauschobjekten einerseits und von den den Austausch prägenden Rahmenbedingungen andererseits zu sehen.

Abgeleitet von diesen konstitutiven Bestandteilen ökonomischer Austauschprozesse und in Ergänzung zu Hunt[73] können der Marketingwissenschaft insgesamt fünf fundamentale Explananda zugeordnet werden, die es zu beschreiben, zu erklären und zu steuern gilt und die damit zugleich die wesentlichen Funktionen der Marketingwissenschaft umreißen:

(1) das Verhalten der objektanbietenden Einzelwirtschaften im Austauschprozeß und die Beweggrundlage dieses Verhaltens,

(2) das Verhalten der objektnachfragenden Einzelwirtschaften im Austauschprozeß und die Beweggrundlage dieses Verhaltens,

(3) die austauschbestimmenden Eigenschaften der Austauschobjekte,

(4) die Rahmenbedingungen, die Austauschprozesse erst ermöglichen oder diese verhindern (können) sowie

---

71 Vgl. hierzu bspw. die Übersicht bei Wiedmann, Klaus-Peter: Rekonstruktion des Marketingansatzes und Grundlagen einer erweiterten Marketingkonzeption, Stuttgart 1993, S. 116

72 vgl. Meyer, Paul W.: Die machbare Wirtschaft, a.a.O., S. 11

73 Vgl. Hunt, Shelby D.: General Theories and the Fundamental Explananda of Marketing, in: Journal of Marketing, 47. Jg., Fall/1983, S. 13. Wenn dagegen Schneider der Marketingwissenschaft vorwirft, daß sie die gesellschaftliche Funktion des Wettbewerbs in ihrem Selbstverständnis nicht berücksichtigt hat, kann ihm mit Blick auf die Explananda so nicht mehr zugestimmt werden; vgl. Schneider, Dieter: Marketing als Wissenschaft oder Geburt einer Marketingwissenschaft aus dem Geiste des Unternehmerversagens, in: ZfbF, 35. Jg., Heft 3/1983, S. 222

(5) die Auswirkungen, die durch das Verhalten der Anbieter und der Nachfrager sowie durch die Folgen des Herstellens, Handelns und Verwendens von Austauschobjekten entstehen, zuzüglich der Konsequenzen der die Anbieter, die Nachfrager und die Austauschobjekte betreffenden Rahmenbedingungen auf die Gesellschaft.

Diese fünf fundamentalen Explananda spannen zwar einerseits den Rahmen für die von der Marketingwissenschaft zu lösenden Problemfelder auf, anderseits jedoch sollten sie nicht dahingehend mißverstanden werden, daß nur ihre vollständige Berücksichtigung bei der Erklärung eines Problemfeldes zur Legitimation der dazugehörigen Forschungsarbeit im Marketing führt. Schließlich verlangen bestimmte Fragestellungen eine bewußte Konzentration auf einzelne Explananda.[74]

In der Austauschbeziehung zwischen Hersteller und Handel – so wie sie sich im Rahmen der hier vorliegenden Arbeit stellt – hat institutional der Hersteller die Rolle des Anbieters und das Handelsunternehmen die des Nachfragers inne,[75] so daß der Fokus der hier vorliegenden Arbeit eindeutig auf den beiden Explananda „Austauschobjekt anbietende“ und „Austauschobjekt nachfragende“ Einzelwirtschaften gerichtet ist – ohne daß jedoch im weiteren Interdependenzen zu den anderen Explananda vernachlässigt werden.

Folglich liegt der Forschungsgegenstand der hier vorliegenden Arbeit in den gegenseitigen Verhaltensweisen zwischen Hersteller und Handel im allgemeinen und in der zwischen ihnen sich konstituierenden Transaktionsbeziehung im speziellen, jeweils mit Berücksichtigung der Faktoren, die das Verhalten und die Transaktionsbeziehung beeinflussen oder auslösen. Eine in diesem Zusammenhang bedeutende Rolle fällt dem

---

74 Vgl. hierzu beispielsweise Mattmüller, Roland: Marketingstrategien des Handels und staatliche Restriktionen, a.a.O., S. 29 f.

75 Wie an späterer Stelle noch verdeutlicht wird, verliert die hier vorgenommene Rollenzuweisung funktional betrachtet – d.h. im Ablauf einzelner Austauschprozesse – an Eindeutigkeit.

Letztnachfrager[76] und dem Gesetzgeber zu, da beide auf ihre spezifische Art das Verhalten und somit auch die Transaktionsbeziehung zwischen Hersteller und Handel determinieren. Während der Letztnachfrager buchstäblich die finale Instanz darstellt, die maßgeblich den wirtschaftlichen Erfolg von Austauschobjekten im gesamten und damit inbegriffen auch den Erfolg von den Austauschobjekten begleitenden Marketingaktivitäten sowohl vom Hersteller als auch vom Handelsunternehmen im besonderen beeinflußt, gibt der Gesetzgeber mit seinen Restriktionen den Rahmen für mögliche Aktivitäten von Hersteller und Handel im Absatzkanal vor.

2.2 Paradigmatische Bezugnahme der Arbeit

2.2.1 Zum Begriffsverständnis des Paradigmas

Der aus dem griechischen stammende Begriff 'Paradigma' wurde 1962 von Thomas S. Kuhn in die Wissenschaftstheorie eingeführt und erfreut sich seitdem – allerdings auf Kosten einer einheitlichen Interpretation – großer Beliebtheit.[77] Im ursprünglichen Sinne Kuhns ist mit einem Paradigma gleichzusetzen, daß in der wissenschaftlichen Gemeinschaft bzw. in der Scientific Community einer Wissenschaftsdisziplin eine breite Akzeptanz über allgemeine theoretische Annahmen und Gesetze sowie über die methodologische Vorgehensweise bezüglich deren Anwendung besteht. Kuhn sieht in einem Paradigma eine fundamentale Anschauung, die – für eine gewisse Zeit – wissenschaftlichem Arbeiten zugrunde liegt.[78] Demnach bestimmt ein Paradigma „... den Standard für legitime Forschung innerhalb der betreffenden Wissenschaft. Es koordi-

---

[76] Im Sinn des Wortlautes „Letztnachfrager" erwerben dieselbigen definitiv als letztes Glied einer möglichen Kette von Nachfragern Austauschobjekte zur Eigen- oder Fremdbedarfsdeckung, wobei sie entsprechend der Art ihrer Nachfrage in private und gewerbliche Letztnachfrager unterschieden werden. Im Rahmen dieser Arbeit sind nur private Letztnachfrager problemrelevant.

[77] Kuhn selbst gesteht in diesem Zusammenhang ein, daß der Erfolg des Paradigmabegriffes nicht zuletzt daher rührt, „... daß fast jeder alles herauslesen kann, was er will." Kuhn, Thomas S.: Die Entstehung des Neuen: Studien zur Struktur der Wissenschaftsgeschichte, Frankfurt am Main 1992, S. 389

[78] Vgl. Kuhn, Thomas S.: Die Struktur wissenschaftlicher Revolution, 2. Aufl., Frankfurt am Main 1979, S. 25 ff.

niert und bestimmt das Vorgehen beim Problemlösen, beim 'Rätsel-lösen' in der normalen Wissenschaft."[79]

So wie Kuhn selbst in späteren Arbeiten den Paradigmabegriff vielfältig und teilweise modifizierend verwendet hat,[80] so differierend werden mittlerweile in den einzelnen wissenschaftlichen Disziplinen – so auch im Marketing – die unterschiedlichsten Inhalte unter einem Paradigma subsumiert.[81] Ein Grund hierfür liegt in der Natur des Paradigmaansatzes selbst. Kuhn geht davon aus, daß es zur gleichen Zeit nur ein einziges Paradigma innerhalb einer Forschungsgemeinschaft gibt und nicht mehrere zeitgleich nebeneinander. Dieses eine Paradigma bleibt solange bestehen, wie es der Forschungsgemeinschaft genügend Spielraum für ungelöste Probleme läßt und somit als Spiegelbild der Realität gelten kann. Entsteht eine Diskrepanz zwischen Realität und Paradigma kommt es zu Spannungen, die im Sinne Kuhns zunächst zu einer Art „wissenschaftlicher Krise" und anschließend gar zu einer Art „wissenschaftlichen Revolution" führen. Letzteres ist als Umschreibung für den Übergang von einem alten zu einem neuen Paradigma zu verstehen und eröffnet gleichzeitig Raum für Spekulationen bzw. Diskussionen über anstehende oder vollzogene Paradigmenwechsel – mit der leidigen Begleiterscheinung der obengenannten uneinheitlichen Interpretation oder der gar gänzlichen Ablehnung des Begriffes.[82]

---

79 Chalmers, Alan F.: Wege der Wissenschaft: Einführung in die Wissenschaftstheorie, 3. Aufl., Berlin u.a. 1994, S. 92

80 Vgl. hierzu etwa die Kritik bei Kühne, Karl: Evolutionsökonomie: Grundlagen der Nationalökonomie und Realtheorie der Geldwirtschaft, Stuttgart u.a. 1982, S. 112 sowie Arndt, Johan: On Making Marketing Science More Scientific: Role of Orientations, Paradigms, Metaphors, and Puzzel Solving, in: Journal of Marketing, 49. Jg., Summer/1985, S. 15

81 Als Beleg hierfür und auf die deutschsprachige Marketingwissenschaft bezogen sei auf die unterschiedlichen Auffassungen von Meffert, Tietz und Diller über Paradigmen in der Marketingwissenschaft verwiesen. Vgl. Meffert, Heribert: Marketing-Theorie, in: Vahlens Großes Marketinglexikon, hrsg. v. Hermann Diller, München 1992, S. 700; Tietz, Bruno: Die bisherige und künftige Paradigmatik des Marketing in Theorie und Praxis – Erster Teil. Zur bisherigen Entwicklung und derzeitigen Situation des Marketing, in: Marketing ZFP, 15. Jg., Heft 3/1993, S. 159 sowie vgl. Diller, Hermann: Entwicklungstrends und Forschungsfelder der Marketingorganisation, in: Marketing ZFP, 13. Jg., Heft 3/1991, S. 162

82 Vgl. zu letzteren etwa Schneider, Dieter: Das Versagen der Paradigmavorstellung für die Betriebswirtschaftslehre, in: ZfbF, 34. Jg., Heft 10/1982, S. 849

Engelhardt umgeht diese Interpretationsvielfalt, indem er zwischen Paradigma und Denkstil unterscheidet. Auf der einen Seite läßt er für die gesamte Betriebswirtschaftslehre nur ein Paradigma gelten, das seine Konkretisierung im ökonomischen Prinzip findet, wonach ein bestimmtes Ergebnis mit einem geringst möglichen Input bzw. mit einem bestimmten Input ein größtmöglicher Output angestrebt wird. Auf der anderen Seite sieht Engelhardt die Forschungsgemeinschaft der Ökonomen in verschiedene Segmente gegliedert, die zwar jeweils unterschiedliche Denkstile verfolgen, jedoch ohne das einheitliche Paradigma fallen zu lassen.[83]

Ungeachtet dessen, ob es sich nun um Paradigmen, Denkstile, -richtungen oder um andere sinnverwandte Begriffe handelt, die eine Forschungsgemeinschaft konstituieren, ist es letztendlich eine Frage geeigneter Segmentierungskriterien, um in sich homogene und gegeneinander heterogene Denkstile bzw. Paradigmen abzugrenzen. Als Segmentierungskriterien können beispielsweise unterschiedliche Erkenntnisobjekte, Forschungsansätze und -methoden oder die Verwendung unterschiedlicher theoretischer Grundannahmen und Modelle dienen, wobei dies keine Bewertung abgrenzbarer Denkstile bzw. Paradigmen einschließt, vielmehr ist deren jeweilige Bedeutung und Eignung von der Spezifität der untersuchenden Problemhintergründe abhängig.

In diesem Sinne widmet sich auch der folgende Abschnitt weniger einer grundlegenden Beschreibung der Neuen Institutionenökonomik als vielmehr der Frage nach der Bedeutung derselbigen als Paradigma oder Denkstil der hier vorliegenden Untersuchung. Dabei steht insbesondere die generelle „Philosophie“ der Neuen Institutionenökonomik im Vordergrund, weswegen im folgenden von den originären Annahmen der Neuen Institutionenökonomik ausgehend argumentiert wird und nicht von den daraus entwickelten (derivativen) Ansätzen bzw. Theorien.

83 Vgl. Engelhard, Werner H.: Das Marketing in der Betriebswirtschaftslehre: Eine paradigmatische Betrachtung, in: Marktorientierte Unternehmensführung: Reflexionen – Denkanstöße – Perspektiven, Heribert Meffert zum 60. Geburtstag, hrsg. v. Manfred Bruhn u. Hartwig Steffenhagen, Wiesbaden 1997, S. 5 ff.

2.2.2 Die Neue Institutionenökonomik als paradigmatischer Standort der Arbeit

Auf der Suche nach einem wissenschaftlichen Bezugsrahmen im Sinne eines Paradigmas bzw. Denkstils, das bzw. der zugleich sowohl den an die Untersuchung gestellten Ansprüchen als auch der Problemstellung als solches gerecht wird, stößt man innerhalb der Modellwelt der neoklassischen Mikroökonomik schnell an Grenzen. Hier existieren im Grunde genommen gar nicht die vielschichtigen Probleme in der Beziehung zwischen Hersteller und Handel, so wie sie in der Realität vorkommen. Dagegen spannt die Modellwelt der Neuen Institutionenökonomik einen wirklichkeitsnäheren wissenschaftlichen Bezugsrahmen auf, indem ein Großteil der realitätsfremden Annahmen und ceteris-paribus-Argumentationen der Neoklassik aufgegeben werden.[84]

Aus diesem Grund wird eine überblickartige Gegenüberstellung zwischen der Neuen Institutionenökonomik und der in der Betriebswirtschaftslehre immer noch vorherrschenden neoklassisch-mikroökonomischen Modellwelt gewählt, um die Bedeutung der Neuen Institutionenökonomik als wissenschaftlichen Bezugsrahmen für die hier vorliegende Problemstellung aufzuzeigen. Nicht zuletzt auch deswegen, weil sich die Neue Institutionenökonomik aus der Kritik an der Neoklassik entwickelt hat.

[84] Die Bezeichnung der „Neuen Institutionenökonomik“ stammt von Williamson; vgl. Williamson, Oliver E.: Markets and Hierarchies: Analysis and Antitrust Implications, New York 1975, S. 1. Allerdings sollte das Adjektiv „neu“ nicht dahingehend mißverstanden werden, daß eine innovative, den Ökonomen bis dahin nicht tangierende Fragestellung aufgeworfen wird. Vielmehr soll das Adjektiv sowohl die Wiederentdeckung von institutionentheoretischen Problemstellungen unter Berücksichtigung der verhaltenswissenschaftlichen Entscheidungstheorie dokumentieren als auch gleichzeitig einer Verwechslung mit der Gedankenwelt der „alten“ Vertreter einer Institutionenökonomik – angeführt von Veblen und Commons – vorbeugen; vgl. Krüsselberg, Utz: Theorie der Unternehmung und Institutionenökonomik. Die Theorie der Unternehmung im Spannungsfeld zwischen neuer Institutionenökonomik, ordnungstheoretischem Institutionalismus und Marktprozeßtheorie, Heidelberg 1992, S. 32; Terberger, Eva: Neo-institutionalistische Ansätze: Entstehung und Wandel, Anspruch und Wirklichkeit, Wiesbaden 1994, S. 23; vgl. Dorow, Wolfgang; Weiermair, Klaus: Markt versus Unternehmung: Anmerkungen zu methodischen und inhaltlichen Problemen des Transaktionskostenansatzes, in: Betriebswirtschaftslehre und Nationalökonomie: Wissenschaftstheoretische Standortbestimmungen und Perspektiven, hrsg. v. Günther Schanz, Wiesbaden 1984, S. 191 sowie Böbel, Ingo: Eigentum, Eigentumsrechte und institutioneller Wandel, Berlin u.a. 1988, S. 168 ff.

Die Modellwelt der Neoklassik wird durch die Kernthese bestimmt, daß Angebot und Nachfrage allein über den Preis geregelt werden. Eventuelle Koordinationserfordernisse bzw. -probleme beim Austausch ökonomischer Aktivitäten zwischen Anbieter und Nachfrager – also auch zwischen Hersteller und Handel – seien mittels des Preismechanismus zu lösen. Dabei wird unterstellt, daß Initiierung, Gestaltung und Durchführung von Austauschprozessen und -beziehungen bei den Beteiligten zu keinerlei Kosten führen.[85] In diesem Modellmarkt besteht folglich für alle Beteiligten kostenlos vollkommene Information sowohl über die Qualität und Konditionen aller Austauschobjekte als auch über die Absichten und Handlungen aller anderen Marktbeteiligten. So sind jeder Einzelwirtschaft alle Zu- und Umstände bekannt, die in der Welt gegenwärtig existieren oder in Zukunft eintreten können, einschließlich deren Eintrittswahrscheinlichkeiten. Selbst die Vergangenheit und in ihr gemachte Erfahrungen spielen in der Neoklassik keine Rolle. Demnach ist die neoklassische Sichtweise statisch – die Zeit als eine wesentliche Größe in der Entscheidungsfindung wird vernachlässigt. Insgesamt liegt bei allen Beteiligten eine vollkommene Rationalität vor, so daß nur vollständige Verträge zwischen ihnen abgeschlossen werden.[86]

Die neoklassische Denkweise kennt somit „... nur eine einzige, idealisierte Institution, nämlich den vollkommenen Markt. Der Markt sorgt für eine kostenlose und effiziente Koordination aller Produktions- und Konsumentscheidungen, ohne daß es irgendwelcher weiterer Institutionen bedarf. [...] In der Welt der Neoklassik gibt es deshalb fast nichts von der ganzen Buntheit und Vielfalt einer modernen Wirtschaft, es fehlen vor allem jedwede Institutionen."[87] Letztere sind nicht nur Namensbestandteil der Neuen Institutionenökonomik, sondern in der Annahme ihrer Existenz verhelfen sie vor allem zur Konstruktion eines wirklichkeitsnäheren Modells der realen Wirtschaftswelt.

---

85 Vgl. Richter, Rudolf; Furubotn, Eirik G: Neue Institutionenökonomik, a.a.O., S. 9

86 Vgl. Richter, Rudolf: Institutionenökonomische Aspekte der Theorie der Unternehmung, in: Betriebswirtschaftslehre und ökonomische Theorien, hrsg. v. Dieter Ordelheide, Bernd Rudolph u. Elke Büsselmann, Stuttgart 1991, S. 400 f.

87 Kaas, Klaus P.: Marketing und Neue Institutionenökonomik, in: Kontrakte, Geschäftsbeziehungen, Netzwerke: Marketing und Neue Institutionenökonomik, hrsg. v. Klaus P. Kaas, ZfbF Sonderheft 35/95, Düsseldorf 1995, S. 2

Die Neue Institutionenökonomik erweitert die Welt der Neoklassik nicht nur um die Annahme marktregelnder *Institutionen*, sondern darüber hinaus auch um diejenigen zentralen Annahmen, die den einzelwirtschaftlichen Leistungsaustausch überhaupt erst vor Probleme stellen, wie *unvollkommene Information*, *Opportunismus* sowie die daraus entstehende *Unsicherheit* von Wirtschaftssubjekten. Es werden somit in der Neuen Institutionenökonomik alle restriktiven Annahmen der Neoklassik aufgegeben, die das neoklassische Modell letztendlich unrealistisch erscheinen lassen. Die wesentlichen Charakteristika dieser konstitutiven Annahmen der Neuen Institutionenökonomik werden im folgenden kurz skizziert, da dies zum Verständnis späterer Ausführungen notwendig erscheint.

Institution

Der Begriff der Institution steht für ein System von Regeln einerseits und Handlungen andererseits innerhalb von Entscheidungssituationen bei Austauschprozessen bzw. -beziehungen.[88]

Institutionen als *Regelsystem* beinhalten Ordnungsmaxime bzw. Ordnungsmechanismen, nach denen „... Menschen zusammen oder gegeneinander arbeiten."[89] Sie erfahren ihre Legitimation durch allgemeine Anerkennung der am Austauschprozeß involvierten Wirtschaftssubjekte, so daß für letztere wiederum eine gegenseitige Verhaltenserwartung entsteht.[90] Demzufolge besitzen Institutionen als Regelsystem einen „... erwartungsbildenden und konfliktmindernden Charakter, erfüllen häufig Informations- und Überwachungsfunktionen und wirken insgesamt organisations- und koordinationskostensen-

88 Vgl. Parsons, Talcott: Social Structure and the Symbolic Media of Interchange, in: Approches to the Study of Social Structure, hrsg. v. Peter M. Blau, London 1964, S. 97; Schneider, Dieter: Betriebswirtschaftslehre, Bd. 1: Grundlagen, München 1993, S. 18 ff sowie derselbe: „Unsichtbare Hand"-Erklärungen für die Institution Unternehmung, in: ZfB, 63. Jg., Heft 2/1993, S. 181 f.

89 Schneider, Dieter: „Unsichtbare Hand"-Erklärungen für die Institution Unternehmung, a.a.O., S. 182

90 Vgl. Richter, Rudolf; Furubotn, Eirik G.: Neue Institutionenökonomik, a.a.O., S. 7 sowie vgl. Schmoller, Gustav v.: Grundriß der allgemeinen Volkswirtschaftslehre, München 1900, S. 61

kend."[91] Im Hinblick auf Transaktionsbeziehungen zwischen Hersteller und Handel sind zu den Institutionen als Regelsystem zunächst die zwischen den beiden Parteien geschlossenen Verträge als auch die dazugehörigen Gesetze und Handelsbräuche zu zählen. Darüber hinaus gehören hierzu jedoch auch solche Konstrukte, die das Verhalten von Hersteller und Handel in gegenseitigen Transaktionsbeziehungen beeinflussen, wie Zufriedenheit, Commitment, Vertrauen, Abhängigkeit und Macht,[92] wenngleich diese in der engen Auslegung der Neuen Institutionenökonomik vernachlässigt werden, weil sie nicht operationalisierbar erscheinen.

Institutionen als *Handlungssystem* umfassen demgegenüber alle faktischen Merkmale von Transaktionsbeziehungen, die den Vorgang derselbigen begründen.[93] Hierzu zählen im Bezug auf Transaktionsbeziehungen zwischen Hersteller und Handel beispielsweise die Firmen- und Produktnamen, die Zahl einzelner Transaktionen bzw. Transaktionsprozesse sowie deren Dauer, die Höhe der betreffenden Umsätze und die Art der Transaktionsobjekte und dergleichen mehr.[94]

Institutionen – sowohl als Regel- als auch Handlungssystem – können zum einen ad hoc aus dem spezifischen Eigeninteresse der Austauschbeteiligten entstehen (bspw. obengenannte Zugeständnisse als Ergebnis von Jahresgesprächen), zum anderen aber auch über Zeit und Gewohnheit evolutorisch wachsen (bspw. Formen von Werbekostenzuschüssen) oder letztlich gezielt durch eine allgemein verbindliche Autorität (bspw. Restriktionen

---

91 Picot, Arnold: Ökonomische Theorien der Organisation: Ein Überblick über neuere Ansätze und deren betriebswirtschaftliches Anwendungspotential, in: Betriebswirtschaftslehre und ökonomische Theorie, hrsg. v. Dieter Ordelheide, Bernd Rudolph u. Elke Büsselmann, Stuttgart 1991, S. 144

92 Vgl. Schütze, Roland: Kundenzufriedenheit: After-Sales-Marketing auf industriellen Märkten, Wiesbaden 1992; Söllner, Albrecht: Commitment in Geschäftsbeziehungen: Das Beispiel Lean Production, Wiesbaden 1993, S. 90 ff.; Albach, Horst: Vertrauen in der ökonomischen Theorie, in: ZgS/JITE, 136. Jg., 1980, S. 2 ff.; Plötner, Olaf: Risikohandhabung und Vertrauen des Kunden, Berliner Reihe „Business-to-Business-Marketing, Arbeitspapier Nr. 2, hrsg. v. Michael Kleinaltenkamp, Berlin 1993, S. 34 ff.; Kleinaltenkamp, Michael: Institutionenökonomische Begründung von Geschäftsbeziehungen, in: Arbeitsgruppe „Beziehungsmanagement" der wissenschaftlichen Kommission für Marketing im Verband der Hochschullehrer für Betriebswirtschaftslehre, hrsg. v. Klaus Backhaus u. Hermann Diller, Münster u. Nürnberg 1994, S. 15

93 Vgl. Schneider, Dieter: „Unsichtbare Hand"-Erklärungen für die Institution Unternehmung, a.a.O., S. 182

94 Vgl. Kleinaltenkamp, Michael: Institutionenökonomische Begründung von Geschäftsbeziehungen, a.a.O., S. 15; Kaas, Klaus P.: Marketing und Neue Institutionenökonomik, Arbeitspapier Nr. 1 aus dem Forschungsprojekt Marketing und ökonomische Theorie, Frankfurt am Main 1992, S. 3

des Gesetzgebers) geschaffen sein. Allerdings erfordern das Zustandekommen, die Benutzung, die Übertragung und der Schutz von Institutionen den Einsatz von Ressourcen, den sogenannten Transaktionskosten.

Unvollkommene Information

Die Annahme der unvollkommenen Information stellt darauf ab, daß die Austauschbeteiligten eine nur begrenzte Fähigkeit zur vollständigen Informationsverarbeitung besitzen. Demnach ist es Herstellern und Handel nicht möglich, sämtliche verfügbaren Informationen zu sammeln und anschließend sowohl von der Quantität als auch unter Umständen von der Qualität her aufzuarbeiten und auszuwerten. Zur Umschreibung dieser Tatsache führte Simon die Bezeichnung der „begrenzten (oder eingeschränkten) Rationalität" ein, wonach Wirtschaftssubjekte ihrer Intention nach zwar rational handeln, dieses jedoch in ihrer realen Handlung nur eingeschränkt können.[95]

Für Hersteller und Handel hat die Annahme der unvollkommenen Information zur Konsequenz, daß beide Parteien sowohl die Kosten zur Veränderung eines bestimmten Informationsstandes als auch die Erkenntnis, daß trotz dieser Anstrengungen ein vollkommender Informationsstand nie erreicht werden kann, in die Bewertung ihrer Beziehung zueinander bewußt oder unbewußt mit einfließen lassen. Zusätzlich impliziert diese Annahme, daß Hersteller und Handel nicht unbedingt den gleichen Informationsstand besitzen, so daß zwischen ihnen eine asymmetrische Informationsverteilung vorliegt, die sie mittels Informationsaustausch bewußt (positiv wie negativ) beeinflussen und auch gegeneinander verwenden können.[96]

---

95 Vgl. Simon, Herbert A.: Models of Man. Social and Rational, New York 1957. Mit anderen Worten: die Wirtschaftssubjekte beabsichtigten zwar rational zu handeln, tun dieses aber in der Realität nur eingeschränkt. Schließlich spielt sonst die emotionale Komponente bei einer Kaufentscheidung keine Rolle.

96 Vgl. Hax, Herbert: Theorie der Unternehmung: Information, Anreize und Vertragsgestaltung, a.a.O., S. 56

Opportunismus

Die begrenzte Fähigkeit zur Informationsverarbeitung und die damit verbundene asymmetrische Informationsverteilung zwischen den Austauschparteien ist stets notwendige Bedingung für eine weitere zentrale Annahme der Modellwelt der Neuen Institutionenökonomik, nämlich die des opportunistischen Verhaltens der Wirtschaftssubjekte untereinander,[97] wobei das hiermit gemeinte Verhalten durch die originäre Wortbedeutung des Adjektivs „opportunistisch" nicht sinngerecht beschrieben wird. Williamson definiert Opportunismus mit der „... Verfolgung des Eigeninteresses unter Zuhilfenahme von List"[98] und schließt hierbei raffinierte Formen der Täuschung ebenso mit ein wie Lügen, Stehlen und Betrügen. Mit dieser Annahme berücksichtigt die Neue Institutionenökonomik, daß Austauschparteien ihre jeweiligen Handlungen bzw. ihr jeweiliges Verhalten im Sinne des ökonomischen Prinzips immer am eigenen Vorteil ausrichten, unter Umständen bis hin zu Verstößen gegen vereinbarte Verpflichtungen, Konventionen oder gegen allgemein anerkannte Werte und Normen.

Unsicherheiten

In der Konsequenz von unvollkommener Information und opportunistischem Verhalten kommt es letzten Endes zur vierten zentralen Annahme der Neuen Institutionenökonomik, nämlich daß Unsicherheiten bei den jeweiligen Transaktionsentscheidungen der Austauschparteien bestehen.[99] In der Regel erweist sich die schlechter informierte und mit geringerem Machtpotential ausgestattete Austauschpartei als unsicher, während es der besser informierten Partei obliegt, diese Unsicherheit durch vertrauenswürdige Aktivitäten zu reduzieren. Aus dieser Konstellation heraus ergibt sich die Motivation zur In-

---

97 Vgl. ebenda, S. 56

98 Williamson, Oliver E.: Die ökonomischen Institutionen des Kapitalismus. Unternehmen, Märkte und Kooperationen, Tübingen 1990, S. 54

99 Williamson spricht in diesem Fall von Verhaltensunsicherheiten. Dieses sind Unsicherheiten strategischer Art, die vornehmlich auf Opportunismus zurückzuführen sind und zu unterscheiden sind von Umweltunsicherheiten, hervorgerufen durch Umweltkomplexität und -dynamik; vgl. Williamson, Oliver E.: Die ökonomischen Institutionen des Kapitalismus, a.a.O., S. 66; Klein, Saul: A Transaction Cost Explanation of Vertical Control in International Markets, in: Journal of Academy of Marketing Science, 17. Jg., 1989, S. 255 f. sowie vgl. Fischer, Marc: Make-or-Buy-Entscheidungen im Marketing: Neue Institutionenlehre und Distributionspolitik, Wiesbaden 1992, S. 88

formationsbeschaffung (Screening) seitens der schlechter informierten Partei respektive zur Informationsübermittlung (Signaling) seitens der besser informierten Partei.[100]

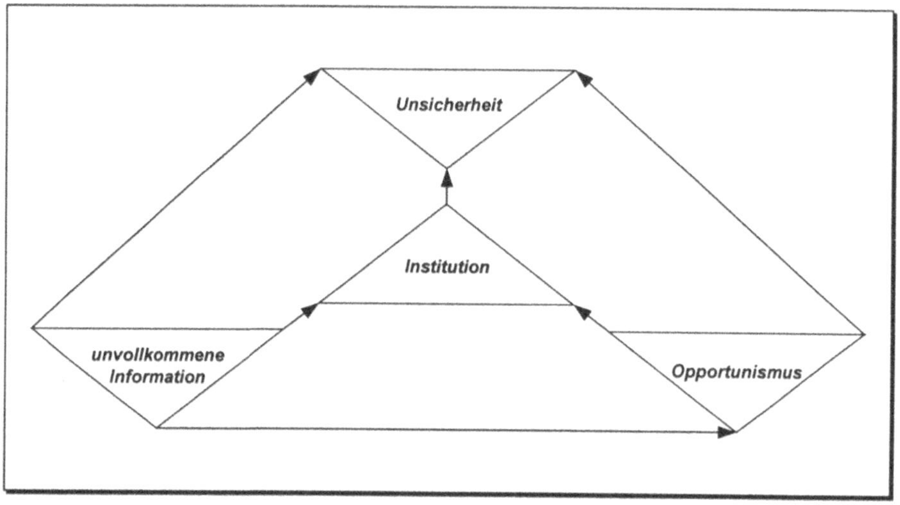

Abb. 4: Annahmenkonstrukt der Neuen Institutionenökonomik

Die aufgestellten Annahmen der Neuen Institutionenökonomik bieten weitreichende Ansatzpunkte zur Formulierung von deskriptiven und explikativen Aussagen über Austauschprozesse und den daraus konstituierenden Beziehungen zwischen Anbieter und Nachfrager bzw. Hersteller und Handel – analog zu den Ansprüchen, die an die Untersuchung gestellt wurden.[101] Erst in der Neuen Institutionenökonomik gewinnen der Prozeß und die Kosten des Informationstransfers bzw. die Kosten der Koordination ökonomischer Austauschbeziehungen (Transaktionskosten) an Bedeutung. Während es in der neoklassischen Gedankenwelt durch die restriktiven und realitätsfernen Annahmen keinen Sachverhalt gibt, der „.. durch Marketing gefördert oder verbessert werden könnte,“[102] eröffnen sich erst in der Modellwelt der Neuen Institutionenökonomik konkrete Aufgabenstellungen für das Marketing, wie:

---

100 Vgl. Lingen, Thomas von: Informationsökonomik, in: Vahlens Großes Marketinglexikon, hrsg. v. Hermann Diller, München 1992, S. 448

101 Vgl. Abschnitt 1.2

102 Kaas, Klaus P.: Marketing und Neue Institutionenökonomik, a.a.O., S. 6

(1) Überwinden eines unvollkommenen Informationsstandes zwischen den Austauschbeteiligten,

(2) Bewältigen des möglichen opportunistischen Verhaltens der Transaktionspartner,

(3) Ausgleichen aufkommender Unsicherheiten zwischen den Parteien.

Das Marketing im allgemeinen erfährt infolgedessen mit der Neuen Institutionenökonomik eine Existenzberechtigung, die es in der Neoklassik so nicht hatte. „Um es am Beispiel anschaulicher zu machen: Werbung, im traditionellen Modell vollkommener Märkte ein Fremdkörper, in der verhaltenswissenschaftlich orientierten Betrachtungsweise eine Technik der Beeinflussung, kann in der neueren mikroökonomischen Theorie als Form der Informationsübermittlung zwischen rationalen Marktpartnern erklärt werden."[103]

Die aufgezeigte Erweiterung der neoklassischen Modellwelt durch das realitätsnähere Annahmenkonstrukt der Neuen Institutionenökonomik spannt einen wissenschaftstheoretischen Bezugsrahmen auf, der verschiedenste, nicht unbedingt überschneidungsfreie, aber mit unterschiedlichen Blickwinkeln ausgerichtete Ansätze bzw. Theorien hervorbringt. Neben den gleichen wissenschaftstheoretischen Bezugsrahmen haben diese Ansätze bzw. Theorien vor allem gemeinsam, daß sie die gleiche zentrale Problemstellung behandeln, indem sie ökonomische Austauschprozesse zu erklären versuchen, die mit Reibungsverlusten oder Spannungen (also mit Transaktionskosten) verbunden sind. Aus der Fülle dieser einzelnen Ansätze bzw. Theorien werden insbesondere die Transaktionskostentheorie, die ökonomische Vertragstheorie und die Property-Rights-Theorie als problemrelevant erachtet.

Die *Transaktionskostentheorie* versucht allgemein die Entstehung und Bedeutung von Organisationsformen ökonomischer Austauschbeziehungen (Markt, Unternehmung und Kooperation) zu erklären und stellt somit zugleich den Anfang als auch den leitenden, verbindenden Grundgedanken (roter Faden) einer Analyse der Transaktionsbeziehung zwischen Hersteller und Handel dar.

[103] Hax, Herbert: Theorie der Unternehmung a.a.O., S. 65

Die *ökonomische Vertragstheorie*, die sich wiederum in drei, nicht überschneidungsfreie Theorieblöcke aufgliedern läßt – Prinzipal-Agenten-Theorie, Theorie sich selbst durchsetzender Vereinbarungen sowie Theorie relationaler Verträge – stellt das Problem von Informationsasymmetrie, Opportunismus und Interessendivergenzen im Rahmen eines Auftraggeber-Beauftragten-Verhältnisses (ähnlich dem Hersteller-Handel-Verhältnis) in den Mittelpunkt der Analyse. Dabei wird aus Sicht des Auftraggebers (Hersteller) nach anzuwendenden Anreizmechanismen, Informations- und Kontrollsystemen sowie nach rechtlich-institutionellen Vorkehrungen gefragt.

Letztgenannter Punkt bezieht die *Property-Rights-Theorie* mit ein. Diese betrachtet ökonomische Austauschbeziehungen vor allem unter dem Gesichtspunkt der Übertragung von Verfügungs- und Handlungsrechten, die den Austauschbeteiligten aufgrund herrschender Rechtsordnung und/oder von individuell ausgehandelten Verträgen zustehen. Die hierbei vollzogene Konzentration auf rechtliche Aspekte ist für die vorliegende Untersuchung insofern von Bedeutung, daß rechtliche Restriktionen wesentlichen Einfluß auf die Organisation von Transaktionsbeziehungen zwischen Hersteller und Handel nehmen und somit einen Teil zu deren Erklärung beitragen.[104]

Aufgrund dieser Zusammenhänge erfolgt im Rahmen der vorliegenden Analyse keine explizit monomisch-getrennte Betrachtung der einzelnen Theorien oder gar die Beschränkung auf eine einzige Theorie, da nicht die gewählte Theorie als analytischer Bezugspunkt etwaige Fragestellungen bestimmen soll, sondern vice versa. Demnach ist es abhängig von spezifischen Detailfragen, ob der daran anknüpfende Schwerpunkt der Argumentation Bezug zu einer ausgewählten Theorie oder zu mehreren gleichzeitig nimmt. Letzteres führt unter Umständen bewußt zu einer Verschmelzung von Annahmen, Aussagen und Argumentationsfolgen verschiedener Theorien der Neuen Institutionenökonomik, sofern es dem Erkenntniszuwachs im gesamten dient.

---

[104] vgl. zur Bedeutung der einzelnen obengenannten Ansätze bzw. Theorie für das Marketing Mattmüller, Roland; Tunder, Ralph: Zur theoretischen Basis der Marketingwissenschaft, a.a.O., S. 25 ff. Zur Neuen Institutionenökonomik werden noch weitere Ansätze gezählt, wie etwa die Informationsökonomik, der neue institutionalistische Ansatz in der Wirtschaftsgeschichte und in der Politischen Ökonomie sowie die Verfassungsökonomik; vgl. hierzu Richter, Rudolf; Furubotn, Eirik G: Neue Institutionenökonomik: Eine Einführung und kritische Würdigung, Tübingen 1996, S. 35 ff.

2.2.3 Bedeutung der Sozialen Austauschtheorie und der Ressourcen-Abhängigkeitstheorie für die Problemstellung

Hersteller-Handel-Beziehungen ausschließlich aus der ökonomischen Perspektive zu analysieren, entspricht zwar vordergründig der Natur der Beziehung, jedoch bleiben unter diesem Blickwinkel beziehungsprägende Hintergründe unentdeckt. Schließlich handelt es sich bei Absatzkanälen bzw. -wegen im allgemeinen und bei Beziehungen zwischen Hersteller und Handel im besonderen nicht nur um komplexe und vielschichtige ökonomische, sondern auch um politische und vor allem soziale Systeme.[105]

Insbesondere die soziale Dimension signalisiert, daß nicht alleine Hersteller und Handel als abstrakte Organisationsgebilde Beziehungen miteinander knüpfen, sondern daß diesbezügliche Entscheidungen immer noch von dahinterstehenden Personen getroffen werden. Dabei steht außer Frage, daß Hersteller-Handel-Beziehungen durch weitaus vielfältigere Verhaltensmuster bestimmt werden, als dies durch die Verhaltensannahmen der Neuen Institutionenökonomik (begrenzte Rationalität durch unvollkommene Informationen, Opportunismus und Unsicherheit) widergespiegelt wird.

In diesem Sinne hat sich seit Ende der sechziger Jahre eine verhaltenswissenschaftlich ausgerichtete Forschungsströmung entwickelt, die soziale Sachverhalte in den Vordergrund der Analyse von Hersteller-Handel-Beziehungen stellt.[106] Dabei wird der Absatzkanal als eine Art soziales System verstanden, das maßgeblich durch Konstrukte wie Macht und Abhängigkeit und – von diesen beiden abgeleitet – durch Rollen- und Konfliktbeziehungen bestimmt wird.[107] Das hinter der verhaltenswissenschaftlichen Interpretation des Absatzkanals und seines Beziehungsgefüges stehende theoretische Fundament baut im wesentlichen auf zwei Theorien auf, nämlich auf die *Soziale Aus-*

---

[105] Vgl. Laurent, Monika: Vertikale Kooperationen zwischen Industrie und Handel. Neue Typen und Strategien zur Effizienzsteigerung im Absatzkanal, Frankfurt am Main 1996, S. 66 ff.

[106] Vgl. zu den Anfängen der verhaltenswissenschftlichen Betrachtung des Absatzkanals bspw. Stern, Louis W.; Brown, James W.: Distribution Channels: A Social System Approach, in: Distribution Channel, Behavioral Dimensions, hrsg. v. Louis W. Stern, Boston 1969

[107] Vgl. hierzu beispielsweise die Untersuchung nach den verhaltenswissenschaftlichen Kriterien der Absatzwegewahl bei Schneider, Rolf: Kriterien der Absatzwegewahl, Zürich u.a. 1977, S. 179 ff.

tauschtheorie (Social Exchange Theory) einerseits und auf *die Ressourcen-Abhängigkeitstheorie* (Resource Dependence Theory) andererseits.[108]

Während in der jüngeren Marketingforschung Bestrebungen vorliegen, eine Brücke zwischen der Neuen Institutionenökonomik auf der einen Seite und den verhaltenswissenschaftlichen Ansätzen auf der anderen Seite zu schlagen,[109] wurden beide Forschungsrichtungen bis in die achtziger Jahre hinein als alternative bzw. konkurrierende Ansätze zur Analyse von interorganisationalen Beziehungen eingestuft. Der dazugehörige wissenschaftliche Disput wurde von den jeweiligen Vertretern der Ansätze offen und polarisierend ausgetragen. Im Mittelpunkt der Diskussion stand die Untersuchungseinheit der jeweils anderen Forschungsrichtung. Dabei lehnten beide Seiten unisono die jeweils andere Untersuchungseinheit ab, weil ihnen diese als unzureichend definiert und nicht operationalisierbar erschien.[110]

Mittlerweile jedoch löst man sich zunehmend von der Vorstellung der konkurrierenden Koexistenz beider Forschungsrichtungen und sucht nach Ansatzpunkten einer komplementären Verknüpfung. Diese Vorgehensweise stellt allerdings entsprechende Forschungsarbeiten immer wieder vor das gleiche Problem, daß beide Forschungsrichtungen von zwei grundverschiedenen Betrachtungsebenen ausgehen, um ein und denselben Untersuchungsgegenstand, nämlich die Transaktion zwischen mindestens zwei Akteuren, zu analysieren. Während die verhaltenswissenschaftlichen Ansätze originär an den Individuen einer Transaktion und nur derivativ an dem Vorgang der Transaktion als solches ansetzen, verhält es sich mit der Neuen Institutionenökonomik und hier

108 Vgl. Blommen, Daniel: Interorganisationale Macht und Abhängigkeit im Absatzkanal: Determinanten und Wirkungen, Aachen 1997, S. 15 ff.

109 Vgl. hierzu etwa die Arbeiten von Heide, Jan B.; John, George: The Role of Dependence Balancing in Safeguarding Transaction-Specific Assets in Conventional Channels, in: Journal of Marketing, 52. Jg., January/1988, S. 20-35; Reve, Torger; Stern, Louis W.: The Political Economy Framework of Interorganizational Relations, in: Changing the Course of Marketing, Alternative Paradigms for Widening Theory, Research in Marketing, Supplement Nr. 2, hrsg. v. Nikhilkesh Dholakia u. Johan Arndt, Greenwich 1985, S. 289-300

110 Vgl. Williamson, Oliver E.; Ouchi, William G.: The Markets and Hierarchies Programme of Research. Origins, implications, prospects, in: Power, Efficiency and Institutions: A Critical Appraisal of the 'Markets and Hierarchies' Paradigm, hrsg. v. Arthur Francis, Jeremy Turk u. Paul William, London u.a. 1983, S. 30 sowie vgl. Turk, Jeremy: Conclusion: Power, Efficiency and Institutions, some implications of the debate for scope of economics, in: Power, Efficiency and Institutions: A Critical Appraisal of the 'Markets and Hierarchies' Paradigm, hrsg. v. Arthur Francis, Jeremy Turk u. Paul William, London u.a. 1983, S. 189

insbesondere mit der Transaktionskostentheorie genau vice versa. So liegt der Schwerpunkt der Analyse von Austauschbeziehungen in der Transaktionskostentheorie auf einer eher „transaktionalen Ebene“ und bei den verhaltenswissenschaftlichen Ansätzen auf einer eher „sozialen Ebene“, woraus sich im weiteren unterschiedliche und mitunter auch nicht konforme Annahmen bzw. Basishypothesen ableiten.[111]

Vor dem Hintergrund der unterschiedlichen Blickwinkel und der daraus jeweils entwickelten Basishypothesen erscheint es nachvollziehbar, daß Forschungsarbeiten, die gleichermaßen auf verhaltenswissenschaftliche Ansätze als auch auf Teilgebiete der Neuen Institutionenökonomik Bezug nehmen, nur Fragmente beider Forschungsrichtungen berücksichtigen und die entsprechende problemspezifische Anwendung zumeist auch nur in linearer Argumentation umsetzen können.[112] Eine grundlegende, problemübergreifende und (somit) im Ergebnis selbst als Theorie anerkannte „ganzheitliche Verschmelzung“ zwischen der Neuen Institutionenökonomik auf der einen Seite und den beiden obengenannten theoretischen Fundamenten der verhaltenswissenschaftlichen Ansätze auf der anderen Seite liegt bisher nicht vor[113] – was allerdings auch nicht Gegenstand der vorliegenden Arbeit sein kann.

Vielmehr stellt sich an dieser Stelle und bezogen auf die hier definierte Problemstellung von Hersteller-Handel-Beziehungen die Frage, ob und inwieweit die verhaltenswissenschaftlichen Ansätze mit der Neuen Institutionenökonomik korrespondieren. Dabei geht es letzten Endes um die Schnittstelle zwischen der verhaltenswissenschaftlich angelehnten Inside-Perspektive und der transaktionsökonomisch angelehnten Out-

---

111 Als exemplarischer Beleg für die unterschiedlichen Annahmenkonstrukte zur Erklärung von Verhaltensmustern in Austauschbeziehungen sei einerseits an das über die Neue Institutionenökonomik hinaus bekannte Organizational Failures Framework von Williamson und andererseits an die ebenso weit bekannten fünf Basishypothesen von Homans aus der Sozialen Austauschtheorie erinnert. Vgl. Williamson, Oliver E.: Markets and Hierarchies, a.a.O., S. 40 sowie Homans, Georg C.: Elementarformen sozialen Verhaltens, Köln u.a. 1968, S. 45 ff. Sowohl das eine als auch das andere stellt jeweils einen entscheidenden Teil des Hypothesen- bzw. Denkgebäudes der jeweiligen Forschungsrichtung dar. Dennoch werfen sie ein so unterschiedliches Licht auf die Analyse und Erklärung von Austauschbeziehungen, daß mit ihnen gemeinsam nur schwer Argumentationsketten geknüpft und Erkenntnisse gewonnen werden können.

112 Vgl. hierzu bspw. für die deutschsprachige Forschung Blommen, Daniel: Interorganisationale Macht und Abhängigkeit im Absatzkanal, a.a.O., S. 17 ff.; Schwaner, Jost: Integration von Kunden und Lieferanten: Analyse langfristiger Geschäftsbeziehungen, Wiesbaden 1996, S. 39 ff.

113 Zumindest ist dem Verfasser trotz intensiven Literaturstudiums ein anderer Status quo nicht bekannt.

side-Perspektive von Hersteller-Handel-Beziehungen. Um es dabei nicht zu einer rahmensprengenden Abgrenzung beider Forschungsrichtungen kommen zu lassen, werden in der vorliegenden Arbeit aus forschungspragmatischen Gründen zwei Einschränkungen vorgenommen. Zum einen wird die Schnittstelle zwischen der Neuen Institutionenökonomik und den verhaltenswissenschaftlichen Ansätzen problemadäquat eng definiert. Zum anderen soll die Annäherung an diese Schnittstelle nicht im gleichen Maße von beiden Seiten (Forschungsrichtungen) erfolgen, sondern ausschließlich aus der Perspektive der Neuen Institutionenökonomik (getreu ihrer aufgezeigten Bedeutung zur Lösung der hier vorliegenden Problemstellung).

Der wohl wesentlichste Ansatzpunkt zur Definition der Schnittstelle, weil gleichzeitig eine unverzichtbare Größe in der Analyse von Hersteller-Handel-Beziehungen, stellt das Konstrukt „Macht" dar. Schließlich sind „... sämtliche beobachtbaren und nicht beobachtbaren Beziehungen in Distributionssystemen entweder als Indikator für den Umfang der *Machtfülle* (bzw. der Machtgrundlagen) der einzelnen Systemelemente oder als Vorgänge im Rahmen des Einsatzes von speziellen Instrumenten zum Zwecke des *Machterwerbs* oder als Vorgänge im Rahmen der *Machtanwendung* durch Einsatz spezieller Machtmittel interpretierbar."[114] Allerdings wird zwar die Bedeutung von (Markt-)Macht in der Modellwelt der Neuen Institutionenökonomik allgemein anerkannt, jedoch fehlt es an einer expliziten Aufnahme in deren Hypothesengebäude. Der Grund hierfür mag darin liegen, daß es „... sicher einer weiten Auslegung von Verhaltensannahmen der Transaktionskostentheorie [bedürfte], um die teilweise in der Praxis beobachtbaren Machtstrategien in diese Annahmen hineininterpretieren zu wollen."[115]

Aufgabe ist es daher nun, mit Hilfe der verhaltenswissenschaftlichen Ansätze einen Zugang zu den machtspezifischen Aspekten zu bekommen, ohne dabei die Bedeutung der Neuen Institutionenökonomik als dominierende Analyseebene abzuschwächen. In diesem Sinne beschränkt sich die nachfolgende Interpretation der Sozialen Austauschtheorie und der Ressourcen-Abhängigkeitstheorie ausschließlich auf deren grundlegende Erkenntnisaussagen hinsichtlich jener Machtaspekte, die bei einer weiterhin

---

114 Ahlert, Dieter: Distributionspolitik, a.a.O., S. 98

115 Bogaschewsky, Ronald: Vertikale Kooperationen – Erklärungsansätze der Transaktionskostentheorie und des Beziehungsmarketing, in: ZfbF-Sonderheft 35/95, Düsseldorf 1995, S. 171

transaktionsökonomisch angelehnten Outside-Perspektive von Hersteller-Handel-Beziehungen von erklärendem Gehalt sind.[116]

Entgegen ihrer eigentlichen Bezeichnungen entsprechen weder die Soziale Austauschtheorie noch die Ressourcen-Abhängigkeitstheorie eine in sich geschlossenen Theorie, sondern jeweils einem Bezugsrahmen aus Hypothesen und logisch-argumentativen Aussagen zur Deskription und Explikation von interpersonellen Prozessen im Rahmen von Austauschbeziehungen. Als genereller theoretischer Hintergrund dienen für die Soziale Austauschtheorie die sozialpsychologischen und soziologischen Arbeiten von Homans und Thibaut/Kelly[117] sowie für die Ressourcen-Abhängigkeitstheorie die organisationssoziologischen Arbeiten von Aldrich und Pfeffer/Salancik.[118]

Im Kern der Sozialen Austauschtheorie geht es darum, daß mindestens zwei Akteure zum Transfer von Ressourcen wechselseitige Aktivitäten unternehmen, die entgegen dem geläufigen behaviouristischen Menschbild auch Belohnungen und Bestrafungen

---

116 Aufgrund der sowohl in der Breite als auch in der Tiefe hinlänglichen wissenschaftlichen Durchdringung machttheoretischer Zusammenhänge zwischen Hersteller und Handel wird im Rahmen dieser Arbeit auf eine explizite Erörterung dieses Problemfeldes verzichtet. Selbst der Verweis auf ausgewählte Arbeiten kann das Spektrum an Problembehandlungen nicht annähernd wiedergeben. Vgl. hierfür beispielhaft die ausführliche (erschöpfende ?) Diskussion in der deutschsprachigen Forschungsgemeinschaft über die Macht des Handels etwa Ahlert, Dieter; Bergmann, Gustav; Schröder, Hendrik; Wellmann, Thomas: Machtkonzentration und Dynamische Marktbeherrschung im Handel, Münster 1988; Lademann, Rainer P.: Nachfragemacht von Handelsunternehmen – Analyse der Begriffs-, Erklärungs- und Rechtstatsachenprobleme, Göttingen 1986; Möhlenbruch, Dirk: Betriebswirtschaftliche Probleme einer Kontrolle der Nachfragemacht des Handels a.a.O.; Niestrath, Ulrich: Nachfragemacht des Handels: Begriffe Theorie, Operationalisierung, Frankfurt am Main 1983

117 Vgl. Thibaut, John W.; Kelly Harold H.: The Social Psychology of Groups, 5. Aufl., New York u.a. 1959; Homans, Georg C.: Social Behavior as Exchange, in: American Journal of Sociology, 63. Jg., May/1958, S. 597-606; Homans, Georg C.: Theorie der Sozialen Gruppe, 2. Aufl., Köln 1965. Mit diesen aufgeführten Werken wurden erstmals Erkenntnisse der Verhaltensforschung über die Mechanismen des instrumentellen Lernens, der klassischen Konditionierung, der Theorie des kognitiven Gleichgewichts und der Theorie der kognitiven Dissonanz auf den Bereich sozialer Beziehungen übertragen. Vgl. Schwaner, Jost: Integration von Kunden und Lieferanten, a.a.O., S. 41

118 Vgl. Aldrich, Howard E.: Resource Dependence and Interorganizational Relations: Local Employment Service Offices and Social Services Sector Organizations, in: Administration and Society, 7. Jg., Heft 4/1976, S. 419-454; derselbe: Organization and Environment, Englewood Cliffs 1979 sowie vgl. Pfeffer, Jefferey; Salancik, Gerald: The External Contral of Organizations: A Resource Dependence Perspective, New York u.a. 1978

beinhalten.[119] Letztere treten als erteilte Sanktionen oder als entzogene Belohnungen auf und führen dazu, daß diejenigen Aktivitäten ergriffen werden, die ihren möglichen Einsatz ersparen.[120]

Wie die Androhung von Bestrafungen bestimmt auch der gegenseitige Austausch von Belohnungen jede Form sozialen Verhaltens, wobei mit jeder Erteilung von Belohnungen auch Kosten verbunden sind.[121] Die Belohnungen sorgen zwar einerseits dafür, daß ein belohntes Verhalten in einer ähnlichen Situation wiederholt wird, andererseits jedoch führt eine zunehmende Sättigung an Belohnungen zu einem Abflauen der Motivation für das ursprünglich belohnte Verhalten. Es gibt also einen Punkt, in dem die marginale Einheit des durch Belohnung steigenden Aktivitätsgrades identisch ist mit der marginalen Einheit des durch Sättigung sinkenden Aktivitätsgrades.[122] Dieser Zusammenhang spiegelt sich in der Erfolgshypothese und in der Entbehrungs-Sättigungshypothese Homans wider.[123]

Nach Homans findet ein sozialer Austausch dauerhaft nur dann statt, wenn die beteiligten Austauschparteien jeweils einen psychischen Gewinn erzielen, der sich aus den erfahrenen Belohnungen einerseits und erteilten Belohnungen abzüglich der mit ihnen verbundenen Kosten andererseits ergibt. In diesem Zusammenhang schlußfolgert Ho-

---

119 Insofern geht die Soziale Austauschtheorie von einem unvollkommenen Markt aus und kann durchaus analog zur Neuen Institutionenökonomik als Kritik zur neoklassischen Denkweise verstanden werden.

120 Sanktionen der Hersteller gegenüber dem Handel sind in vier Facetten denkbar: hinsichtlich des Warenflusses (etwa Belieferungssperren bzw. -verzögerungen), hinsichtlich des Informationsflusses (beispielsweise in Bezug auf Markt- und Produktkenntnisse), hinsichtlich des Geld-/ Konditionenflusses (zum Beispiel Einbehaltung von versprochenen Werbekostenzuschüssen) und schließlich im Querschnitt zu den drei vorstehenden Sanktionsfacetten hinsichtlich der Funktionsübernahmen bzw. -verteilungen. Vgl. Ahlert, Dieter: Distributionspolitik, a.a.O., S. 101, der Sanktionsmöglichkeiten bezüglich Informationen, materiellen und immateriellen Werten unterteilt.

121 Kosten entstehen einerseits durch Aktivitäten, die Belohnungen herbeiführen und anderseits auch durch den Verzicht, Belohnungen entgegenzunehmen (im Sinne von Opportunitätskosten). Vgl. Malewski, Andrzej: Verhalten und Interaktion: Theorie des Verhaltens und das Problem der sozialwissenschaftlichen Integration, Tübingen 1967, S. 107

122 Vgl. Homans, Georg C.: Elementarformen sozialen Verhaltens , Köln u.a. 1968, S. 15 ff.

123 Erfolgshypothese: Je öfter eine Person innerhalb einer gewissen Zeitperiode die Aktivität einer anderen Person belohnt, desto öfter wird jene sich dieser Aktivität zuwenden. Entbehrungs-Sättigungshypothese: Je öfter eine Person in jüngster Vergangenheit von einer anderen Person eine belohnende Aktivität erhielt, desto geringer wird für sie der Wert jeder weiteren Einheit jener Aktivität. Vgl. Homans, Georg C.: Elementarformen sozialen Verhaltens, a.a.O., S. 45 ff.

mans, daß je wertvoller die Aktivität für einen bestimmten Austauschbeteiligten ist, die er von einer Gegenpartei erfährt, desto wertvoller muß für diese Gegenpartei wiederum die entgegengerichtete Aktivität des anderen Austauschbeteiligten sein („Gesetz der ausgleichenden Gerechtigkeit“).[124] Dieses Gesetz fließt implizit in die spätere Untersuchung zur Gegenüberstellung eines Transaktionsnutzens zu den bekannten Transaktionskosten und zu dem hieraus entwickelten Transaktionswert ein.[125]

Thibaut/Kelley führen den Ansatz von Homans weiter, indem sie den Belohnungen die Kosten gegenüberstellen und in einer gegenseitigen Verrechnung zu den „Outcomes“ und in einer weiteren Ableitung zum „Comparison Level“ eines sozialen Prozesses kommen. Der Comparison Level ist ein zweifacher Maßstab, der zum einen anzeigt, ab welcher Höhe von Outcomes eine Beziehung als attraktiv und zufriedenstellend empfunden wird und der zum anderen den Abhängigkeitsgrad zu einer bestimmten Beziehung wiedergibt. Die letztere Maßstabfunktion hat allerdings nur Gültigkeit, wenn der Comparison Level einer bestimmten Beziehung mit dem Comparison Level einer alternativen Beziehung verglichen werden kann. Die daraus abzuleitenden Fallunterscheidungen sind der Abbildung 5 auf der folgenden Seite zu entnehmen.

Demnach ergibt sich die Abhängigkeit zu einer bestimmten Beziehung aus der Differenz zwischen den Ergebnissen der Beziehung (Outcomes) und dem Comparison Level einer alternativen Beziehung. Je größer die Differenz ist, desto größer ist der Abhängigkeitsgrad zu einer relevanten Beziehung.[126] Die Abhängigkeit wiederum wird im Rahmen der Sozialen Austauschtheorie als Grundlage der Macht des einen Akteurs über den anderen verstanden. Nach Emerson ist die Macht eines Akteurs A über den Akteur B gleich der Abhängigkeit von B zu A, wobei er die Abhängigkeit als eine Funktion versteht, die über zwei Faktoren bestimmt wird:

---

124 Vgl. Homans, Georg C.: Elementarformen sozialen Verhaltens, a.a.O., S. 52 u. 196

125 Vgl. Abschnitt 4.1.1 der vorliegenden Arbeit

126 Vgl. Thibaut, John W.; Kelly Harold H.: The Social Psychology of Groups, a.a.O., S. 21

„1. Directly proportional to B`s motivational investment in goals mediated by A, and

2. inversely proportional to the availability of those goals to B outside of the A-B relation."[127]

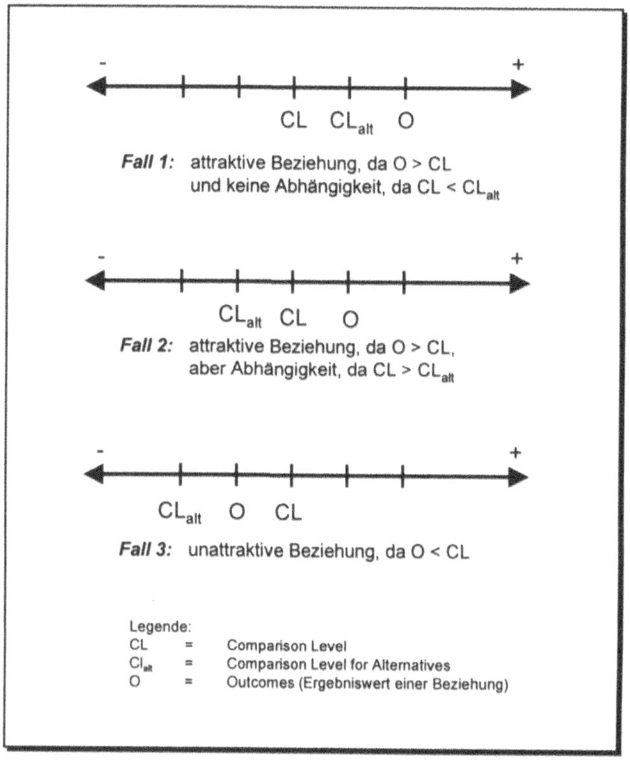

Abb. 5: Zusammenhang zwischen Attraktivität und Abhängigkeit bei Beziehungen[128]

---

[127] Emerson, Richard: Power-Dependence Relations, in: American Sociological Review, 27. Jg., Heft 1/1962, S. 32. Zur Begriffsabgrenzung des Konstruktes „Macht" in Bezug auf Absatzkanäle vgl. etwa Brown, James R.; Lusch, Robert F.; Nicholson, Carolyn Y.: Power and Relationship Commitment: Their Impact on Marketing Channel Member Performance, in: Journal of Retailing, 71. Jg., Winter/1995, S. 364; Gaski, John F.: Distribution Channels: A Validation Study, in: International Journal of Physical Distribution & Logistics Management, 26.Jg., Heft 5/1996, S. 64 und für die deutschsprachige Forschungsgemeinschaft beispielhaft die wegweisende Arbeit von Steffenhagen, Hartwig: Konflikt und Kooperation in Absatzkanälen: Ein Beitrag zur verhaltensorientierten Marketingtheorie, Wiesbaden 1975, S. 97 ff.;

[128] Vgl. Herkner, Werner: Lehrbuch Sozialpsychologie, 5. Aufl., Bern u.a. 1991, S. 398

Während der letztgenannte Bestimmungsfaktor – kurz: „Availability of Alternatives" – weitestgehend vom Verständnis her mit dem Comparison Level for Alternatives korrespondiert, spannt der erstgenannte Bestimmungsfaktor – kurz: „Motivational Investment" – bereits den Bogen von der Sozialen Austauschtheorie zur Ressourcen-Abhängigkeitstheorie.

Obwohl Emerson selbst die zwei Bestimmungsfaktoren von Abhängigkeit nicht näher operationalisiert,[129] erfahren sie gleichwohl eine starke Bezugnahme innerhalb der Ressourcen-Abhängigkeitstheorie durch die verhaltensorientierte Organisationsforschung. Im Rahmen der Ressourcen-Abhängigkeitstheorie wird mit dem Konstrukt „Motivational Investment" die Wichtigkeit bzw. die Bedeutung einer Beziehung für einen Akteur umschrieben. Dabei geht es letztendlich darum, wie essentiell die Ressourcen für einen Akteur sind, die er von einem anderen erwartet. Je wichtiger die Ressourcen für ihn sind, desto größer ist seine Motivation zum Erhalt der Beziehung und damit seine Abhängigkeit vom anderen Akteur.[130]

Der zweite Bestimmungsfaktor von Abhängigkeit nach Emerson – „Availability of Alternatives" – zielt auf die Schwierigkeit ab, einen bestimmten Akteur durch einen anderen zu ersetzen. Je schwieriger es ist, jemanden zu ersetzen, desto größer ist die Abhängigkeit zu ihm. Hierbei ist nicht nur die Anzahl möglicher Alternativen entscheidend, sondern auch die Gleichwertigkeit und der Zugang zu den Alternativen sowie die eventuellen Kosten, die bei Auflösung einer bestehenden Beziehung und beim Wechsel zu einem alternativen Akteur entstehen.[131]

---

129 Vgl. Blommen, Daniel: Interorganisationale Macht und Abhängigkeit im Absatzkanal, a.a.O., S. 12

130 Vgl. Cadotte, Ernest; Stern, Louis: A Process Modell of Interorganizational Relations in Marketing Channels, in: Research in Marketing, hrsg. v. Jagdish Sheth, 2. Bd., Greenwich 1979, S. 135 ff. Nach Pfeffer/Salancik kann das Konstrukt „Motivational Investment" durch zwei Faktoren operationalisiert werden. Zum einen – eher quantitativ ausgerichtet – dokumentiert die Relation des Umfanges einer spezifischen Beziehung zu allen anderen Beziehungen die Bedeutung einer bestimmten Beziehung. Zum anderen – eher qualitativ ausgerichtet – gibt die kritische Dimension einer Ressource (d.h., inwieweit ein Akteur auch ohne die Ressourcen eines anderen Akteurs auskommt) Aufschluß über die Bedeutung einer bestimmten Beziehung. Vgl. Pfeffer, Jefferey; Salancik, Gerald: The External Contral of Organizations, a.a.O., S. 46 f.

131 Vgl. Pfeffer, Jefferey; Salancik, Gerald: The External Contral of Organizations, a.a.O., S. 50 und El-Ansary, Adel: Determinants of Power-Dependence in the Distribution Channel, in: Journal of Retailing, 51. Jg., Summer/1975, S. 62

In der jüngeren Literatur wird der Abhängigkeitsbegriff nach Emerson um den Zusatz der „relativen Abhängigkeit" erweitert, womit die Differenz zwischen der eigenen Abhängigkeit und der Abhängigkeit des anderen innerhalb einer Beziehung umrissen wird.[132] Mit der relativen Abhängigkeit wird dem Umstand Rechnung getragen, daß beispielsweise im Rahmen von Hersteller-Handel-Beziehungen beide Parteien im allgemeinen darauf angewiesen sind, die Beziehung zum jeweils anderen zu erhalten, um existenzfähig zu bleiben (bilaterales Monopol).[133]

Spätestens mit der Diskussion um Abhängigkeit werden die Grenzen zwischen den verhaltenswissenschaftlichen Ansätzen und der Neuen Institutionenökonomik fließend. Im Rahmen letzterer konkretisiert sich Abhängigkeit durch den Grad an spezifischen Investitionen, die in Austauschbeziehungen eingebracht werden.[134] Dabei gelten als spezifische Investitionen jene Aufwendungen in Ressourcen, die zwar dem Aufbau und der Förderung einer ganz bestimmten Beziehung dienen, aber für andere Bezie-

---

[132] Vgl. hierzu etwa aus der Marketingforschung beispielsweise Anderson, James; Narus, James: A Model of Distributor Firm and Manufacturer Firm Working Partnerships, in: Journal of Marketing, 54. Jg., Heft 1/1990, S. 43; Buchanan, Lauranne: Vertical Trade Relationships: The Role of Dependence and Symmetry in Attaining Organizational Goals, in: Journal of Marketing Research, 19. Jg. February/1992, S. 69 sowie vgl. Gundlach, Gregory; Cadotte, Ernest: Exchange Interdependence and Interfirm Interaction: Research in a Simulated Channel Setting, in: Journal of Marketing Research, 31. Jg., November/1994, S. 524

[133] Vgl. Kaas, Klaus P.; Gegenmantel, Rolf: Ökonomische Determinanten der Macht auf dem Lebensmittelmarkt, in: ZfB, 65. Jg., Heft 8/1995, S. 888. Als Beispiel für Machtbeziehungen zwischen Hersteller und Handel bei Vertraglichen Vertriebssystemen vgl. die zusammenfassende Abbildung bei Hess, Andreas: Konflikte in Vertraglichen Vertriebssystemen der Automobilwirtschaft. Theoretische und empirische Analyse, Ottobrunn 1994, S. 197

[134] Siehe hierzu die Ausführungen in Punkt 4.2.1 der vorliegenden Arbeit. Im Falle von Hersteller-Handel-Beziehungen treten spezifische Investitionen beispielsweise auf dem Gebiet der Automatisierung des Bestell- und Zahlungswesens, der Verpackung und des Transports oder der Regaloptimierung auf. Darüber hinaus sind auch humane spezifische Investitionen denkbar, wie besondere Erfahrungen eines Key-Account-Managers mit einem bestimmten Handelsunternehmen. Vgl. ebenda, S. 887. Dabei ist jedoch darauf hinzuweisen, daß solche Investitionen wirklich nur bilateral genutzt werden können und nicht zur Standardisierung von Prozessen und Systemen in der allgemeinen Waren- und Informationsversorgung zwischen Hersteller und Handel führen. Vgl. Zentes, Joachim; Anderer, Michael: Warenwirtschaftssysteme, in: Handbuch Informationsmanagement – Aufgaben – Konzepte – Praxislösungen, hrsg. v. August W. Scheer, Wiesbaden 1993, S. 356 ff. In diesem Zusammenhang sei an das Konzept des Efficient Consumer Response verwiesen (siehe ausführlicher Abschnitt 5.2.1), das nachweislich einen eher exklusiven, bilateralen und somit spezifischen Charakter hat. Vgl. GEA-Consulenti Associata di gestione aziendale (Hrsg.): Supplier-Retailer Collaboration in Supply Chain Management: A Study Conducted for the Coca-Cola Retailing Research Group – Europe, Project V, ohne Ortsangabe 1994, S. 17 f., 51 und 73 ff.

hungen relativ wertlos sind.[135] Der ökonomische Wert einer spezifischen Investition spiegelt sich in einer Quasi-Rente wider, die einen sogenannten Locked-in-Effekt bewirkt.[136] Dieser wiederum kann institiutionenökonomisch als Gradmesser der Abhängigkeit dienen. So unterscheidet Windsperger drei Fälle transaktionaler Abhängigkeit:[137]

(1) Asymmetrisch spezifische Transaktion: Akteure tätigen in unterschiedlichem Maße spezifische Investitionen, so daß Differenzen in den jeweilige Quasi-Renten auftreten. Die Gefahr opportunistischen Verhaltens durch den weniger abhängigen Akteur steigt.

(2) Symmetrisch unspezifische Transaktion: Keine der beiden Akteure nimmt spezifische Investitionen vor, so daß die jeweiligen Quasi-Renten gen Null tendieren. Die Gefahr opportunistischen Verhaltens ist für beide Akteure relativ hoch, da Austrittsbarrieren (sogenannte Marktanpassungskosten) gering sind.

(3) Symmetrisch spezifische Transaktion: Beide Akteure nehmen gleich hohe spezifische Investitionen vor, so daß für beide gleich hohe Quasi-Renten abfallen. Die Gefahr opportunistischen Verhaltens ist für beide gering und sinkt mit Höhe der Quasi-Rente.

Ebenso wie die Soziale Austauschtheorie geht die Ressourcen-Abhängigkeitstheorie davon aus, daß Abhängigkeit die Grundlage zur Macht ist, wobei Macht zur Verhaltensbeeinflussung und -kontrolle eines Machtuntergebenen führt.[138] Darüber hinaus erkennt die Ressourcen-Abhängigkeitstheorie auch Unsicherheit als eine weitere Konsequenz von Abhängigkeit an.[139] So hat der Machtuntergebene keine absolute Gewiß-

---

135 Vgl. Williamson, Oliver E.: Die ökonomischen Institutionen des Kapitalismus, a.a.O., S. 60 ff.

136 Vgl. Klein, Benjamin; Crawford, Robert G.; Alchian, Armen A.: Vertical Integration, Appropriable Rents, and the Competitive Contracting Process, in: Journal of Law and Economics, 21. Jg., February/1978, S. 298

137 Vgl. Windsperger, Josef: Transaktionsspezifität, Reputationskapital und Koordinationsform, in: ZfB, 66. Jg., Heft 8/1996, S. 967

138 Vgl. Pfeffer, Jeffrey: A Resource Dependence Perspective on Intercorporate Relations, in: Intercorporate Relations, hrsg. v. Mark S. Mizruchi u. Michael Schwartz, Cambridge 1987, S. 27

139 Damit besteht neben der Abhängigkeit, eine weitere Verhaltensannahme, die sowohl in den verhaltenswissenschaftlichen Ansätzen als auch in der Neuen Institutionenökonomik von Bedeutung ist.

heit über die Machtausübung des Machthabers,[140] wobei das Ausmaß der Unsicherheit davon abhängig ist, inwieweit der Machtuntergebene den Ressourcenfluß des Machthabers vorhersehen und absichern kann.[141]

Diese Form der Unsicherheit wird auch in der Neuen Institutionenökonomik explizit als Verhaltensannahme akzeptiert. Dagegen können die Ansatzpunkte zur Machtausübung bzw. zum Machtmißbrauch nur implizit in die Annahme des opportunistischen Verhaltens hinein interpretiert werden, nämlich in dem Maße, wie Macht als eine Voraussetzung zum Opportunismus allgemein in der Neue Institutionenökonomik anerkannt ist. In diesem Zusammenhang und als Antwort auf ein mögliches opportunistisches Verhalten des Machthabers sind aus der Ressourcen-Abhängigkeitstheorie zahlreiche Strategieempfehlungen zu entnehmen.[142]

Scott unterteilt die Fülle an Strategieempfehlungen in zwei generelle Strategietypen: zum einen in sogenannte Pufferstrategien (Buffering), zum anderen in sogenannte Verbindungsstrategien (Bridging Strategies). Der erstgenannte Strategietyp umfaßt alle Aktivitäten, die die kritische Dimension einer Ressource abfedern bzw. „abpuffern", beispielsweise indem (heimlich) kritische Ressourcen angehäuft werden, um bei Bedarf über einen bestimmten Zeitraum den Machtdruck des Machthabers kompensieren zu können. Dabei verringert sich der kurzfristige Abhängigkeitsgrad mit Zunahme der Lagerkapazität. Der zweite Strategietyp – die Verbindungsstrategien – beinhaltet Maßnahmen, die die eigene Macht über spezifische Ressourcen absichern oder gar

140 Vgl. Anderson, Paul F.: Marketing, Strategic Planning and the Theory of the Firm, in: Journal of Marketing, 46. Jg., Spring/1982, S. 19

141 Vgl. Heide, Jan B.: Interorganizational Governance in Marketing Channels, in: Journal of Marketing, 52. Jg., January/1994, S. 73. Aus dieser Konstellation heraus verfolgt der Machtuntergebene zwei Ziele, um seine Existenz bzw. Selbständigkeit trotz Abhängigkeit und Machtdruck auf Dauer zu gewährleisten. Zum einen versucht er, den Erhalt der Ressourcen frühzeitig dauerhaft sicherzustellen, um somit trotz Abhängigkeit eine mögliche Machtausübung des Machthabers langfristig antizipieren zu können. Zum anderen strebt der Machtuntergebene nach Kontrolle über eigene spezifische Ressourcen, um selbst Macht über andere Akteure zu erlangen, die er gewissermaßen als Ausgleichsventil für Machtunterwerfungen in anderen Beziehungen instrumentalisieren kann. Vgl. Pfeffer, Jeffrey: Organizations and Organizations Theory, London 1982, S. 198

142 Vgl. hierzu beispielsweise die umfassende Darstellung einzelner Strategien bei Pennings, Johannes M.: Strategically Interdependent Organizations, in: Handbook of Organizational Design, hrsg. v. Paul C. Nystrom u. William H. Starbuck, Bd. 1., New York 1981, S. 433 ff.

ausweiten, indem zum Beispiel eine Machtstellung über vertragliche Verbindungen langfristig abgesichert wird.[143]

Zum Abschluß der bisherigen problemrelevanten Abgrenzung zwischen den verhaltenswissenschaftlichen Ansätzen und der Neuen Institutionenökonomik stellt sich noch eine Frage von übergeordneter Bedeutung, die jedoch implizit bei der noch folgenden Analyse eines Effizienzkriteriums der Hersteller-Handel-Beziehung Einzug hält[144] und deswegen an dieser Stelle auch angesprochen werden sollte. Es geht dabei um die Frage, inwieweit generell bei einzelwirtschaftlichen Entscheidungsfindungen die verhaltenswissenschaftlich begründeten Machtinteressen den ökonomisch begründeten Gewinninteressen untergeordnet werden. Wäre eine solche Zuordnung grundsätzlich zu verneinen, würden nicht Gewinn-, sondern Machtinteressen die Transaktionsbeziehung zwischen Hersteller und Handel dominieren.[145] Das entsprechende Effizienzkriterium müßte sich dann an dem Konstrukt der Macht ausrichten und nicht an einer ökonomischen Größe.

Allerdings sollte der mit der obigen Frage verbundene Dominanzanspruch der einen Forschungsrichtung gegenüber der anderen nicht pauschal erhoben, sondern mit dem jeweils verfolgten Einsatzzweck abgeglichen werden. In diesem Sinne liegt in der vorliegenden Arbeit die Betonung stärker auf den ökonomisch begründeten Gewinninteressen. Schließlich wird entsprechend der skizzierten Problemstellung bewußt Abstand davon genommen, daß nicht Machtkalküle den wahrscheinlichen Ausgang eines Entscheidungsprozesses über die optimale Gestaltung einer Transaktionsbeziehung zwischen Hersteller und Handel bestimmen, sondern gegenseitige Kosten-Nutzen-Abwägungen. Dementsprechend wird für die vorliegende Analyse ein ökonomisch begründetes Effizienzkriterium gewählt.

Nichtsdestotrotz besteht aus Sicht der Neuen Institutionenökonomik eine zumindest implizite Korrespondenz zwischen den institutionenökonomischen Verhaltensannahmen und den hier relevanten Konstrukten der verhaltenswissenschaftlichen Ansätze –

143 Vgl. Scott, William R.: Organizations: Rational, Natural and Open Systems, 2. Aufl., Englewood Cliffs 1987, S. 181 ff.

144 Siehe hierzu die Ausführungen im Abschnitt 4.1.1

145 Vgl. Bogaschewsky, Roland: Vertikale Kooperationen, a.a.O., S. 171

Macht und Abhängigkeit. So kann für die vorstehenden Ausführungen zusammenfassend festgehalten werden, daß Macht und Abhängigkeit in der Neuen Institutionenökonomik eine hinreichende, wenngleich nicht explizite Begründung erfahren. Demnach wird Abhängigkeit insbesondere mit der Spezifität einer Transaktionsbeziehung aufgegriffen und letztlich durch den Lock-in-Effekt sowie durch die Gefahr von Sunk Costs auch dokumentiert. Das Zusammenspiel zwischen Abhängigkeit und Macht findet wiederum vor allem im Opportunismus und in der Unsicherheit der Transaktionsparteien Berücksichtigung. Dem einen wie dem anderen geht jeweils Abhängigkeit bzw. Macht voraus, so daß Opportunismus und Unsicherheit beispielsweise ein Spiegelbild des Machtpotentials des einen Transaktionsbeteiligten gegenüber dem anderen sind.

Letztendlich haben die Ausführungen zur Bedeutung der verhaltenswissenschaftlichen Ansätze in Bezug auf die vorliegende Problemstellung verdeutlicht, daß Macht und Abhängigkeit auch in der Gedankenwelt der Neuen Institutionenökonomik eingebettet sind. Sie treten zwar zumeist nur im Hintergrund auf, werden dafür jedoch durch so zentrale Konstrukte wie Opportunismus oder Spezifität abgebildet. In diesem Kontext ist die weitere Untersuchung einzuordnen. So wird beispielsweise die Machverteilung in der noch anstehenden Frage nach dem Potential des Herstellers gegenüber dem Handel[146] nicht direkt, sondern als ein Bestimmungsteil anderer Konstrukte aufgegriffen.[147]

[146] Siehe Kapitel 4.2.2

[147] Zur klassischen und auch schon zur genüge behandelten Machtfrage in Hersteller-Handel-Beziehungen vgl. beispielsweise Anderson, Erin; Weitz, Barton A.: Determinats of Continuity in Conventional Industrial Channel Dyads, in: Marketing Science, 8. Jg., Heft 4/1989, S. 310 ff.; Anderson, James; Narus, James: A Model of Distributor's Perspective of Distributor and Manufacturer Working Partnerships, in: Journal of Marketing, 48. Jg., Heft4/1984, S. 62 ff.; dieselben: A Model of Distributor Firm and Manufacturer Firm Working Partnerships, a.a.O., S. 42 ff.; Ganesan, Shankar: Determinants of Long-Term Orientation in Buyer-Seller Relationships, in: Journal of Marketing, 58. Jg., Heft 2/1994, S. 1 ff.; Wilkinsion, Ian: Power, Conflict, and Satisfaction in Distribution Channels, in: International Journal of Physical Distribution and Materials Management, 11. Jg., Heft 7/1981, S. 20 ff. Vgl. darüber hinaus für die jüngste deutschsprachige Forschung Blommen, Daniel: Interorganisationale Macht und Abhängigkeit im Absatzkanal, a.a.O.

3. Entwurf eines problemrelevanten nomologischen Hypothesenrahmens zu Transaktionen, Transaktionsprozessen und -beziehungen

Im vorstehenden Kapitel 2 wurde die Arbeit in ihren wissenschaftstheoretischen Kontext eingeordnet und die paradigmatische Grundlage zur weiteren Analyse gelegt. Darauf aufbauend wird im Rahmen der Arbeit versucht, nach der oben skizzierten deduktiv-nomologischen Methode von Hempel/Oppenheim, ein Explanans zu erstellen, aus dem Ansatzpunkte zur problemrelevanten Erklärung von Transaktionsbeziehungen zwischen Hersteller und Handel abzuleiten sind. Das bedeutet als erstes, daß in dem anstehenden dritten Kapitel problemrelevante nomologische Hypothesen entwickelt werden müssen, um im Anschluß daran auf deren Basis im vierten Kapitel die dazugehörigen Antecedenzbedingungen aufzustellen.

So gilt es letztlich für dieses Kapitel, Hypothesen zum Verständnis von Transaktionen, Transaktionsprozessen und -beziehungen aufzustellen, die hinsichtlich ihrer Bedeutung für das Marketing im allgemeinen und für die Transaktionsbeziehung zwischen Hersteller und Handel im besonderen ausgerichtet werden müssen. Da ein Großteil der gesamten Argumentation der Untersuchung neben diesen nomologischen Hypothesen als Basis auch auf das noch näher zu erläuternde integrativ-prozessuale Marketingverständnis aufbaut, nimmt dieser Teil der Arbeit einen verhältnismäßig breiten Raum ein.

Generell wird das Verständnis von Transaktionen entweder von dem Bild des physischen Austausches von Gütern oder der juristischen Abtretung von Verfügungsrechten geprägt. In diesem Zusammenhang dienen die folgenden Ausführungen einem zweifachen Zweck. Zum einen soll ein Verständnis für Transaktionen im allgemeinen und für die Transaktionsbeziehung zwischen Hersteller und Handel im besonderen entwickelt werden. Zum anderen sollen daraus abzuleitende Konsequenzen sowohl problemübergreifend für die Marketingtheorie als auch konkret für das Marketing der Hersteller zum Handel hinterfragt werden. Im Ergebnis dieses Abschnittes wird eine Kausalkette von der Transaktion über den Transaktionsprozeß zur Transaktionsbeziehung angestrebt.

Somit stehen für dieses Kapitel konkret drei Fragenkomplexe zur Beantwortung an:

(1) Welches Verständnis von Transaktionen liegt der Neuen Institutionenökonomik bzw. der Transaktionskostentheorie zugrunde und wie verhält sich dieses in Bezug auf marketingrelevante Problemstellungen?

(2) Wie erklärt sich das Verhältnis zwischen Anbieter und Nachfrager im allgemeinen und das Verhältnis zwischen Hersteller und Handel unter Zugrundelegung einer marketingproblembezogenen Definition von Transaktionen? Welche Implikationen leiten sich hieraus für das Marketing der Hersteller im allgemeinen und in Bezug auf den Handel im besonderen ab und bedingen diese Implikationen unter anderem einen neuen marketingtheoretischen Denkansatz?

(3) Inwieweit ist die bisherige Polarisierung zwischen Einzeltransaktion und Geschäftsbeziehung mit einem integrativ-prozessualen Marketingverständnis aufrechtzuerhalten und inwiefern ist hier die Hersteller-Handel-Beziehung einzuordnen?

3.1 Die Transaktion aus dem Blickwinkel der Transaktionskostentheorie

3.1.1 Allgemeine Anmerkungen zur Transaktionskostentheorie

Den Grundstein zur Transaktionskostentheorie legt Coase 1937 mit seinem Aufsatz über „The Natur of the Firm", in dem er im Rahmen eines Erklärungsansatzes zur Existenz von Unternehmen die Grundlagen für das Verständnis von Transaktionskosten und deren Charakter aufstellt.[148] Obwohl Coase nicht der Namensgeber des Transakti-

[148] Vgl. Coase, Ronald H.: The Nature of the Firm, in: Economica, 4. Jg., 1937, S. 386-405

onskostenbegriffes ist,[149] wird ihm die Entdeckung und Begründung der Bedeutung von Transaktionskosten und Property-Rights[150] für die institutionelle Struktur und Funktionsweise der Marktwirtschaft zugeschrieben.

Ausgangspunkt der Überlegungen von Coase ist eine arbeitsteilige Wirtschaft, in der die ökonomischen Aktivitäten bzw. Transaktionen grundsätzlich einer koordinierenden Institution bedürfen, wofür ursprünglich alternativ die Institutionen 'Markt' und 'Unternehmung' stehen. Der Markt übernimmt bekanntermaßen die Koordination mittels des Preismechanismus, während im Falle der Unternehmung die Koordination durch entsprechende Anordnungen und Weisungen von Vorgesetzten erfolgt.

Um diese grundlegenden alternativen Formen der Koordination ökonomischer Aktivitäten bzw. Transaktionen gegeneinander bewerten zu können, stellt Coase eine zentrale These von richtungsweisendem Gehalt auf, die auf die Scientific Community der dreißiger Jahre „... revolutionär und schockierend gewirkt ..."[151] haben muß. Nicht nur die Koordination von ökonomischen Aktivitäten innerhalb von Unternehmungen verursacht eine Reihe von (Transaktions-)Kosten, sondern auch die Inanspruchnahme des Marktes mit der Nutzung des Preismechanismus als Koordinationsinstrument bedingt einen Ressourcenverbrauch und ist daher für die Marktbeteiligten nicht kostenlos.[152]

---

149 Nach herrschender Meinung wird der Begriff „Transaktionskosten" Arrow zuerkannt, der in diesem Zusammenhang von „cost of running the economic system" spricht. Vgl. Arrow, Kenneth J.: The Organization of Economic Activity: Issues Pertinent to the Choice of Market versus Nonmarket Allocation, in: The Analysis and Evaluation of Public Expenditure: The PBB-System, Joint Economic Committee, 91. Congress, first Session, Bd. 1, Washington 1969, S. 59 ff. Dagegen verwendet Coase für den gleichen, noch darzustellenden Sachverhalt von Transaktionskosten die Bezeichnung „marketing costs". Vgl. Coase, Ronald H.: The Nature of Firm, a.a.O., S. 392

150 Mit dem 1960 erschienen Aufsatz über „The Problem of Social Cost" erweiterte Coase die Effizienzorientierung bei Transaktionen auf die Ausformung von Property-Rights. Vgl. Coase, Ronald H.: The Problem of Social Cost, in: The Journal of Law and Economics, 3. Jg., October 1960, S. 1-44

151 Gümbel, Rudolf: Handel, Markt und Ökonomik, a.a.O., S. 147 und vgl. auch Bössmann, die den Denkansatz von Coase als „... eine für das Jahr 1937 gänzlich unorthodoxe Betrachtungsweise ..." bezeichnet. Bössmann, Eva: Weshalb gibt es Unternehmungen? Der Erklärungsansatz von Ronald H. Coase, in: ZgS/JITE, 137. Jg., 1981, S. 668

152 Vgl. Coase, Ronald H.: The Nature of the Firm, a.a.O., S. 391, 394

Coase begründet somit die Wahl der Koordinationsform von ökonomischen Aktivitäten mit dem komparativen Vergleich von Transaktionskosten als Effizienzkriterium.[153]

Obwohl Coase ex post betrachtet mit diesem Denkansatz den Grundstein zur Transaktionskostentheorie legte, blieb dieser über mehrere Jahrzehnte allgemein unbeachtet. Erst zu Beginn der siebziger Jahre greift insbesondere Williamson die Coase`sche Argumentationslogik erneut auf und entwickelte diese in drei wesentlichen Schritten entscheidend weiter.[154] Im ersten Schritt geht Williamson – ähnlich wie Coase – der Frage der vertikalen Integration von ökonomischen Aktivitäten nach und findet eine Antwort in den Problemen der Ausgestaltung von Verträgen.[155] Im zweiten Schritt untersucht Williamson die Ursachen dieser Probleme und bündeltet sie zu einem „Organizational Failures Framework".[156] Der dritte Schritt schließlich gilt als Meilenstein in der Entwicklung der Transaktionskostentheorie, indem Williamson zum einen die Einflußfaktoren von Transaktionen aufzeigt und sich zum anderen von der strengen Dichotomie der Koordinationsformen – 'Markt oder Unternehmung (bzw. Hierarchie)' – löst und eine dazwischen liegende Hybride einführt.[157]

---

153 Eine kompakte Zusammenfassung des Coase`schen Denkansatzes geben Bössmann, Eva: Weshalb gibt es Unternehmungen?, a.a.O., S. 667 ff. sowie Picot, Arnold: Ronald H. Coase – Nobelpreisträger 1991. Transaktionskosten: Ein zentraler Beitrag zur wirtschaftswissenschaftlichen Analyse, in: WiSt, Heft 2/1992, S. 79 ff.

154 Vgl. Götz, P.; Toepffer, J.: Kooperationsstrategien im Lichte der Transaktionskostentheorie, Arbeitspapier Nr. 7 des Lehrstuhls für Marketing an der Universität Erlangen-Nürnberg, Nürnberg 1991, S. 7

155 Vgl. Williamson, Oliver E.: The Vertical Integration of Production: Market Failure Considerations, in: The American Economic Review, 61. Jg., 1971, S. 112 ff.

156 Vgl. derselbe: Markets and Hierarchie: Analysis and Antitrust Implications: A Study in the Economics of Internal Organization, New York 1975

157 Vgl. derselbe: Transaction-Cost Economics: The Governance of Contractual Relations, in: The Journal of Law and Economics, 22. Jg., 1979, S. 233 ff. Eine systematische Zusammenfassung und gleichzeitige Vertiefung und Erweiterung seiner grundlegenden Arbeiten stellt die von Williamson 1985 erschiene Monographie „The Economic Institutions of Capitalism" dar, der 1990 eine deutsche Übersetzung folgte. Vgl. Willamson, Oliver E.: The Economics of Institutions of Capitalism: Firms, Markets, Relational Contracting, New York 1985 bzw. derselbe: Die ökonomischen Institutionen des Kapitalismus. Unternehmen, Märkte und Kooperationen, Tübingen 1990

In der Weiterentwicklung des Coase`schen Denkansatzes durch Williamson und andere versteht sich die Transaktionskostentheorie „... als ein konzeptioneller Bezugsrahmen, der ein analytisch-begriffliches Instrumentarium zur Durchdringung der Problembereiche einer effizienten Gestaltung von Austauschbeziehungen in Märkten und Unternehmungen bereitstellt.“[158] Als Maßstab einer effizienten Gestaltung dienen in der Transaktionskostentheorie jene Kosten, die den Austauschbeteiligten für die Erstellung der Austauschobjekte bzw. -leistungen (Produktions- bzw. Produktkosten) sowie für die Abwicklung und Organisation der Transaktion (Transaktionskosten) jeweils entstehen.[159]

Nach der Transaktionskostentheorie können die zur Koordination von Austauschbeziehungen notwendigen institutionellen Arrangements sowohl von formeller als auch informeller Natur sein, ohne hiermit eine Trennschärfe betonen zu wollen. Zu den eher formellen institutionellen Arrangements gehören alle Vertragsformen, die eine Austauschbeziehung als solche direkt wie auch indirekt begründen. Von eher informeller Natur sind Mechanismen, die als institutionelle Arrangements zwischen den Austauschbeteiligten ausgehandelt und angewandt werden, um etwaigen Veränderungen im Verlauf von Austauschbeziehungen entgegentreten zu können. „Im Kern leistet die Transaktionskostentheorie damit einen [komparativen] Kostenvergleich alternativer institutioneller Arrangements der Abwicklung und Organisation von Transaktionen.“[160]

In Abgrenzung zu den anderen Teilgebieten bzw. Theorien der Neuen Institutionenökonomik nimmt die Transaktionskostentheorie eine Sonderstellung ein, weil sie die anderen Theorien mit ihren jeweiligen Aussagen und Schlußfolgerungen wie eine Klammer ummantelt. Insbesondere die hier relevanten Theorien der Neuen Institutionenökonomik, wie die Ökonomische Vertragstheorie und die Property-Rights-Theorie, gehen allgemein von der Existenz von Transaktionskosten aus und berücksichtigen

---

158 Dorow, Wolfgang; Weiermair, Klaus: Markt versus Unternehmung, a.a.O., S. 192

159 Vgl. Williamson, Oliver: Die ökonomischen Institutionen des Kapitalismus, a.a.O., S. 25 sowie zum Effizienzkriterium der Transaktionskostentheorie die Zusammenfassung bei Ebers, Mark; Gotsch, Wilfried: Institutionenökonomische Theorien der Organisation, in: Organisationstheorien, hrsg. v. Alfred Kieser, 2. Aufl., Stuttgart u.a. 1995, S. 215

160 Ebers, Mark; Gotsch, Wilfried: Institutionenökonomische Theorien der Organisation, a.a.O., S. 214

explizit besondere Formen von Transaktionskosten als wesentliche Determinanten des Verhaltens von Wirtschaftssubjekten in Entscheidungsprozessen. Nicht zuletzt aus diesem Grund steht hier die Transaktionskostentheorie am Anfang einer theoretischen Bezugnahme im Rahmen der Neuen Institutionenökonomik. Einen zusammenfassenden Überblick über die grundlegenden Inhalte bzw. Bezugsgrößen der bedeutendsten Theorien der Neuen Institutionenökonomik soll die nachfolgende Tabelle 1 geben.

	Transaktions-kostentheorie	***Prinzipal-Agenten-Theorie***	***Property-Rights-Theorie***	***Informations-ökonomik***
Untersuchungs-gegenstand	Austausch-beziehungen	Prinzipal-Agenten-Verhältnisse	Verfügungsrechte an Institutionen	Informations-verhalten
Untersuchungs-einheit	Transaktion	Individuum	Individuum	Individuum
Verhaltens-annahmen	Opportunis-mus, be-schränkte Ra-tionalität, Risi-koneutralität	Hidden-action, -information und -characteristics	individuelle (egoistische) Nutzenmehrung	beschränkte Ra-tionalität, Oppor-tunismus
Untersuchungs-variablen	Spezifität, Unsicherheit, Häufigkeit	asymmetrische Informations-verteilung	unbekannt	asymmetrische Informationsver-teilung
Untersuchungs-perspektive	ex post	ex ante	ex ante	ex ante
Gestaltungs-variablen	Koordinations-mechanismus	Vertrag-, Kooperations-beziehungen	Handlungs- bzw. Verfügungsrecht-strukturen	Signaling, Screening
Effizienz-kriterium	Transaktions-kosten	Agency costs	Summe aus Transaktionsko-sten und Wohl-fahrtsverlusten aufgrund externer Effekte	Informations-kosten
Dynamische Aspekte	z.B. funda-mentale Transaktion, vertikale Inte-gration	unbekannt	Herausbildung und Zuordnung von Verfügungs-rechten	Erklärung von Marktversagen, Prozesse der In-formationsbe-schaffung

Tab. 1: Gegenüberstellung der bedeutendsten Theorien der Neuen Institutionenökonomik[161]

161 Vgl. Helm, Sabrina: Neue Institutionenökonomik – Einführung und Glossar, 2., erw. Aufl., Düsseldorfer Schriften zum Marketing, Nr. 2/1997, hrsg. v. Bernd Günther, Düsseldorf 1997, S. 16 sowie Picot, Arnold: Ökonomische Theorien der Organisation, a.a.O., S. 153

Allerdings erscheint es beim Rückgriff auf die Transaktionskostentheorie mehr als angebracht, gerade jene beiden Begriffe zumindest problemrelevant näher abzugrenzen und zu erklären, die „... von erkenntnisleitender Funktion für das gesamte Aussagensystem ...“[162] der Transaktionskostentheorie sind, nämlich die Begriffe „Transaktion“ und „Transaktionskosten“. Ein Grund hierfür liegt unter anderem in dem Paradoxon, daß für diese beiden Begriffe der Wirtschaftsterminologie zwar ein durchaus ausreichendes, allseits anerkanntes Begriffsverständnis in der Private Community besteht, jedoch im Gegensatz dazu ein fast schon babylonisches Interpretationsgewirr innerhalb der entsprechenden Scientific Community vorliegt.

Während in der Alltagssprache beide Begriffe aufgrund ihres unmittelbaren Bezugs zu alltäglichen Erfahrungen kaum zu sprachlichen oder sonstigen Verständigungsschwierigkeiten führen und „... im Einzelfall ein 'Gefühl' für die Bedeutung der Transaktionskosten auch ohne nähere Konkretisierung ...“[163] vorliegt, finden sich in der Scientific Community trotz hoher Akzeptanz nur recht vage, stellenweise widersprüchliche Begriffsauffassungen von Transaktionen und Transaktionskosten. Dieser Umstand eines „semantischen Paradoxon“ geht letztlich zurück auf die Gründer bzw. Wegbegleiter der Transaktionskostentheorie, die es selbst versäumt haben, frühzeitig ein einvernehmliches Begriffsverständnis vorzulegen.

Damit nun im Rahmen dieser Arbeit die auf die Transaktionskostentheorie aufbauenden deskriptiven wie auch explikativen Aussagen im Ergebnis nicht Gefahr laufen, aufgrund mangelnder Verbindlichkeit der erkenntnisleitenden Begriffe als Leerformeln degradiert zu werden, ist es für die vorliegende Untersuchung notwendig, zumindest die Begriffe „Transaktion“ und „Transaktionskosten“ problemrelevant zu präzisieren. Dabei wird aus forschungspragmatischen Gründen für die beiden Begriffe eine jeweils unterschiedliche Vorgehensweise gewählt. Der Begriff „Transaktion“ wird im Anschluß an diese Ausführungen explizit in Form eines eigenen Gliederungspunktes erklärt, weil letztlich auf diesem Begriffsverständnis die hier zu analysierenden Transaktionsbeziehungen zwischen Hersteller und Handel fußen. Im Vergleich dazu

162 Dorow, Wolfgang; Weiermair, Klaus: Markt versus Unternehmung, a.a.O., S. 193

163 Brand, Dieter: Der Transaktionskostenansatz in der betriebswirtschaftlichen Organisationstheorie: Stand und Weiterentwicklung der theoretischen Diskussion sowie Ansätze zur Messung des Einflusses kognitiver und motivationaler Persönlichkeitsmerkmale auf das transaktionskostenrelevante Informationsverhalten, Frankfurt am Main u.a. 1990, S. 162

erfolgt die notwendige begriffliche Abgrenzung von Transaktionskosten aufgrund des inhaltlichen Kontext erst im Abschnitt 4.1.2.2.1, bis dahin wird im Rahmen einzelner nachfolgender Ausführungen sukzessive eine systemübergreifende Erörterung zu Transaktionskosten vorgenommen.

3.1.2 Definition und konstitutive Merkmale von Transaktionen

Noch bevor Coase für sich die Transaktion als Erkenntnisobjekt entdeckt, würdigt zuvor Commons die grundlegende Bedeutung der Transaktion für die Wirtschaftswissenschaften, indem er die Transaktion als *die* kleinste Einheit der ökonomischen Analyse der Wirtschaftswissenschaften verstanden wissen will.[164]

Für Commons sind Transaktionen, „... not the `exchange of commodities´, but the alienation and acquisition, between invidiuals, of the *rights* of property and liberty created by society, which must therefore be negotiated between the parties concerned before labor can produce, or consumers can consume, or commodities be physically exchanged."[165] Commons stellt somit die dem physischen Austausch von Wirtschaftsgütern (sachliche Transformation) zeitlich wie auch logisch vorgelagerte Übertragung von Property Rights in den Mittelpunkt des Begriffsverständnisses von Transaktionen, ohne jedoch im weite-

---

164 Vgl. Commons, John R.: Institutional Economics, Madison 1934, S. 4 ff. Williamson schließt sich Commons an, indem er die Transaktion als Basiseinheit der mikroökonomischen Analyse bezeichnet; vgl. Williamson, Oliver E.: Markets and Hierarchies, a.a.O., S. 9. Beide Anmerkungen verdeutlichen, welch enge Beziehung zwischen der Mikroökonomik einerseits und dem Marketing andererseits besteht, da beide wirtschaftswissenschaftlichen Disziplinen offensichtlich das gleiche Erkenntnisobjekt haben.

165 Commons, John R.: Institutional Economics, in: The American Economic Review, Vol. 21/1931, S. 652; in einem späteren Werk unterstreicht Commons dieses Begriffsverständnis noch einmal: „Transactions [...] are not the `exchange of commodities´, in the physical sense of `delivery´, ..." Commons, John R.: Institutional Economics, a.a.O., S. 58

ren zu präzisieren, was er im einzelnen unter einem Transaktionsverständnis im Sinne der Übertragung von Property-Rights subsumiert.[166]

In gleicher Weise wie im Falle von Coase wurde auch bei Commons der Wert seiner Forschungsergebnisse – insbesondere für die Transaktionskostentheorie – lange Zeit nicht erkannt.[167] Erst Williamson ist die „transaktionskostentheoretische (Re-) Integration"[168] der Arbeiten von Commons zu verdanken. Er bezieht sich in seinen Arbeiten explizit auf das Transaktionsverständnis von Commons und bezeichnet dieses selbst als „Towards A New Institutional Economics"[169]. Um so erstaunlicher jedoch ist es, daß Williamson die Transaktion auf die Übertragung von Wirtschaftsgütern im physischen Sinne beschränkt, dann „... when a good or service is transfered across a technologically separable interface. One stage of activity terminates and another begins."[170] In diesem Sinne ist der Begriff „Transaktion" synonym für die sachliche Transformation zu verstehen. Dieser Interpretation schließen sich weitere Erklärungsversuche an; beispielsweise umschreibt Ouchi Transaktionen als „... economic exchange between two or more parties"[171] und Jones/Hill sehen Transaktion als „... an exchange of goods or service from one party to another."[172]

---

166 Selbst die von Commons vorgenommene Differenzierung von Transaktionen in „bargaining transactions", „managerial transactions" und „rationing transactions" führte – unter anderem weil die Abgrenzung nicht vollkommen überschneidungsfrei ist – nicht zu einer eindeutigen Klarstellung des Begriffsinhaltes der Transaktion; vgl. Commons, John R.: Institutional Economics, a.a.O., S. 59 sowie vgl. Grote, Birgit: Ausnutzung von Synergiepotentialen durch verschiedene Koordinationsformen ökonomischer Aktivitäten. Zur Eignung der Transaktionskosten als Entscheidungskriterium, Frankfurt am Main u.a. 1990, S. 28.

167 Ein Grund für die Mißachtung mag darin liegen, daß selbst Coase in seinen Arbeiten Commons nicht zitiert, trotz der offenkundigen Interdependenzen. Zur Bedeutung der Arbeiten von Commons für die Transaktionskostentheorie vgl. die Würdigung bei Brand, Dieter: Der Transaktionskostenansatz in der betriebswirtschaftlichen Organisationstheorie, a.a.O., S. 81 f. und die dort zitierten Publikationen.

168 Brand, Dieter: Der Transaktionskostenansatz in der betriebswirtschaftlichen Organisationstheorie, a.a.O., S. 81

169 Williamson, Oliver E.: Markets and Hierarchies, a.a.O., S. 1

170 Williamson, Oliver E.: The Economic Institutions of Capitalism, a.a.O., S. 1

171 Ouchi, William G: Markets, Bureaucracies, and Clans, in: Adminstrative Science Quarterly, 25. Jg., 1980, S. 130

172 Jones, Gareth, R.; Hill, Charles W.L.: Transaction Cost Analysis of Strategy-Structure Choice, in: Strategic Management Journal, 9. Jg., Heft 2/1988, S. 160

Diesen beiden aufgezeigten grundsätzlichen Interpretationsrichtungen von Transaktionen – zum einen die Übertragung im rechtlichen Sinne (z.B. Commons), zum anderen die Übertragung im physischen Sinne (z.B. Williamson) – werden dem realen Bild einer Transaktion im allgemeinen und der hier vorliegenden Problemstellung im besonderen nur bedingt gerecht. Einerseits hätte ein Transaktionsverständnis, das nur auf den „... Akt der körperlichen Übergabe bzw. der technischen Erfüllung ...“[173] von Transaktionsobjekten gerichtet ist, ein stark objekt-, weniger subjektorientiertes und darüber hinaus auf den Bereich des physischen Warenaustausches beschränktes Bild der Transaktionsbeziehung zwischen Hersteller und Handel zur Folge. Andererseits hätte gerade dieser Warenaustausch nur noch eine deklaratorische Bedeutung im Sinne einer materiellen Vollzugshandlung, wenn hier der zweiseitige Rechtetausch im Rahmen eines Vertrages als Transaktion zugrunde gelegt wird.[174]

Selbst wenn beide Interpretationsrichtungen unterschiedlichen Forschungsschwerpunkten unterliegen, geht ihnen gemeinsam scheinbar ein eingeschränktes Blickfeld für das weite Spektrum von Transaktionen als „basic unit of analysis“[175] voraus, denn sowohl im physischen als auch rechtlichen Verständnis von Transaktionen werden die zahlreichen transaktionskonstituierenden sozialen Wechselbeziehungen zwischen Anbietern und Nachfragern im allgemeinen und zwischen Hersteller und Handel im besonderen nur als Residualgröße berücksichtigt. Dennoch sind im Ergebnis beiden Begriffsauffassungen jeweils zwei konstitutive Merkmale von Transaktionen zu entnehmen, die auch kennzeichnend sind für Transaktionen zwischen Hersteller und Handel:

---

173 Brand, Dieter: Der Transaktionskostenansatz in der betriebswirtschaftlichen Organisationstheorie, a.a.O., S. 91

174 Vgl. Michaelis, Elke: Organisation unternehmerischer Aufgaben: Transaktionskosten als Beurteilungskriterium, Frankfurt am Main 1985, S. 69

175 Williamson, Oliver E.: The Economic Institutions of Capitalism, a.a.O., S. 41

(1) Jede Transaktion beinhaltet einen *physischen Tausch* von Leistungen und Gegenleistungen (Austauschobjekten)[176]

(2) Jede Transaktion steht und fällt mit einer durchaus individuell ausgehandelten Verankerung an einer allgemeinen verbindlichen *normativen Basis.*

Spätestens das Aushandeln der normativen Basis lenkt den Blick auf ein weiteres Konstitutivum von Transaktionen, wonach jeder Tausch von Leistung und Gegenleistung – gleich ob im strengen physischen Sinne oder im strengen rechtlichen Sinne – immer von Abstimmungs- bzw. Koordinationsvorgängen zwischen den Austauschbeteiligten begleitet ist. In diesem Sinne kann als ein weiteres Merkmal von Transaktionen festgehalten werden:

(3) Jede Transaktion beinhaltet *soziale Wechselbeziehungen* zwischen Anbieter und Nachfrager – oder in Worten Commons: Jede Transaktion ist eine Form der „relation of man to man".[177]

Insofern begründet letztlich das konstitutive Merkmal der sozialen Wechselbeziehungen, warum Transaktionen und Austauschbeziehungen oftmals synonym verwendet werden.[178]

---

176 Neben der „Generaltauschware Geld" (Burghold, Johannes A.: Absatzrealisierung, in: Integrierte Marketingfunktionen, hrsg. v. Paul W. Meyer, 4. Aufl., Stuttgart u.a. 1996, S. 181) zählen Waren, Dienste, ökonomische Chancen (zu denen auch handelsfähige Informationen zählen) und Objektsysteme zu den Austauschobjekten. Vgl. Meyer, Paul W.: Der integrative Marketingansatz und seine Konsequenzen für das Marketing, a.a.O., S. 16 sowie vgl. als grundsätzliche Abgrenzung der obigen Austauschobjekte Mattmüller, Roland; Tunder, Ralph: Zur theoretischen Basis der Marketingwissenschaft, a.a.O., S. 7 ff.

177 Commons, John R.: Institutional Economics, a.a.O., S. 652

178 Vgl. in diesem Zusammenhang insbesondere Heinen, Edmund: Einführung in die Betriebswirtschaftslehre, 6. Aufl., Wiesbaden 1977, S. 74 ff. und 7. Aufl., Wiesbaden 1980, S. 72 ff. Zwischen diesen beiden Auflagen ersetzte er den Begriff 'Transaktion' durch 'Austauschbeziehung'. Darüber hinaus charakterisiert Heinen an gleicher Stelle Austauschbeziehungen bzw. Transaktionen mit den Merkmalen Tausch, Kommunikation im Sinne von Abstimmung und normative Basis.

Das Verständnis der drei konstitutiven Merkmale geht mit dem Hinweis von Dorow/Weiermair einher, daß nicht der Austausch als solches im Fokus der Transaktionskostentheorie steht, sondern vielmehr die Koordination eben dieses Austausches.[179] Die konstitutiven Merkmale stehen somit im Einklang zur eigentlichen Problemstellung der Transaktionskostentheorie, die in der Analyse „... der Koordination, insbesondere der Beherrschung und Überwachung wirtschaftlicher Leistungsbeziehungen ...“[180] liegt. Vor diesem Hintergrund definiert Picot die Transaktion als „... Prozeß der Klärung und Vereinbarung ...“[181] und greift dabei die beiden Merkmale "soziale Wechselbeziehung“ (Prozeß) und „rechtliche Basis“ (Klärung und Vereinbarung) auf. Leipold berücksichtigt in seiner Definition von Transaktion zumindest implizit alle drei konstitutiven Merkmale, indem er die Transaktion als „... Prozeß der Vereinbarung und Abwicklung eines Leistungsaustauschs zwischen Wirtschaftssubjekten ...“[182] versteht.

Zusammenfassend können somit Transaktionen im allgemeinen definiert werden als ...

> ... *verschiedenartige wechselseitige Aktivitäten zwischen Anbieter und Nachfrager (soziale Wechselbeziehungen) zum Zwecke der Vereinbarung und Abwicklung des ökonomischen Austausches von Objekten bzw. von Property Rights (physischer Austausch auf rechtlicher Basis), wobei die Summe der einzelnen Transaktionen den Transaktionsprozeß bilden.*

---

179 Vgl. Dorow, Wolfgang; Weiermair, Klaus: Markt versus Unternehmung, a.a.O., S. 194

180 Picot, Arnold: Ökonomische Theorien der Organisation: Ein Überblick über neuere Ansätze und deren betriebswirtschaftliches Anwendungspotential, in: Betriebswirtschaftslehre und ökonomische Theorie, hrsg. v. Dieter Ordelheide, Bernd Rudolph und Elke Büsselmann, Stuttgart 1991, S. 147

181 Picot, Arnold: Transaktionskostenansatz in der Organisationstheorie: Stand der Diskussion und Aussagewert, in: DBW, 42. Jg./1982, S. 269

182 Leipold, Helmut: Ordnungspolitische Implikationen der Transaktionskostenökonomie, in: ORDO, Jahrbuch für die Ordnung von Wirtschaft und Gesellschaft, Band 36, 1985, S. 32

3.2 Der Integrativ-Prozessuale Marketingansatz als konzeptioneller Bezugsrahmen von Transaktionsprozessen

3.2.1 Dyadisches Verständnis und Integrationsanspruch zwischen Hersteller und Handel im Rahmen von Transaktionsprozessen

Die vorangestellte Definition der Transaktion mit der Betonung auf wechselseitige Aktivitäten zwischen Anbieter und Nachfrager impliziert, daß nicht nur der Hersteller als Anbieter, sondern auch der Handel als Nachfrager jeweils ihren spezifischen Teil zum Gelingen von Transaktionsprozessen einbringen müssen. Somit wird hier analog zur Transaktionskostentheorie ein dyadisches Verständnis zwischen Anbieter und Nachfrager bzw. zwischen Hersteller und Handel vorausgesetzt. Danach haben beide Transaktionsparteien spezifische Transaktionsaufgaben zu erfüllen, die für die Durchführung von Transaktionsprozessen zwingend sind.

Während die Notwendigkeit zur Aufgabenerfüllung in Bezug auf den Hersteller bereits auf den ersten Blick begründet erscheint, bedarf es bezogen auf den Handel einer näheren Erläuterung. Nach Engelhard/Freiling liegt das Aufgabenspektrum des Nachfragers „... in der Einbringung sogenannter 'externer Faktoren' in die Dispositionssphäre des Anbieters."[182] Ohne ein Mindestmaß an diesen externen Faktoren des Nachfragers ist ein Transaktionsprozeß – auch zwischen Hersteller und Handel – nicht denkbar und auch unter größten Anstrengungen des Anbieters nicht realisierbar. Deshalb sind sie als eine Art Produktionsmittel zu verstehen, die der Anbieter zur Leistungserstellung zwingend benötigt. Allgemeine Beispiele für externe Faktoren sind zum einen die Bedarfs- und Problemäußerungen des Nachfragers, da aus denen der Anbieter die zur Leistungserstellung notwendigen Informationen entnehmen kann. Zum anderen finden sich Ansatzpunkte für externe Faktoren spätestens im Zusammenhang mit der physischen Transformation der Leistung vom Anbieter zum Nachfrager, denn ohne diese kommt ein Transaktionsprozeß nie zur Vollendung.

---

[182] Engelhardt, Werner Hans; Freiling, Jörg: Integrativität als Brücke zwischen Einzeltransaktion und Geschäftsbeziehung, in: Marketing ZFP, Heft 1/1995, S. 38

Diese Argumentation über die Bedeutung des Nachfragers als externer Faktor knüpft an frühe Gedanken zum Dienstleistungsmarketing an, in denen erklärt wird, „... daß es keine Erstellung von Dienstleistungen ohne Integration eines externen Faktors [hier beispielsweise des Nachfragers selbst] in den Erstellungsprozeß gibt."[183] Was in diesem Zusammenhang anfänglich als ein wesentliches Charakteristikum der Dienstleistung gesehen wurde, wird mittlerweile auch Sachleistungen zugesprochen.[184] Jede Art von Leistungserstellung weist wie der dazugehörige Transaktionsprozeß ein Mindestmaß an Nachfragerintegration auf.[185]

Wenngleich die bisherigen Ausführungen zu verstehen geben, daß die Integration des Handels als Nachfrager sich allein auf die *physische Einbringung* in den Transaktionsprozeß bezieht, ist der Integrationsgedanke aus Sicht des Herstellers als Anbieter darüber hinaus auch auf die Integration des Handels im Sinne einer *gedanklichen Einbeziehung* auszuweiten. Während die physische Einbringung – wie oben erwähnt – zweifelsohne eine unabdingbare Voraussetzung zur Realisierung von Transaktionsprozessen darstellt, ist die gedankliche Einbeziehung als erfolgsbestimmende Voraussetzung zu interpretieren. Demnach hat der Hersteller den Transaktionsprozeß aus dem Blickwinkel des Handels zu antizipieren, um ihm bei seiner zwingenden physischen Einbringung behilflich zu sein bzw. um ihm die transaktionsbedingten Mühen und Aufwendungen auszugleichen oder zu erleichtern.

Die Integration im Sinne einer gedanklichen Einbeziehung beschränkt sich allerdings nicht alleine auf den externen Faktor „Nachfrager", sondern greift generell auch alle jene Faktoren mit auf, die den Transaktionsprozeß sowohl von außen als auch von innen als Determinanten flankieren. Dieses weite Spektrum gedanklicher Einbeziehung

183 Meyer, Anton: Dienstleistungsmarketing: Erkenntnisse und praktische Beispiele, Augsburg 1983, S. 22

184 Wobei in diesem Zusammenhang zwischen einer institutionalen und einer funktionalen Sicht differenziert werden muß.

185 Vgl. Kleinaltenkamp, Michael: Kundenintegration, in: WiSt, 26. Jg., 1997, S. 350; Engelhardt, Werner Hans; Kleinaltenkamp, Michael; Reckenfelderbäumer, Martin: Leistungsbündel als Absatzobjekte, in: ZfbF, 45. Jg., 1993, S. 406; Woratschek, Herbert: Die Typologie von Dienstleistungen aus informationsökonomischer Sicht, in: der markt, 35. Jg., 1996, S. 59

geht einher mit den laufend zunehmenden Ansprüchen aller Wirtschaftssubjekte bzw. der gesamten Gesellschaft an den Anbieter im allgemeinen bzw. an seine Leistungserstellung im besonderen. Unter Umständen können diese Ansprüche weit über den eigentlichen Transaktionsprozeß und die dazugehörigen Leistungen hinausgehen und artikulieren sich beispielsweise in Form von ökologischen, ethischen und sozialen Anforderungen an den Anbieter bzw. Hersteller.

Neben diesen Ansprüchen zwingen darüber hinaus wachsende Koordinationserfordernisse oder Interdependenzen, die sowohl vom eigenen Unternehmen als auch vom Wettbewerb und/oder von den vor- und nachgelagerten Wirtschaftsstufen ausgehen, deren gedankliche Einbeziehung in alle interne und externe Transaktionsprozesse.[186] So gesehen sind aus Sicht des Herstellers bei der Gestaltung von Transaktionsprozessen über den eigentlichen Nachfrager „Handel" hinaus, noch vier weitere Faktoren (Gesellschaft, Wettbewerb, vor- und nachgelagerte Wirtschaftsstufen sowie eigenes Unternehmen) als Anspruchsgruppen (Stakeholders)[187] gedanklich zu integrieren. Dabei nimmt der Integrationsfaktor „Gesellschaft" eine Sonderrolle ein, da sich die Gesellschaft nicht von den anderen Faktoren isolieren läßt, sondern sich durch Alle und Alles konstituiert. Die Gesellschaft steckt in diesem Sinne den Rahmen ab, in dem sich die anderen Integrationsfaktoren Nachfrager, Wettbewerber, vor- und nachgelagerte Wirtschaftsstufen und eigenes Unternehmen bewegen. Wie in diesem Zusammenhang die Gesellschaft im ganzen sämtliche Faktoren beeinflußt, so beeinflussen sich zudem die Faktoren im einzelnen untereinander. Die jeweilige Ausprägung eines Faktors wird infolgedessen maßgeblich von den Interdependenzen zu den anderen Faktoren sowie zur Gesellschaft bestimmt.

Die Notwendigkeit zur gedanklichen Integration ist in ihrer letzten Konsequenz – gewissermaßen meta-perspektivisch – auf das Eigenverständnis des Marketing zu übertragen. Es gilt, einzelne Maßnahmen, Aufgabenbereiche oder Instrumente des Marketing nicht getrennt und beziehungslos voneinander zu betrachten, sondern als interde-

---

186 Vgl. Meffert, Heribert: Marketingforschung und Käuferverhalten, 2. Aufl. 1992, S. 3 ff.

187 Vgl. zur Bestimmung und begrifflichen Abgrenzung von Anspruchsgruppen Thommen, Jean-Paul: Glaubwürdigkeit: Die Grundlage unternehmerischen Denkens und Handels, Zürich 1996, S. 21 ff.

pendente Teile eines Ganzen zu verstehen, die nur durch gegenseitige Integration zu ihrem vollständigen Wirkungspotential gelangen. Erst diese ganzheitliche Sicht schafft die Voraussetzung, daß das Marketing im Sinne einer regulierenden Institution einen kontinuierlichen und in sich ausgewogenen Abgleich der Interessen aller relevanten Zielgruppen bzw. Integrationsfaktoren auf Absatz- und Beschaffungsmärkten, innerhalb der Einzelwirtschaft selbst und in der Gesellschaft im allgemeinen ermöglicht.[188] Folgerichtig kann ein integrativ ausgerichtetes Marketing für sich beanspruchen, eine Führungs- oder Unternehmensmaxime zu sein, an der sich sämtliche Unternehmensaktivitäten auszurichten haben – ohne an dieser Stelle die Diskussion über den Dominanzanspruch oder das Primat des Marketing neu zu entfachen.[189]

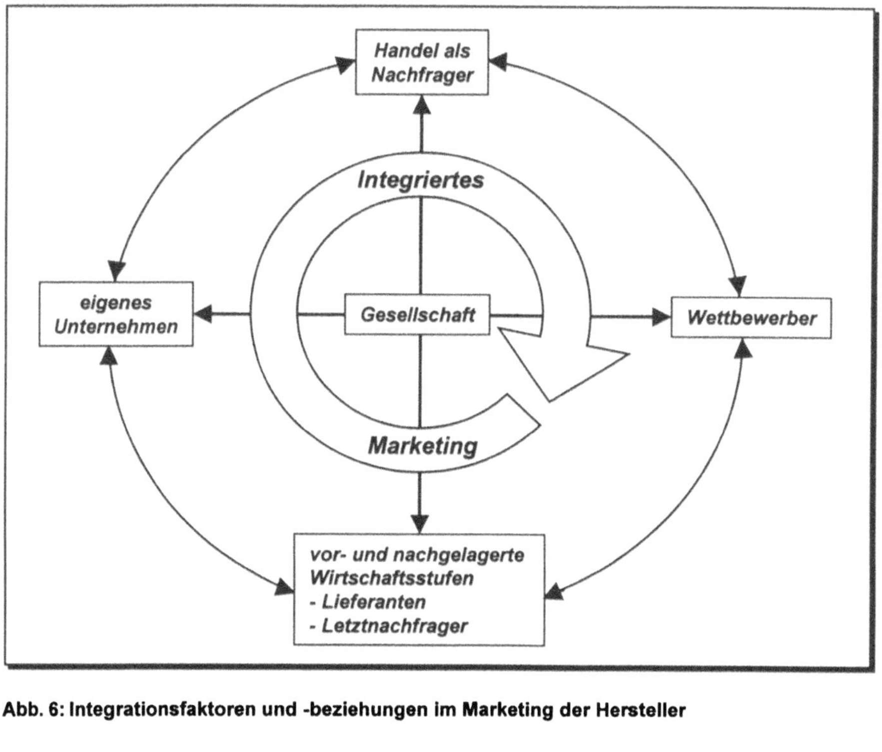

Abb. 6: Integrationsfaktoren und -beziehungen im Marketing der Hersteller

[188] Vgl. Meyer, Anton; Mattmüller, Roland: Marketing, in: Betriebswirtschaftslehre, hrsg. v. Hans Corsten u. Michael Reiß, 2. Aufl., München 1996, S. 840

[189] Siehe hierzu etwa den wissenschaftlichen Disput zwischen Schneider und Dichtl; vgl. Schneider, Dieter: Marketing als Wissenschaft oder Geburt einer Marketingwissenschaft aus dem Geiste des Unternehmerversagens, a.a.O., S. 197 ff; Dichtl, Erwin: Marketing auf Abwegen?, in: ZfbF, 35. Jg., Heft 11/12/1983, S. 1066 ff; Schneider, Dieter: Auf Abwegen, a.a.O., S. 1075 ff.

Diesem sowohl auf den Transaktionsprozeß im allgemeinen als auch auf das Marketing im besonderen bezogenen Integrationsanspruch wird der in Theorie und Praxis vorherrschende Mix-Ansatz nicht mehr gerecht. Zum einen vernachlässigt die im Mix-Ansatz auf einzelne Instrumente – Produktpolitik, Preispolitik, Distributionspolitik und Kommunikationspolitik – fokussierte Sichtweise deren interdependente Beziehungen zueinander und läßt deren durchgängige, aufeinander abgestimmte Ausgestaltung im obigen ganzheitlichen Sinne nicht zu. Zum anderen fehlt der hinter dem Mix-Ansatz stehenden Argumentationslogik die Nähe zum originären Erkenntnisobjekt der Marketingwissenschaft, nämlich der Gestaltung und Koordination von Transaktionsprozessen zwischen Einzelwirtschaften. In der Konsequenz dieser beiden Kritikpunkte findet im Marketing-Mix das Beziehungsgeflecht zwischen Anbieter und Nachfrager ebenso – zumindest explizit – keinerlei Würdigung wie dem Integrationspostulat jegliche Grundlage zur Umsetzung entzogen wird.

Vor diesem Hintergrund „... entgeht uns vieles, weil es nicht in das Schema der '4 P's' (Product, Price, Place, Promotion) paßt. Das Paradigma kommt in die Jahre."[190] Forderungen nach einem neuen Denkgerüst im Marketing, das neben dem Integrationsgedanken auch dem prozessualen Charakter von Transaktionsbeziehungen Rechnung trägt und somit die Defizite des Mix-Ansatzes ausgleicht, sind folgerichtig Gegenstand der gegenwärtigen Diskussion. Sutrich stellt in diesem Zusammenhang fest, daß „das Paradigma des klassischen Marketing – Der Mix – [...] seinen Glanz verloren [hat]. [...] Unternehmen haben nicht den überkommenen Instrumentenkatalog im Blick, sondern den gesamten Geschäftsprozeß. [...] Das Konzept des Marketing-Mix war die Frucht eines linear von innen nach außen gerichteten Denkens und Handels – und das ist es geblieben. Es paßt in Verkäufermärkte ... ."[191] Hansen/Bode fassen die Kritik gegenüber dem Marketing-Mix in drei Thesen zusammen:

---

190 Dichtl, Erwin: Neue Herausforderungen für Theorie und Praxis des Marketing, in: Marketing ZFP, Heft 1/1998, S. 47. Dieses Urteil über den Mix-Ansatz sollte auch dadurch nicht entkräftet werden, daß Dichtl (bedauerlicherweise) an gleicher Stelle den Nutzen der Neuen Institutionenökonomik für das Marketing, – zumindest für die Praxis – in Frage stellt.

191 Sutrich, Othmar: Prozeßmarketing anstelle des Mix, in: Harvard Business Manager, Heft 1/1994, S. 118. Vgl. zur Forderung nach einem neuen Denkgerüst auch Meyer, Anton: Abschied vom Marketing-Mix und Ressortdenken, Teil 1 und 2, in: asw, Heft 9/1994, S. 94 ff. bzw. Heft 10, S. 102 ff. sowie zur Prozeßorientierung Meffert, Heribert: Marketing, 8. Aufl., Wiesbaden 1998, S. 25 f.

- „Der Marketingmix aus den 4-P-Bereichen war von Anfang an zu eng definiert, um alle Anwender und Anwendungsmöglichkeiten abdecken zu können.
- Der Marketingmix ist inzwischen veraltet, da er für die differenzierten marktlichen Realitäten und Denkweisen nur ungenügende Strukturierungshilfen geben kann.
- Der klassische Marketingmix ist ausbaufähig."[192]

Nicht zuletzt vor diesem Hintergrund widmet sich dieser Abschnitt in aller Ausführlichkeit der Entwicklung eines neuen Denkgerüstes in Form des Integrativ-Prozessualen Marketingansatzes, der als Antwort auf die veränderten Ansprüche und Forderungen an das Marketing zu verstehen ist.

3.2.2 Verlaufsmuster des Transaktionsprozesses zwischen Anbieter und Nachfrager – ein systemübergreifender Modellentwurf

Wie gezeigt lastet auf dem Anbieter ein vielschichtiger Integrationsdruck, der ihm, bezogen auf den Nachfrager, zwei wesentliche Integrationsleistungen abverlangt:

(1) Der Anbieter ist gezwungen, die nachfragerspezifischen Aufgabenstellungen antizipierend in die Planung des Transaktionsprozesses einzubeziehen (gedankliche Integration).

(2) Der Anbieter hat dem Nachfrager bei seiner unabdingbaren Einbringung in den Transaktionsprozeß eine Hilfestellung bzw. einen Ausgleich für seine Mühen und Aufwendungen zu geben (physische Integration).

[192] Hansen, Ursula; Bode, Matthias: Marketing & Konsum: Theorie und Praxis von der Industrialisierung bis ins 21. Jahrhundert, München 1999, S. 282

Um dem Anbieter konkrete Ansatzpunkte zur Erfüllung der beiden Integrationsleistungen zu geben, wird im folgenden der gesamte Transaktionsprozeß nach Kontaktstellen zwischen Anbieter und Nachfrager untersucht, die für das Gelingen des Transaktionsprozesses entscheidend sind. Aus diesen Kontaktstellen, die sich neben der physischen auch auf die gedankliche Integration erstrecken, können sowohl für den Anbieter als auch für den Nachfrager transaktionskonstituierende Aufgabenbereiche entnommen und charakterisiert werden.[193]

Eine derartige Zerlegung des gesamten Transaktionsprozesses geht zurück auf die Theorie der Integrierten Marketingfunktionen nach Meyer. Ausgehend von dem Verlaufsmuster von Marktprozessen beruht diese Theorie zum einen auf der Betrachtung der Aufgaben (Funktionen), die Anbieter und Nachfrager im Rahmen von Austauschprozessen zu erfüllen haben, und legt zum anderen ein dyadisches Verhältnis zwischen Anbieter und Nachfrager (Integration) zugrunde.

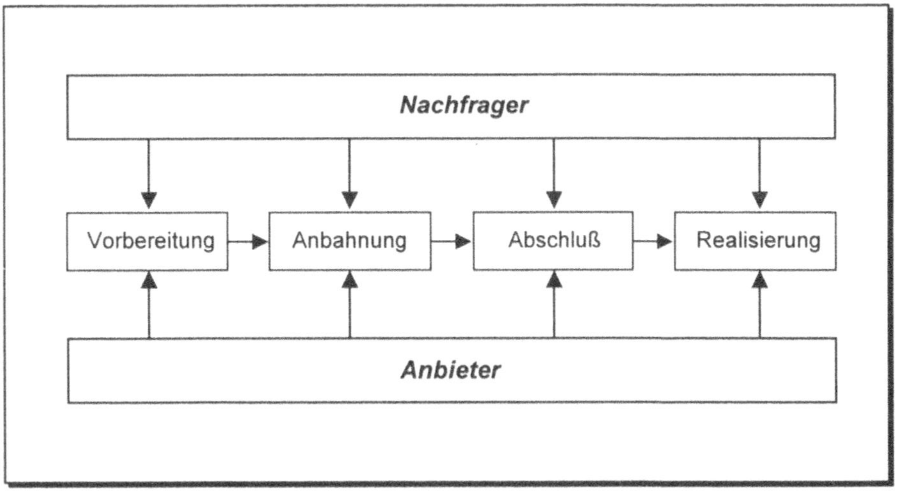

Abb. 7: Integrierte Marketingfunktionen[194]

---

[193] Vgl. hierzu und für die nachfolgenden Ausführungen als Basis Mattmüller, Roland; Tunder, Ralph: Zur theoretischen Basis der Marketingwissenschaft, a.a.O., S. 46 ff.

[194] Vgl. Meyer, Paul W.: Die machbare Wirtschaft, a.a.O., S. 55 ff. sowie der derselbe: Der integrative Marketingansatz und seine Konsequenzen für das Marketing, a.a.O., S. 23 ff.

Nach der Intensität der Dyade zwischen Anbieter und Nachfrager kann der gesamte Transaktionsprozeß grob in zwei Abschnitte unterteilt werden. Im ersten Abschnitt stehen für den Anbieter wie auch für den Nachfrager jeweils Aufgaben an, deren Erfüllung zwar die Einbeziehung (Integration) des jeweils anderen bedingt, wofür aber ein physischer Kontakt zwischen den beiden Transaktionsparteien nicht erforderlich ist. In erster Linie geht es hierbei um eine gedankliche Antizipation des anstehenden Transaktionsprozesses, um dessen mögliche Effizienz im Vorfeld schon abzuschätzen. Da sich hier strenggenommen zwischen den beiden Transaktionsparteien keine Kontaktstelle im physischen Sinne konstituiert (imaginäre Kontaktstelle), liegt auch keine durch eine wechselseitige Beziehung zwischen Anbieter und Nachfrager gekennzeichnete Transaktion vor, weswegen diese Kontaktphase als ein nur *quasi-transaktionaler Teil* des Transaktionsprozesses bezeichnet wird.

Im Anschluß an diese vorbereitende Aufgabe gilt es für Anbieter und Nachfrager nunmehr, Kontakt zum jeweils anderen anzubahnen und bei Erfolg ein vertragliches Schuldverhältnis mit ihm abzuschließen, das letztendlich von beiden im Sinne von Leistung und Gegenleistung realisiert werden muß. Diese Aufgaben können per se nur dann von einer Transaktionspartei erfüllt werden, wenn die andere Partei sich selbst in einem Mindestmaß mit einbringt. Es liegen hier also konkrete Anbieter-Nachfrager-Wechselbeziehungen vor, so daß in Unterscheidung zum obigen Teil nunmehr ein *de facto-transaktionaler Teil* definiert wird. Mit Erfüllung der letzten Aufgabe – der Realisierung bzw. Erbringung der vertraglichen Schuld – setzt unter Umständen die Vorbereitung für einen erneuten Transaktionsprozeß mit dem gleichen Transaktionspartner ein. Aus Sicht der Anbieter wären hier Aktivitäten wie After-sales Marketing oder Eruierung der erzielten Kundenzufriedenheit als Basis der nachfolgenden Transaktion und der gleichen mehr denkbar. Aus Sicht der Nachfrager sind beispielsweise Anfragen für Ersatz- oder Erweiterungskäufe vorstellbar.

Im Falle eines erneuten Einstiegs in einen Transaktionsprozeß mit dem gleichen Transaktionspartner kann von einem Transaktionskreislauf gesprochen werden. Dabei ist für den Folgetransaktionsprozeß davon auszugehen, daß dieser in seiner Art und Weise abhängig von dem Ersttransaktionsprozeß abläuft, da beide Transaktionsparteien (gegenseitig) Gelerntes und Erfahrenes mit in den erneuten Transaktionsprozeß einbringen.[195]

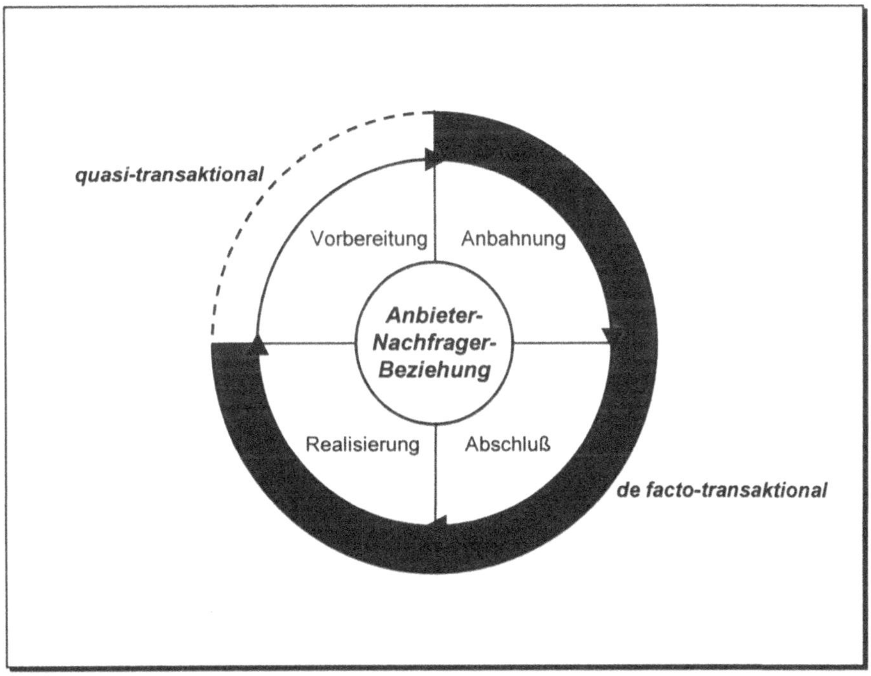

Abb. 8: Transaktionskreislauf mit den jeweiligen Phasen bzw. Aufgabenbereichen

Zur näheren Präzisierung der identifizierten Phasen eines Transaktionsprozesses wird nachfolgend das Postulat des dyadischen Verständnisses zwischen Anbieter und Nachfrager nur noch implizit verfolgt und als Bezugspunkt die Position des Anbieters eingenommen. Der damit vollzogene Bruch der Stringenz wird zugunsten einer leichteren Verständlichkeit der Argumentation in Kauf genommen. Ferner steht dieses Vorgehen im Einklang zur Abgrenzung der Problemstellung, die Transaktionsbeziehung zwischen Hersteller und Handel aus dem Blickwinkel der Hersteller zu analysieren.

[195] Die weiteren Ausführungen erfolgen aus dem Blickwinkel einer Ersttransaktion, um den Grundgedanken des IPM eindeutiger herstellen zu können.

Vorbereitungsphase

Entsprechend der Annahme eines unvollkommenen Informationsstandes benötigen Anbieter Informationen über die ökonomische Sinnhaftigkeit eines Transaktionsprozesses, bevor sie in de facto-transaktionale Wechselbeziehungen mit potentiellen Nachfragern treten, um darauf aufbauend diesen von Beginn an antizipierend zu koordinieren und zu gestalten.

Die notwendige Informationsgenerierung im Rahmen der Vorbereitungsphase wird in der Informationsökonomik als Screening bezeichnet. In Anlehnung an Stiglitz[196] hat der Anbieter solange Informationen zu beschaffen, auszuwerten und zu interpretieren („examinations"), bis eine Verbesserung seines Informationsstandes eintritt. Dieses Aufgabenspektrum spiegelt sich in der Marktforschung wider, auf deren Basis der Anbieter den weiteren Transaktionsprozeß theoretisch konzipiert, um seine Unsicherheit über den offenen Verlauf des Transaktionsprozesses möglichst gering zu halten. Da der Anbieter in der Regel mit der Art seiner Transaktionsobjekte erstens nicht alle Nachfrager anspricht und zweitens auch nicht der einzige Anbieter sein wird, hat er für sich festzulegen, welche Transaktionsobjekte für welche Nachfrager gedacht sind und welches Wettbewerbsumfeld sich daraus konstituiert. Die in der Marktforschung gewonnenen Ergebnisse münden somit in die Erstellung eines Absatzmarktprogramms, in dem der Anbieter für sich unter anderem das Objekt- und Zielgruppenprogramm sowie die zielgruppenspezifische Objektpositionierung definiert.[197]

Obwohl es nicht zwingend ist, daß es bereits in der Vorbereitungsphase zu einer (physischen) Wechselbeziehung zwischen Anbieter und Nachfrager kommt, muß diese andererseits auch nicht ausgeschlossen sein. Insbesondere bei der Durchführung von Field Research kann es zu einer Kontaktaufnahme und somit zu einer Transaktion zwischen Anbieter und potentiellen Nachfragern im Sinne einer direkten, physischen Einbringung kommen. In diesem Zusammenhang ist beispielsweise an die zur Datenbeschaffung durchgeführten persönlichen Interviews mit potentiellen Kunden zu denken, die per se

---

[196] Vgl. Stiglitz, Joseph E.: Information and Economic Analysis, in: Current Economic Problems, hrsg. Michael Parkin; Avelino R. Nobay, London u.a. 1974, S. 27 ff.; Kaas, Klaus P.: Informationsökonomik, in: Handwörterbuch des Marketing, hrsg. v. Bruno Tietz; Richard Köhler u. Joachim Zentes, 2., vollst. überarb. Aufl., Stuttgart 1995, Sp. 975

[197] Vgl. Meyer, Anton: Das Absatzmarkprogramm, in: Integrierte Marketingfunktionen, hrsg. v. Paul W. Meyer, 4. Aufl., Stuttgart u.a. 1996, S. 52-83

eine wechselseitige (physische) Beziehung zwischen beiden Marktpartnern begründen können.

Anbahnungsphase

Nachdem ein möglicher Transaktionsprozeß in der Vorbereitungsphase vom Anbieter als sinnvoll bewertet und hinsichtlich geeigneter Angebots-Zielgruppen-Kombinationen im Sinne Strategischer Geschäftsfelder strukturiert wurde, erfolgt eine Kontaktaufnahme mit den Nachfragern, um letztendlich auf den Abschluß vertraglicher Schuldverhältnisse (bspw. Kaufvertrag) zwischen ihm (Anbieter) und den Nachfragern hinzuwirken. In diesem Stadium des Transaktionsprozesses hat der Anbieter zunächst einmal sich selbst und sein Angebot den potentiellen Nachfragern bekannt zu machen, da sich die Nachfrager ohne eine solche Kenntnis überhaupt nicht in den Transaktionsprozeß einbringen können. Darauf aufbauend kann der Anbieter anschließend die Nachfrager über den Nutzen seines Transaktionsobjektes informieren. Bei diesen Aktivitäten ist davon auszugehen, daß Anbieter und Nachfrager nicht den gleichen Informationsstand besitzen. In der Regel sind die Anbieter über die Einzelheiten ihres eigenen Leistungsangebotes und auch das der Konkurrenz besser informiert als die Nachfrager, so daß bei letzteren Unsicherheit besteht, ob die Anbieter – auf eigenen Vorteil bedacht – diese asymmetrische Informationsverteilung (beispielsweise in Form von Hidden Characteristics) ausnutzen. Daher sollte ein Anbieter mit relativen Nutzenvorteilen gegenüber Konkurrenzangeboten Signale mit glaubwürdigen Informationen senden, um sich so beispielsweise von Wettbewerbern mit überzogenen und nicht erfüllbaren Leistungsversprechungen abzuheben.[198]

[198] Spence unterscheidet in diesem Zusammenhang zwei Möglichkeiten, glaubwürdige Informationen zu vermitteln: Zum einen wirken exogen teure Informationssignale („exogenously costly signals"), wie die Nennung von Qualitätszertifikaten von unabhängigen Institutionen, glaubwürdig auf die Nachfrager. Dabei gehen letztere davon aus, daß Anbieter von Objekten minderer Qualität es nicht wagen würden, Signale zu kommunizieren, die sich letztendlich nur auf ein vorgetäuschtes Qualitätsniveau der Objekte stützen. Die Gefahr, daß diese Täuschung (Betrug) von Nachfragern, Wettbewerbern und/oder sonstigen informierten Beobachtern aufgedeckt wird, ist zu groß. Zum anderen erzielt der Anbieter bei den Nachfragern Glaubwürdigkeit, wenn er mit den kommunizierten Informationen eine kostenverursachende Selbstbindung eingeht, z.B. in Form von über den rechtlichen Standard hinausgehenden Garantieversprechungen oder Regelungen über Konventionalstrafen. Vgl. Spence, Michael A.: Informational Aspects of Market Structure: An Introduction, in: Quarterly Journal of Economics, 90 Jg., 1976, S. 593 f.; Kaas, Klaus P.: Informationsökonomik, a.a.O., Sp. 975 f. sowie Adler, Jost: Informationsökonomische Fundierung von Austauschprozessen, a.a.O., S. 45 f.

Allerdings reicht die Übermittlung glaubwürdiger Informationen über den Nutzen allein nicht aus, zudem muß der Anbieter über sich selbst und über das Transaktionsobjekt ein positives Image bei den Nachfragern aufbauen, damit letztere das Transaktionsobjekt für wünschenswert befinden. Erst dann ist es möglich, die Nachfrager zu einer Handlungsauslösung zu bewegen, die letztendlich zur nächsten Phase – der Abschlußphase – führt.[199]

Abschlußphase

Ziel der Abschlußphase ist es, die endgültige Realisierung des Transaktionsprozesses durch ein vertragliches Schuldverhältnis zwischen Anbieter und Nachfrager zu regeln, da letzterer nur aus dem faktischem Besitz eines Transaktionsobjektes seinen individuellen Nutzen ziehen kann. Gemäß der Property Rights-Theorie reicht dabei die physische Verfügungsgewalt über das Transaktionsobjekt nicht aus. Vielmehr bedarf es darüber hinaus des Rechtes über seine Verfügung.[200] Vier Arten von Verfügungsrechten sind in diesem Zusammenhang zu unterscheiden:

1) Nutzungsrechte (usus), die die Benutzung bzw. Verwendung eines Transaktionsobjektes gewährleisten,
2) Gewinnaneignungsrechte (usus fructus), die die Aneignung von Erträgen aus der Nutzung eines Transaktionsobjektes garantieren,
3) Veränderungsrechte (abusus), die sich auf Veränderungen der Form eines Transaktionsobjektes beziehen und
4) Veräußerungsrechte (transductus)[201], die zur Veräußerung des ganzen oder von Teilen des Transaktionsobjektes berechtigen.

---

199 Die aufgezeigten vier Aufgaben der Anbahnungsphase entsprechen den vier Generalzielen der Werbung und sind in ihrer Gesamtheit als Stufenkonzept zu verstehen, d.h. daß eine Aufgabe bzw. ein Ziel erst erfüllt werden kann, wenn die davorstehende Aufgabe abgeschlossen bzw. das davorstehende Ziel bereits erreicht wurde. Vgl. Meyer, Paul W.: Die machbare Wirtschaft, a.a.O., S. 62

200 Richter, Rudolf: Sichtweise und Fragestellungen der Neuen Institutionenökonomik, in: ZgS/JITE, 110. Jg., 1990, S. 574

201 Mit der Verwendung des Begriffes 'transductus' wird eine Vervollständigung der herrschenden lateinischen Terminologie von Verfügungsrechten beabsichtigt. Vgl. Mattmüller, Roland; Tunder, Ralph: Zur theoretischen Basis der Marketingwissenschaft, a.a.O., S. 26

Vor diesem Hintergrund ist die Kernthese der Property Rights-Theorie zu verstehen, daß ein Transaktionsobjekt eigentlich ein Bündel von Rechten darstellt und – entsprechend der obigen Definition von Transaktionen – die eigentliche physische Transaktion von Objekten als ein physischer Tausch von Rechtsbündeln zu interpretieren ist.[202] Der Wert von Transaktionsobjekten wird somit auch durch den Umfang der Verfügungsrechte an dem Transaktionsobjekt bestimmt.[203]

Im Gegensatz zu den beiden vorangegangen Phasen – Vorbereitung und Anbahnung – ist während der Abschlußphase die Integration des Nachfragers dahingehend höher, daß Anbieter und Nachfrager die einzelnen Aufgaben dieser Phase nur im unmittelbaren Einklang miteinander erfüllen können. Dabei hat sich der Anbieter mit dem Nachfrager erstens über das Transaktionsobjekt und über die damit verbundenen Verfügungsrechte, zweitens über die Menge, drittens über die Gegenleistung (Preis) und schließlich viertens über die Konditionen der Realisierung (beispielsweise Liefer- und Zahlungsbedingungen) des Transaktionsobjektes zu einigen.

Somit erklären Anbieter und Nachfrager erst in der Abschlußphase verbindlich, ob sie den Transaktionsprozeß bis zu seiner vollständigen Realisierung durchlaufen wollen oder nicht. Die Art und Weise, wie diese Bereitschaft artikuliert wird, ist zum einen abhängig von dem anbieter- bzw. nachfragerspezifischen Wert des Transaktionsobjektes und zum anderen davon, in welcher Beziehung Anbieter und Nachfrager durch das vertragliche Schuldverhältnis zueinander stehen. Letzteres ist Gegenstand der ökonomischen Vertragstheorie.

Realisierungsphase

Sind sich Anbieter und Nachfrager über die Ausgestaltung der Property Rights einig geworden, geht es in der den Transaktionsprozeß abschließenden vierten Phase um die Realisierung des Inhaltes des vertraglichen Schuldverhältnisses. Hierbei hat der Anbieter zuerst einmal Voraussetzungen zu schaffen, die ihn in eine Leistungsbereitschaft zur Realisierung versetzen, um die dem Nachfrager zugesagte Leistung auch tatsächlich abge-

---

202 Vgl. Demsetz, Harold: Toward a Theory of Property Rights, in: American Economic Review, 57. Jg., 1967, S. 347

203 Vgl. Schäfer, Hans-Bernd; Ott, Claus: Lehrbuch der ökonomischen Analyse des Zivilrechts, Berlin u.a. 1986, S. 68

ben zu können. Anschließend hat der Anbieter über die Fakturierung seiner erbrachten Leistung die Gegenleistung des Nachfragers anzufordern und abschließend dafür zu sorgen, daß er diese auch annehmen kann bzw. daß diese in seinen Verfügungsbereich gelangt.

Die Verwirklichung eines Transaktionskreislaufes mit seinen soeben beschriebenen Phasen bzw. Aufgabenbereichen erfordert von den Transaktionsparteien zahlreiche Entscheidungsvorgänge und – insbesondere von gewerblichen Anbietern und Nachfragern – ein in sich stimmig durchdachtes Vorgehen. Zu letzterem verhilft ein *Managementprozeß*, der sich analog zum Transaktionsprozeß durch vier aufeinander aufbauende Managementphasen bzw. -aufgaben konstituiert. Durch diesen Managementprozeß wird nicht nur der Transaktionsprozeß als Ganzes bestimmt, sondern auch jede einzelne Phase erfährt hierdurch ihre konkrete Ausgestaltung.[204]

In der ersten Phase – der *Konzeption* – werden mit der Zielsetzung eindeutige Grundvorstellungen über den Transaktionsprozeß definiert, die vorab durch eine Motivation begründet werden. Daran anknüpfend werden in der anschließenden *Planungsphase* die Ziele in zu ihrer Erreichung notwendige Soll-Vorgaben konkretisiert und in entsprechende Schritte umgesetzt. Trotz dieser inhaltlichen Affinität zwischen Konzeption und Planung ersetzen sich diese gegenseitig nicht. Während die Konzeption die zukünftigen Entwicklungen abstrahiert vorwegnimmt, transformiert die Planung diese Ideen in konkrete Schritte und Normen, welche in der darauffolgenden dritten Phase ihre *Umsetzung* erfahren. Im Rahmen der letzten Phase des Managementprozesses – der *Kontrolle* – werden dann abschließend die aufgestellten Ziele aus der Konzeption und die Soll-Vorgaben aus der Planung mit den tatsächlich erreichten Ergebnissen nach der Ausführung von bestimmten Schritten verglichen. Bei einem für den Erfolg des Transaktionsprozesses unbefriedigenden Kontrollurteil wird der Managementprozeß für den gesamten Transaktionsprozeß und/oder für bestimmte Phasen auf ein Neues durchlaufen.

[204] Vgl. zum Konzept der Managementfunktionen Meyer, Paul W.: Die machbare Wirtschaft, a.a.O., S. 78

Zusammenfassend gibt die nachstehende Abbildung den Transaktionsprozeß in Form des Integrativ-Prozessualen Marketingansatzes in schematischer Darstellung wieder. Dabei bleibt abschließend festzuhalten, daß der Integrativ-Prozessuale Marketingansatz neben seinem marketingtheoretischen Mehrwert auch der Marketingpraxis durch seine hinter ihm stehende Integrations-Philosophie sowie durch sein dyadisches und prozessuales Verständnis von Transaktionsbeziehungen eine neue Sichtweise eröffnet bzw. eine differenziertere Rollenzuweisung zwischen Anbieter und Nachfrager im allgemeinen und zwischen Hersteller und Handel im besonderen aufzeigt. So spiegelt sich die Sichtweise des Integrativ-Prozessualen Marketingansatzes im Rahmen der vorliegenden Arbeit beispielsweise in der Herleitung des Transaktionswertes (Abschnitt 4.1.1), bei der Frage der Nutzenstiftung des Herstellers bzw. seiner Produkte für den Handel und Letztnachfrager (Abschnitt 4.2.2) sowie in den abschließenden Handlungsempfehlungen für Gestaltungsoptionen (Kapitel 5) von Hersteller-Handel-Beziehungen wider.

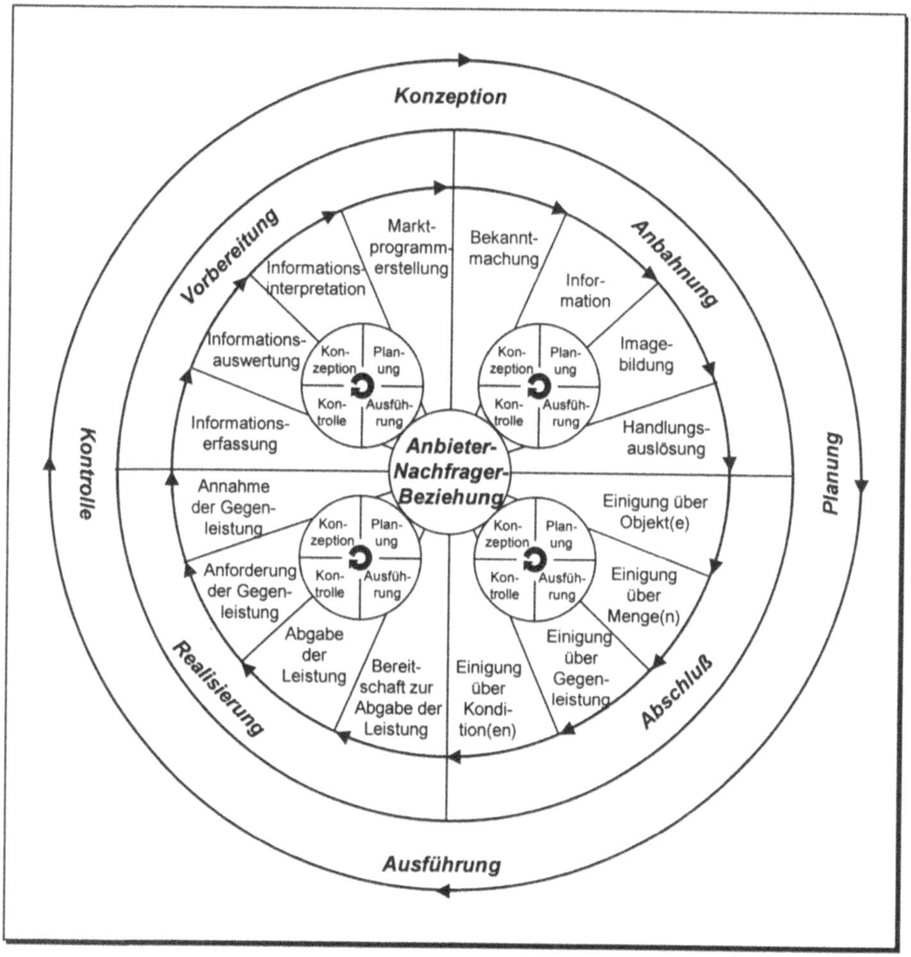

Abb. 9: Modell des Transaktionsprozesses in Form des Integrativ Prozessualen Marketingansatzes[205]

[205] Mattmüller, Roland; Tunder, Ralph: Zur theoretischen Basis der Marketingwissenschaft, a.a.O., S. 56

3.3 Zum Beziehungsgedanken in Transaktionen und Transaktionsprozessen

3.3.1 Problemübergreifende Betrachtung – Einzeltransaktion versus Geschäftsbeziehung

Wie bereits den vorstehenden Ausführungen zu entnehmen war, stehen Anbieter und Nachfrager bei der Durchführung von Transaktionen in einer dyadischen und integrativen Beziehung zueinander. Während in der sozialwissenschaftlichen Terminologie bereits dann von einer Beziehung gesprochen wird, wenn ein wie auch immer gearteter Bezug zwischen Individuen besteht,[207] setzt das wirtschaftswissenschaftliche Begriffsverständnis den Zustand der gegenseitigen zeitlichen und/oder inhaltlichen Verbundenheit – zumindest implizit – voraus.

So definieren Diller/Kusterer (Geschäfts-)beziehung als einen „... von ökonomischen Zielen zweier Organisationen geleiteten Interaktionsprozeß zwischen zwei oder mehr Personen ab dem ersten Geschäftsabschluß."[208] Insbesondere die hierbei vorgenommene zeitliche Einschränkung, daß sich eine (Geschäfts-)beziehung erst *ab Abschluß* eines ersten Geschäftes konstituiert, dokumentiert ein gegenüber der sozialwissenschaftlichen Terminologie eingeschränkteres Verständnis von Transaktionen. Bei diesem Begriffsverständnis werden soziale Wechselbeziehungen zwischen Anbieter und Nachfrager, die auf dem Weg zur Realisierung von Geschäftsabschlüssen anfallen, völlig außer acht gelassen.[209]

In einer jüngeren Definition weitet Diller den Zeithorizont sogar noch aus. Demnach stellen (Geschäfts-)Beziehungen „... auf mehrmalige Transaktionen ausgerichtete Interaktionsprozesse zwischen zwei oder mehr Wertschöpfungspartnern dar, die zu einer mehr oder minder starken Integration dieser Partner führen."[210] Gemünden betont in seiner Definition von (Geschäfts-)Beziehungen Langfristigkeit und gegenseitige Bin-

---

[207] Soziologisch wird eine Beziehung als ein „durch einen oder (häufiger) mehrere soziale Prozesse herbeigeführter Zustand der Verbundenheit oder Getrenntheit zwischen Individuen" definiert. Wiese, Leopold von: System der allgemeinen Soziologie, 2. Aufl., München u.a., 1933, S. 110

[208] Diller, Hermann; Kusterer, Marion: Beziehungsmanagement: Theoretische Grundlagen und explorative Befunde, in: Marketing ZFP, 10. Jg., Heft 3/1988, S. 211

[209] Mit ähnlichem Tenor vgl. Kricsfalussy, Andreas: Vom kurzfristigen Verkaufen zur langen Geschäftsbeziehung, in: Marketing Journal, Heft 4/1996, S. 243

[210] Diller, Hermann: Beziehungsmanagement, in: DBW, 57. Jg., Heft 4/1997, S. 573

dungen, „... die auf eine Folge von Austauschvorgängen gerichtet sind."[211] Ebenso versteht Plinke unter einer (Geschäfts-)Beziehung „... eine Folge von Markttransaktionen zwischen Anbieter und Nachfrager, die nicht zufällig ist,"[212] denn zwischen den einzelnen Transaktionen besteht eine „innere Verbindung."[213] Die drei letztgenannten Begriffsauslegungen stecken den Bedingungsrahmen für das Vorhandensein von (Geschäfts-)Beziehungen im Vergleich zur Definition von Diller/Kusterer noch enger ab, indem jeweils erst eine Folge von Transaktionen den Zustand einer (Geschäfts-)Beziehung begründet. Einem erstmaligen und unter Umständen auch einmaligen Transaktionsprozeß werden demnach die Eigenschaften einer (Geschäfts-)Beziehung zwischen Anbieter und Nachfrager abgesprochen. Noch weiter geht Schütze, der selbst in der Folge von Transaktionsprozessen nicht zwangsläufig eine (Geschäfts-)Beziehung begründet sieht und vorschlägt, erst dann von einer (Geschäfts-)Beziehung zu sprechen, wenn zwischen Anbieter und Nachfrager eine auf ihr Planen und Handeln bezogene wechselseitige Kontingenz (inhaltliche Verbundenheit) vorliegt.[214]

Generelle Folge dieser Definitionen ist, daß die Begriffe „... Einzeltransaktion und Geschäftsbeziehung im Schrifttum gern als Gegensätze aufgefaßt ..."[215] werden. Wenn auch Diller hierin keine Dichotomie, sondern Endpunkte eines Kontinuums sieht, auf dem Transaktionen nach ihrer unterschiedlichen Beziehungsintensität abgetragen werden können,[216] besteht sowohl inhaltlich als auch semantisch Zweifel an der Sinnhaftigkeit dieser Begriffsabgrenzung.

---

211 Gemünden, Hans Georg: Innovationen in Geschäftsbeziehungen und Netzwerken, Arbeitspapier des Instituts für angewandte Betriebswirtschaftslehre und Unternehmensführung, Karlsruhe 1990, S. 34. Vgl. hierzu auch Gemünden, Hans Georg; Helfert, Gabi: Hypothesen zum Einsatz bei Kundengeschäftsbeziehungen, in: Marketing ZFP, 19. Jg., Heft 4/1997, S. 248

212 Plinke, Wulff: Die Geschäftsbeziehung als Investition, a.a.O., S. 307

213 ebenda, S. 308

214 Vgl. Schütze, Roland: Kundenzufriedenheit: After-Sales-Marketing auf industriellen Märkten, Wiesbaden 1992, S. 35

215 Engelhardt, Werner Hans; Freiling, Jörg: Integrativität als Brücke zwischen Einzeltransaktion und Geschäftsbeziehung, a.a.O., S. 37. Dieser Gegensatz tritt nicht nur in der deutschsprachigen Literatur, sondern auch im angelsächsischen Sprachraum auf, wo Begriffspaare zu finden sind, die synonym oder in ihrer Bedeutung ähnlich zu den Termini Einzeltransaktion und Geschäftsbeziehung stehen. Vgl. hierzu eine Auflistung von Bruhn, Manfred; Bunge, Bettina: Beziehungsmarketing als integrativer Ansatz der Marketingwissenschaft, in: Die Unternehmung, 50. Jg., Heft 3/1996, S. 177 und Fußnote 21

216 Vgl. Diller, Hermann: Beziehungsmanagement, a.a.O., S. 573

Zum einen – streng semantisch beurteilt – muß aus der Begriffsabgrenzung „Einzeltransaktion versus Geschäftsbeziehung" gefolgert werden, daß sich Einzeltransaktion und geschäftliche Beziehung gegenseitig ausschließen. Es muß an dieser Stelle nicht mehr explizit betont werden, daß diese Begriffsabgrenzung den auch bei Einzeltransaktionen notwendigen Kontakten und damit sozialen Wechselbeziehungen zwischen Anbieter und Nachfrager in keiner Weise gerecht wird. Jede Einzeltransaktion weist ein Mindestmaß an geschäftlicher Beziehung auf, deswegen darf sie auch nicht einer Geschäftsbeziehung gegenübergestellt, sondern nur nachgeordnet werden.

Zum anderen – inhaltlich bezogen – weisen Engelhardt/Freiling zurecht darauf hin, daß eine Trennung in Einzeltransaktion und Geschäftsbeziehung von Grund auf problematisch ist. „Jede künstlich herbeigeführte Trennung zwischen Vermarktungssituationen, wie dem Marketing von Einzeltransaktionen und 'eigentlichen' Geschäftsbeziehungen, geht an ... [dem] ... Grundverständnis des Marketing-Denkens und -Handelns, Folgekäufe herbeizuführen, Geschäftsbeziehungen also zu etablieren, ... vorbei."[217] Im Regelfall richten Anbieter dahingehend Transaktionen aus, daß die erste Transaktion nicht gleichzeitig die letzte ist, sondern daß weitere folgen werden. Selbst unter extremsten Bedingungen, wie auf Verkäufermärkten, „... wo es den Anbietern ziemlich egal ist, ob ein bestimmter Kunde Folgekäufe tätigt,"[218] oder bei sogenannten Jahrmarktsgeschäften, wo „... der Anbieter weiß, daß der Kunde kaum mehr bei ihm als Käufer auftreten wird,"[219] greift ein Denken in Einzeltransaktionen zu kurz. In beiden Fällen darf von der Ist-Situation nicht auf die Zukunft geschlossen werden. Anbieter auf Verkäufermärkten haben keinerlei Gewißheit auf Fortbestand ihrer gegenwärtigen Situation und haben deswegen „... allein schon aus Gründen der Zukunftssicherung in Geschäftsbeziehungen zu denken,"[220] und selbst bei den Jahrmarktsgeschäften

---

217 Engelhardt, Werner Hans; Freiling, Jörg: Integrativität als Brücke zwischen Einzeltransaktion und Geschäftsbeziehung, a.a.O., S. 37

218 Bauer, Hans H.: Marktliche Einzeltransaktion und Geschäftsbeziehung sowie Sach- und Dienstleistung als jeweils eigenständige Erkenntnisobjekte?, in: Marketing ZFP, 17.Jg., Heft 1/1995, S. 46

219 ebenda, S. 46

220 Engelhardt, Werner Hans; Freiling Jörg; Reckenfelderbäumer, Martin: Die Bedeutung der Integrativität für das Marketing: Ein Überblick anhand ausgewählter theoretischer und anwendungsbezogener Aspekte, in: Marketing ZFP, 17. Jg., Heft 1/1995, S. 52

kann kein Anbieter mit Sicherheit ausschließen, daß ein Kunde bei ihm nicht nochmals als Nachfrager vorstellig wird.[221]

Eine weitere Folge des allgemein in den Wirtschaftswissenschaften herrschenden und durch obige Definitionen belegten Begriffsverständnisses von Geschäftsbeziehungen ist, daß diese unter Bezugnahme der Transaktionskostentheorie als Hybride zwischen Markt und Hierarchie eingeordnet werden.[222] Wenngleich zwar die Einordnung aufgrund des zugrunde gelegten Begriffsverständnisses an sich folgerichtig ist, führt sie im Ergebnis zu der bemerkenswerten Erkenntnis, daß Geschäftsbeziehungen mit Kooperationen gleichgesetzt werden,[223] was zweifellos zu hinterfragen ist. Ohne allerdings an dieser Stelle näher darauf eingehen zu wollen, verdeutlicht dieser Zusammenhang anschaulich, welche Schere sich zwischen Interpretationen und realen Formen von Geschäftsbeziehungen öffnet.

Insgesamt betrachtet ist durchaus der Schluß zu ziehen, daß bei den Versuchen der Begriffsbestimmung „Geschäftsbeziehung" eine geschäftliche *Beziehung* implizit gleichgesetzt wird mit einer geschäftlichen *Bindung*,[224] die naturgemäß häufig langfristig ausgerichtet und auf mehreren Transaktionen aufgebaut ist. Aufgrund dieser doch sprachlich unsauberen und für das Marketing irreführenden Begriffsabgrenzung wird im Rahmen dieser Arbeit bewußt die Bezeichnung „Geschäftsbeziehung" gemieden und statt dessen von „Transaktionsbeziehung" gesprochen, unabhängig von Folge bzw. Häufigkeit der Transaktionen einerseits sowie von Intensität und Bindung zwischen Anbieter und Nachfrager andererseits.

---

221 Auf einen weiteren von Bauer aufgeführten Extremfall von Transaktionsprozessen, die sogenannte Hit-and-Run-Taktik, wird hier nicht weiter eingegangen, weil diese Situation doch eher theoretischer Natur ist. Vgl. Bauer, Hans H.: Marktliche Einzeltransaktion und Geschäftsbeziehung sowie Sach- und Dienstleistung als jeweils eigenständige Erkenntnisobjekte?, a.a.O., S. 46

222 Vgl. Kaas, Klaus P.: Marketing und Neue Institutionenlehre, a.a.O., S. 49

223 Vgl. hierzu etwa: Schwaner, Jost: Integration von Kunden und Lieferanten, a.a.O., S. 34 ff.

224 Vgl. hierzu beispielsweise die Systematisierung von Lieferanten-Kunden-Beziehungen bei Plinke, Wulff: Die Geschäftsbeziehung als Investition, in: Marketing-Schnittstellen: Herausforderungen für das Management, hrsg. v. Günter Specht, Günter Silberer u. Werner H. Engelhard, Stuttgart 1989, S. 308

Abschließend sei darauf hingewiesen, daß insbesondere Transaktionsbeziehungen zwischen Hersteller und Handel nichtsdestotrotz mit dem allgemein herrschenden Verständnis von Geschäftsbeziehungen übereinstimmen. Der Transaktionsprozeß zwischen ihnen ist in der Regel ein fortlaufender Vorgang, der nicht diskret, sondern nach Heide idealtypisch 'relational' abläuft.[225] Jede einzelne Transaktion zwischen Hersteller und Handel steht dabei im Zusammenhang mit vorhergehenden und zukünftigen Transaktionen. Hieraus sind die Determinanten für die Modalitäten und Verhaltensnormen innerhalb von Transaktionsprozessen zwischen Hersteller und Handel zu entnehmen. Vergangene Transaktionen bestimmen beispielsweise über die Konstrukte Erfahrungen, Zufriedenheit und persönliche Sympathien; momentane Transaktionen sind gleichzeitig Grundlage für Erwartungen und Vertrauen in zukünftige Transaktionen.[226]

3.3.2 Charakterisierung der Transaktionsbeziehung zwischen Hersteller und Handel als Prinzipal-Agenten-Beziehung

Die bisherigen Erläuterungen zu den Transaktionen im allgemeinen und zu den dazugehörigen Integrations- und Prozeßgedanken im besonderen wurden bisher mehr oder weniger vorbehaltlos auf die Belange der Transaktionsbeziehung zwischen Hersteller und Handel übertragen. Zusätzlich liegt hier jedoch eine systemimmanente Besonderheit vor, die sich aus dem wechselseitigen Rollenverständnis zwischen Hersteller und Handel ergibt und sich – wie zu zeigen sein wird – als ein Prinzipal-Agenten-Problem darstellt.

Bei den bisherigen allgemeinen Erklärungen zu Transaktionen bzw. Transaktionsprozessen wurde implizit davon ausgegangen, daß Anbieter gleich Erstanbieter und Nachfrager gleich Letztnachfrager des Transaktionsobjektes sind. Hieraus läßt sich auf eine eindeutige Verteilung der Rollen von Anbieter und Nachfrager schließen, die in dieser Form jedoch den Transaktionen zwischen Hersteller und Handel nicht gerecht wird. In

---

225 Vgl. Heide, Jan: Interorganizational Governance in Marketing Channels, in: Journal of Marketing, 58. Jg., 1994, S. 74

226 Vgl. Beinlich, Georg: Geschäftsbeziehungen: Ein integrativer Überblick auf Basis der politischen Ökonomie, Arbeitspapier Nr. 5 zur Marketingtheorie der Universität Trier, hrsg. v. Rolf Weiber, Trier 1995, S. 2

deren Transaktionsbeziehungen fungiert der Handel bekanntermaßen (nur) als Zwischennachfrager in Bezug auf die von dem Hersteller angebotenen Objekte. Infolgedessen hat aus Sicht der Hersteller die Transaktionsbeziehung zum Handel nur einen subfinalen Charakter; sie wird überlagert von der finalen Transaktionsbeziehung des Herstellers zu dem Letztnachfrager. Daher konstituiert sich eine Transaktionsbeziehung zwischen Hersteller und Handel nur dann, wenn letzterer dem Hersteller systemspezifische Leistungen (an-)bieten kann, mit denen eine nachgelagerte Transaktion zu dem Letztnachfrager ermöglicht oder unterstützt wird bzw. mit denen eine finale Transaktionsbeziehung zwischen Hersteller und Letztnachfrager überhaupt erst entsteht.

Aus dieser Konstellation ist eine eindeutige Verteilung der Rollen von Anbieter und Nachfrager in der Transaktionsbeziehung zwischen Hersteller und Handel im Gegensatz zu einer systemübergreifenden Betrachtung nicht möglich. Der eine wie der andere ist transaktionsinstitutional zugleich Anbieter als auch Nachfrager von jeweils systemspezifischen Transaktionsobjekten bzw. -leistungen. So fungiert der Handel gegenüber dem Hersteller auf der einen Seite in der Rolle des Nachfragers, insofern, daß er die von dem Hersteller produzierten Objekte kauft, und auf der anderen Seite in der Rolle des Anbieters von spezifischen Leistungen, die er letztlich dem Hersteller (an-)bietet, um seine Einschaltung zu rechtfertigen. Nur wenn diese handelsspezifischen Leistungen zur Zufriedenheit des Herstellers auch tatsächlich erfüllt werden, realisiert der Hersteller Transaktionen mit dem Handel.

Aus der Sicht des Herstellers kommt diese Form der Transaktionsbeziehung im weitesten Sinne einem Auftraggeber-Auftragnehmer-Verhältnis gleich. Der Hersteller beauftragt den Handel, die von ihm hergestellten Transaktionsobjekte an den Letztnachfrager abzusetzen, wobei die Auftragsvergabe mit der Delegation von Entscheidungskompetenzen bzw. Abtretung von Verfügungsrechten aufgrund des Eigentumsübergangs verbunden ist. Diese besondere Form einer Transaktionsbeziehung stellt ein ausgewähltes Prinzipal-Agenten-Verhältnis dar,[227] das den Agency-Abgrenzungen von Jensen/Meckling und Grossmann/Hart nahe kommt.

---

[227] Vgl. Berger, Mark; Dutta, Shantanu; Walker, Orville C.: Agency Realtionships in Marketing: A Review of the Implications and Applications of Agency and Related Theories, in: Journal of Marketing, 56. Jg., Juli 1992, S. 2

Nach Jensen/Meckling ergeben sich Agency-Beziehungen, wenn ein Prinzipal (Auftraggeber) einen Agenten (Auftragnehmer) engagiert, damit dieser in seinem Auftrag Leistungen erbringt. Dabei überträgt der Prinzipal sein Entscheidungsrecht an einem Transaktionsobjekt (Property Rights) auf den Agenten, weil dieser aufgrund seiner Fähigkeiten besser in der Lage ist, ein vom Prinzipal verfolgtes Ziel zu erreichen. Nach Jensen/Mecking beruhen Agency-Beziehungen auf individuellen Vereinbarungen zwischen Prinzipal und Agenten, die ein zweiseitiges Schuldverhältnis aus Leistung und Gegenleistung begründen sowie Regelungen über Anweis- und Kontrollrechte beinhalten.[228] Grossmann/Hart schränken dieses Verständnis von Agency-Beziehungen weiter ein, indem die Entscheidungen und Handlungen des Agenten den Gesamtgewinn bestimmen, der zwischen Prinzipal und Agent aufgrund einer zuvor festgelegten Regel aufgeteilt wird.[229] Übertragen auf das Prinzipal-Agenten-Verhältnis der Transaktionsbeziehung zwischen Hersteller und Handel bestimmt letzterer durch das Ausmaß der Wahrnehmung seiner handelsspezifischen Leistungen bzw. Funktionen und durch die Art ihrer Erfüllung den Geldbetrag (in Form des Letztnachfragerumsatzes), der zwischen Hersteller und Handel aufgeteilt wird (Vertriebsspanne).

Vor diesem Hintergrund stellt sich für den Hersteller als Prinzipal die Frage, wie er sicherstellen kann, daß der Handel in der Rolle des Agenten die übertragenen Aufgaben auch im seinem Sinne ausführt.[230] Da davon auszugehen ist, daß der Hersteller einerseits über die Aktionen des Handels ex ante keine vollständigen Informationen besitzt und andererseits auch nicht die Möglichkeit hat, gegenüber dem Handel in Bezug auf den einmal festgelegten Geschäftsgegenstand ex post Sanktionen auszusprechen (letzteres bedingt durch die Überlassung von Property Rights an den Handel und dem damit verbundenen Entzug der Disziplinarhoheit), versucht der Hersteller, schon im Vor-

---

228 Vgl. Jensen, Michael C.; Meckling, William H.: Theory of the Firm: Managerial Behaviour, Agency Costs and Ownership Structure, in: Journal of Financial Economics, 3.Jg., Oktober 1976, S. 308

229 Vgl. Grossmann, Sanford J.; Hart, Oliver D.: An Analysis of the Principal-Agent Problem, in: Econometrica, 51. Jg., Heft 1/1983, S. 7

230 Mit dieser Fragestellung setzt sich insbesondere die normative Auslegung der Prinzipal-Agenten-Theorie auseinander, während sich die deskriptive Richtung vorrangig mit der Trennung von Verfügungs- und Kontrollrechten beschäftigt.

feld durch geeignete Anreizmechanismen das Verhalten bzw. die Leistungen des Handels zu seinen Gunsten zu beeinflussen.[231]

Die Mechanismen der Hersteller zur Verhaltens- und Leistungsbeeinflussung bzw. -steuerung des Handels beruhen auf gegenseitigen Verpflichtungen und können deshalb als vertragliche Vereinbarungen im Sinne von institutionellen Arrangements betrachtet werden. Über diese institutionellen Arrangements kommt es letzten Endes zu den Bindungskomponenten, die den Geschäftsbeziehungen im allgemeinen unterstellt werden. Dabei handeln die Hersteller aufgrund der ex ante Bezogenheit der institutionellen Arrangements unter Unsicherheit. Zwar sind die Arrangements auf der einen Seite Verhandlungsgegenstand des eigentlichen Transaktionsprozesses und finden sich bei der Übertragung von Property Rights an den Transaktionsobjekten wieder, auf der anderen Seite jedoch betreffen die Arrangements die noch ausstehenden faktischen Leistungserbringungen des Handels. Mit anderen Worten: Hersteller und Handel einigen sich zum Zeitpunkt t_1 im Rahmen eines Vertrages über eine Leistungs-/Gegenleistungserbringung, worauf sich der Handel allerdings erst zum Zeitpunkt t_2 aufgrund eigener Präferenzen und der im Vertrag geregelten Anreize für eine konkrete Aktion entscheidet. Aus der gewählten Aktion und unter Einwirkung exogener, nicht beeinflußbarer Umweltbedingungen resultiert ein Ergebnis, das letztlich zwischen Hersteller und Handel geteilt werden muß (Kampf um die Vertriebsspanne).[232]

Wie bereits an einigen Stellen implizit unterstellt, kann nicht immer davon ausgegangen werden, daß die institutionellen Arrangements zwischen Hersteller und Handel durchwegs rechtlich durchsetzbaren Vereinbarungen entsprechen. In der Regel lassen sie sich nur schwer eindeutig in eine öffentliche Rechtsordnung einbinden und sind somit auch nicht oder nur zu verhältnismäßig prohibitiv hohen Kosten durch Gerichte

231 Vgl. Trumpp, Andreas: Kooperation unter asymmetrischer Information: Eine Verbindung von Prinzipal-Agenten-Theorie und Transaktionskostenansatz, Neuried 1995, S. 43. Irrgang spricht in diesem Zusammenhang von einer Stimulierungsstrategie, die der Hersteller für die Transaktionsbeziehung zum Handel entwickeln muß; vgl. Irrgang, Wolfgang: Strategien im vertikalen Marketing, a.a.O., S. 79 ff.

232 Ähnliche Argumentation vgl. Trumpp, Andreas: Kooperation unter asymmetrischer Information, a.a.O., S. 40 f.

überprüf- bzw. bewertbar. So hat der Hersteller beispielsweise im Rahmen von Vertriebsbindungssystemen auf der einen Seite zwar vertrags- und wettbewerbsrechtliche Ansprüche auf Erfüllung von verabredeten Leistungen (§ 241 BGB) bzw. auf Unterlassung von vertragswidrigem Verhalten (§ 1 UWG; § 26 Abs. 2 GWB) oder auf Schadensersatz (§§ 280, 325, 823, 826 BGB; § 26 Abs. 2 GWB), auf der anderen Seite jedoch stehen diesen Ansprüchen zahlreiche Rechtsvorschriften gegenüber, die den Handel aus seiner Verpflichtung nehmen. Einen Überblick über relevante Rechtsvorschriften im Zusammenhang mit Vertriebsbindungssystemen soll die Tabelle auf der nachfolgenden Seite geben.[233]

Selbst für den Fall, daß der Hersteller eine eindeutige Anspruchsgrundlage für die Verletzung der Arrangements durch den Handel besitzt, unterläßt er im allgemeinen deren richterliche Durchsetzung, da er Gefahr läuft, zwar kurzfristig einen Rechtsstreit zu gewinnen, aber langfristig die Beziehung zum Handel zu gefährden. So beklagt auch das Bundeskartellamt, daß es trotz des allseits zu hörenden Nachfragemachtmißbrauchs des Handels nicht genügend Informationen zur Einleitung von Kartellverfahren erhält, weil kaum einer der betroffenen Hersteller bereit ist, konkrete Tatbestände unter Nennung von „Roß- und Reiter" vorzutragen. Häufig bleibt dem Hersteller bei Verletzung der Arrangements durch den Handel als einzige konsequente Sanktions- oder Gegenmaßnahme die Aufkündigung der betreffenden Arrangements. Wenngleich damit noch nicht die gesamte Transaktionsbeziehung zum Handel zur Disposition steht, beeinträchtigt es doch das Geschäftsklima zwischen den beiden Parteien.[234]

---

[233] Vgl. Pollmüller, Heinz-Dieter: Rechtliche Aspekte Vertraglicher Vertriebssysteme, in: Vertragliche Vertriebssysteme zwischen Industrie und Handel: Grundzüge einer betriebswirtschaftlichen, rechtlichen und volkswirtschaftlichen Beurteilung, hrsg. v. Dieter Ahlert, Wiesbaden 1981, S. 125 ff. sowie Ahlert, Dieter: Distributionspolitik, a.a.O., S. 179 ff.

[234] Vgl. Böger, Richard: Konditionenspreizung der Hersteller gegenüber dem Lebensmittelhandel, Göttingen 1990, S. 162

Gesetz	*Paragraph*	*Kernaussage*	*beispielhafte Implikationen*
GG	2	Freie Entfaltung der Persönlichkeit	Handlungsfreiheit entspricht Vertragsfreiheit
BGB	305	Vertragsfreiheit	Freie Gestaltung von Bindungsinstrumenten in Verträgen
	134	Einschränkung der Vertragsfreiheit, wenn zwingende gesetzliche Vorschriften dagegen stehen	Einschränkung der Vertragsfreiheit, z.B. Verbot ungerechtfertigter Rabattforderungen
	138	Nichtigkeit von sittenwidrigen Gesetzen	Einschränkung der Vertragsfreiheit, wenn der Vertrag z.B. unter Druck zustande gekommen ist
	433-515	Rechtliche Regelung von Kaufverträgen	Grundlage für alle Warengeschäfte, auch Jahresabschlüsse
	241	Forderung von Leistungen	Generelle Rechte und Pflichten in und aus Verträgen
	242	Grundsatz von Treu und Glauben	Generelle Rechte und Pflichten in und aus Verträgen
GWB	26 Abs. 2	Diskriminierungsverbot	Handel hat Recht auf Belieferung und Hersteller hat Recht auf Listung
	26 Abs. 3	Diskriminierungsverbot	Rabatte dürfen nur bei entsprechender Gegenleistung vergeben werden und Verbot der Rabattspreizung
	15	Verbot der Preisbindung	Unverbindliche Preisempfehlung darf nicht als Preisbindung verstanden werden
	16	Zulässigkeit der Preisbindung bei Verlagserzeugnissen	
	38a	Unverbindliche Preisempfehlung	Zum Schutz der Marke Gewährung einer unverbindlichen Preisempfehlung
	25 Abs. 2	Verbot wettbewerbsbeschränkender Maßnahmen	Schutz vor Druckausübung zur Durchsetzung der Preisempfehlung
	1 u. 26 Abs. 1	Unwirksamkeit von wettbewerbsbeschränkenden Vereinbarungen	Gegenseitige Absprachen im Rahmen von vertikalen Kooperationen beeinträchtigen Dritte
UWG	1	Generalklausel	Verstoß gegen die guten Sitten, hier bspw. Infragestellung von „Regalmieten“
	12	Bestechung von Angestellten	Persönliche Beziehungen zwischen Hersteller und Handel dürfen nicht den Eindruck von Bestechungen haben
EGV	Art 86	Mißbrauch marktbeherrschender Macht	Handel hat Recht auf Belieferung und Hersteller hat Recht auf Listung (vgl. § 26 Abs. 2 GWB)

Tab. 2: Überblick über Rechtsvorschriften im Zusammenhang mit Vertriebsbindungssystemen

Damit es zu dieser durchaus beziehungsschädigenden Maßnahme erst gar nicht kommt, formulieren Hersteller die institutionellen Arrangements so, daß es für den Handel auf Dauer vorteilhafter ist, im Sinne der Arrangements zu handeln, als einen möglichen Nutzen aus dem Mißbrauch der Arrangements zu ziehen und so weitere Arrangements zu gefährden. Diese Form institutioneller Arrangements zwischen Prinzipal und Agent werden als sich selbst durchsetzende Vereinbarungen (Self-Enforcing Agreements) bezeichnet.[235]

Die Selbstdurchsetzung von Vereinbarungen zwischen Hersteller und Handel spiegelt letzten Endes deren Transaktionsbeziehung zueinander wider. Diese ist so angelegt, daß die Einhaltung einzelner Arrangements nicht im Querschnitt, sondern im Längsschnitt – also unter Bezugnahme der gesamten Transaktionsbeziehung – bewertet werden muß. Die Arrangements zwischen Hersteller und Handel sind somit eingebettet in ein „... soziales Bindungsgefüge, d.h. in 'geschäftliche Dauerverbindungen',“[236] die über den Zeitpunkt des diskreten Arrangements hinausgehen. Daher werden vom Hersteller in den einzelnen Arrangements nicht alle Eventualitäten, die ex ante vorstellbar sind, aufgenommen, sondern bewußt Lücken gelassen, um flexibel auf veränderte, von außen vorgegebene Rahmenbedingungen reagieren zu können.[237] Die Arrangements werden nicht unbedingt über eine Rechtsverbindlichkeit gefestigt, sondern über die Art und Weise der vergangenen, gegenwärtigen und der noch zu erwartenden zukünftigen (persönlichen) Beziehungen zwischen den Vertragsparteien.[238]

---

235 Vgl. Richter, Rudolf; Furubotn, Eirik G.: Neue Institutionenökonomik, a.a.O., S. 171, 177 u. 255. In der Literatur finden sich für derartige institutionelle Arrangements auch Bezeichnungen wie „sich selbst durchsetzende implizite Verträge“; vgl. Carmichael, H. Lorne: Self-Enforcing Contracts, Shirking, and Life Cycle Incentives, in: Journal of Economic Perspectives, Heft 3/1989, S. 81 oder schlicht „implizite Verträge“; vgl. Hart, Oliver D.: Incomplete Contracts, in: The New Palgrave: A Directory of Economics, hrsg. v. John Eatwell, Murray Milgate u. Peter Newmann, Band 2, London 1987, S. 752 ff.

236 Richter, Rudolf: Sichtweise und Fragestellungen der Neuen Institutionenökonomik, a.a.O., S. 583

237 Vgl. Macneil, Ian R.: Contracts: Adjustments of Long-term Economic Relations Under Classical, Neoclassical and Relational Contract Law, in: Northwestern University Law Review, 72. Jg., 1978, S. 865

238 Vgl. derselbe: The Many Futures of Contracts, in: Southern California Law Review, 47. Jg., 1974, S. 753. Auf Macneil geht auch die Bezeichnung 'relationaler Vertrag' zurück, indem er in einem Spektrum verschiedener Arten von Vertragszuständen zwischen den beiden Polen klassischer (diskreter) und relationaler Vertrag unterscheidet. Vgl. ebenda, S. 738

Als Effizienzkriterium zur Bewertung von Koordinationsmechanismen einer Prinzipal-Agenten-Beziehung bzw. von Arrangements zwischen Hersteller und Handel dienen die anfallenden spezifischen Agenturkosten, die sogenannten Agency costs. Nach Jensen/Mecking setzen sich diese Kosten aus drei Komponenten zusammen:[239]

1) Kosten, die dem Prinzipal bei der Überwachung bzw. Kontrolle des Beauftragten und seiner Erfüllung der vereinbarten Leistung entstehen (Monitoring Costs)

2) Kosten, die dem Agenten bei der Bietung bzw. Hinterlegung einer Kaution oder Garantie entstehen (Bonding Costs)

3) Verlust des Prinzipals, definiert als Differenz zwischen dem hypothetischen Gewinn bei einer problemlosen Beziehung zum Agenten im Sinne der Neoklassik und dem tatsächlichen Gewinn bei einer problemgeladenen Beziehung im Sinne der Neuen Institutionenökonomik (Residual Loss)

Wenn auch mit dem Ansatz der Agency Costs dem Hersteller als Prinzipal sowohl die realen Kostenträger (Monitoring Costs) als auch ein kalkulatorischer Kostenfaktor (Residual Loss) einer Prinzipal-Agenten-Beziehung zum Handel aufgezeigt werden, ist dieser Kostenansatz nicht frei von Kritik. In Bezug auf die hier vorliegende Problemstellung kann unter anderem kritisiert werden, daß zum einen die Kosten der Anreizsetzung zur Ermutigung des Agenten, im Sinne des Prinzipals zu handeln, ebenso keine Berücksichtigung finden, wie die Kosten der Gründung einer Prinzipal-Agenten-Beziehung und daß zum anderen die ersten beiden Kostenkomponenten in Abhängigkeit zu der dritten Kostenkomponente stehen.[240]

Insbesondere der erste Kritikpunkt spricht eine Unzulänglichkeit der Prinzipal-Agenten-Theorie an, die in Bezug auf die Hersteller-Handel-Beziehung von großer Bedeutung ist, da hier – wie oben gezeigt – insbesondere Anreizmechanismen zur Verhaltens- und Leistungssteuerung eine große Rolle spielen. Damit können die Agency Costs alleine nur bedingt als Effizienzkriterium von institutionellen Arrange-

---

[239] Vgl. Jensen, Michael C.; Meckling, William H.: Theory of the Firm, a.a.O., 308

[240] Vgl. Schneider, Dieter: Betriebswirtschaftslehre, Band 1: Grundlagen, a.a.O., S. 277

ments zwischen Hersteller und Handel herangezogen werden. Eine Erweiterung der Agency Costs als Effizienzkriterium um die Transaktionskosten bietet sich hier an. Konsequenterweise stellt sich dann die Frage nach einer problemrelevanten Abgrenzung zwischen Prinzipal-Agenten-Theorie und Transaktionskostentheorie.

Grundsätzlich unterstellen beide Theorien Opportunismus, divergierende Informationsstände und Zieldifferenzen zwischen Hersteller und Handel, wobei eigene Subziele durchaus im Widerspruch zu den eigentlichen Transaktionszielen stehen können. Gemeinsam gehen beide Theorien davon aus, daß Transaktionsbeziehungen Kosten verursachen – differenziert jeweils nach agency costs und Transaktionskosten. Allerdings gibt es zwischen Prinzipal-Agenten-Theorie und Transaktionskostentheorie Unterschiede hinsichtlich des Blickwinkels auf die jeweiligen Transaktionsbeziehungen. Während sich die Transaktionskostentheorie ex post orientiert und so das Zustandekommen von Transaktionsbeziehungen erklären kann, ist die Prinzipal-Agenten-Theorie demgegenüber ex ante bezogen und so zur Beurteilung der effizienten Gestaltung von Transaktionsbeziehungen zwischen Hersteller und Handel geeignet. Eine Verknüpfung beider Theorien ist daher für die vorliegende Problemstellung naheliegend.[241]

---

241 Vgl. zur Verknüpfung von Aspekten der Transaktionskostentheorie und der Prinzipal-Agenten-Theorie beispielhaft Kaas, Klaus P.: Kontraktgütermarketing als Kooperation zwischen Prinzipalen und Agenten, in: ZfbF, 44. Jg., 1992, S. 889 ff. Dabei werden Transaktionskostenaspekte in die Analyse verschiedener Beziehungsphasen zwischen Prinzipal und Agent übertragen. Zur generellen Gegenüberstellung von Transaktionskostentheorie und Prinzipal-Agenten-Theorie vgl. etwa Trumpp, Andreas: Kooperation unter asymmetrischer Information, a.a.O., S. 55 ff.

3.4 Erstes Zwischenergebnis

Das in diesem Abschnitt entwickelte Verständnis von Transaktionen, Transaktionsprozessen und -beziehungen beruht im Kern auf einer marketingrelevanten Interpretation der Neuen Institutionenökonomik, insbesondere der Transaktionskostentheorie. Hierin begründet sich das in dieser Arbeit betont dyadische Verhältnis zwischen Hersteller und Anbieter, das in seiner konsequenten Auslegung soziale Wechselbeziehungen zwischen Austauschparteien voraussetzt. Aus diesen sozialen Wechselbeziehungen leitet sich die Forderung gegenüber dem Hersteller ab, Integrationsleistungen in Bezug auf die Belange des Handels bzw. – allgemeiner formuliert – bezüglich aller relevanten Anspruchsgruppen zu erbringen. Um diesen Integrationsleistungen nachzukommen, bedarf es vom Hersteller einer prozessualen Betrachtung von Transaktionen bzw. Transaktionsbeziehungen. Als systemübergreifendes Ergebnis der Argumentationskette wird für das Marketing ein gegenüber dem vorherrschenden Mix-Ansatz verändertes Denkmuster gefordert, welches sich in Form des Integrativ-Prozessualen Marketingansatzes widerspiegelt. Diesem Ansatz folgend greift ein Denken, das Geschäftsbeziehungen als Gegensatz von Einzeltransaktionen versteht, zu kurz. Vielmehr liegt in jeder Transaktion eine mehr oder weniger stark ausgeprägte Beziehungskomponente vor.

Das dyadische Verständnis zwischen Hersteller und Handel sowie insbesondere der daraus folgende Integrationsgedanke hat übertragen auf die spezifischen Besonderheiten von Hersteller-Handel-Beziehungen des weiteren zur Folge, daß sich zwischen diesen Parteien keine eindeutige Rollenverteilung hinsichtlich Nachfrager und Anbieter definieren läßt. Hersteller wie Handel bieten auf der einen Seite jeweils systemspezifische Leistungen an, die auf der anderen Seite von dem jeweils anderen nachgefragt werden. Diese Interpretation kommt einer wechselseitigen Rollenverteilung gleich und stellt die Hersteller-Handel-Beziehung zugleich als alternierende Prinzipal-Agenten-Beziehung dar.

Das hier vorgebrachte Verständnis von Transaktionen, Transaktionsprozessen und -beziehungen sowie insbesondere die daraus abgeleiteten Implikationen für das Marketing im allgemeinen und für die hier vorliegende Problemstellung im speziellen, werden nachfolgend nochmals auf ausgewählte Kernaussagen gebündelt. Diese Aussagen werden als Kausalhypothesen formuliert und für die weitere Untersuchung als wahr angesehen, so daß sie im Rahmen dieser Arbeit als Axiome im Sinne von nomologischen Hypothesen verstanden werden. Mit Hilfe dieser Methodik werden neben einem Überblick über bisherige Ergebnisse auch konkrete Bezugspunkte für die weitere Argumentation gegeben.

(1) Wenn die Transaktionskostentheorie unter marketingrelevantem Bezug interpretiert wird, dann weisen Transaktionen neben dem *physischen Tausch* von Objekten und der dazugehörigen *normativen Basis* noch *soziale Wechselbeziehungen* zwischen Anbieter und Nachfrager als drittes konstitutives Merkmal auf.

(2) Wenn Anbieter und Nachfrager bzw. Hersteller und Handel in einem dyadischen Beziehungsgefüge zueinander stehen, dann haben sich beide Parteien zu einem Mindestmaß in den Transaktionsprozeß zu integrieren, damit dieser zustande kommt.

(3) Wenn solche Integrationserfordernisse vorliegen, dann hat der Hersteller zwei Integrationsleistungen zu erbringen:
- einerseits die nachfrager- bzw. handelsspezifischen Integrationsaufwendungen antizipierend in die Planung des Transaktionsprozesses einzubeziehen (gedankliche Integration),
- andererseits dem Handel bei seiner unabdingbaren Integration in den Transaktionsprozeß entgegenzukommen bzw. ihm einen Ausgleich für seine erlittenen Mühen und Aufwendungen zu geben (physische Integration).

(4) Wenn Anbieter die Nachfrager zweifach in den Transaktionsprozeß zu integrieren haben, dann kann der Transaktionsprozeß systemübergreifend zum einen in eine quasi-transaktionale und in eine de facto-transaktionale Phase unterteilt werden und zum anderen können vier transaktionsprozeßimmanente Kontaktstellen identifiziert werden, aus denen transaktionskonstituierende Aufgabenbereiche für den Anbieter abgeleitet werden können.

(5) Wenn die gedankliche Integration als solches zu einer erfolgsbestimmenden Größe für den Transaktionsprozeß wird, dann sind auch jene Faktoren gedanklich zu integrieren, die sowohl von außen als auch von innen als Determinanten den Transaktionsprozeß flankieren.

(6) Wenn jede Transaktion durch ein dyadisches Verhältnis zwischen Anbieter und Nachfrager sowie durch daraus erwachsene Integrationserfordernisse bestimmt wird, dann kann nicht mehr zwischen Einzeltransaktion und Geschäftsbeziehung unterschieden werden.

(7) Wenn die zweifachen Integrationserfordernisse darüber hinaus auf die spezifischen Besonderheiten von Hersteller-Handel-Beziehungen übertragen werden, dann befinden sich Hersteller und Handel in einer Art gegenseitigem Rollenwechselspiel, wobei jeweils Hersteller und Handel im Wechsel einmal die Rolle des Anbieters und einmal die des Nachfragers einnehmen.

(8) Wenn dieses Rollenwechselspiel einer Transaktionsbeziehung zwischen Hersteller und Handel zugrunde liegt, dann entspricht dieses einer alternierenden Prinzipal-Agenten-Beziehung.

4. Entwicklung von Antecedenzbedingungen der Transaktionsbeziehung der Hersteller zum Handel

Auf Basis des im vorangegangen Kapitel 3 entwickelten nomologischen Hypothesenrahmens wird im weiteren nach den systemimmanenten Antecedenzbedingungen gefragt, die Hersteller einer Beziehung zum Handel vorausstellen und die deswegen von ursächlicher Natur für deren Transaktionsbeziehung sind. Die diesbezügliche Erklärung setzt an der Transaktionskostentheorie an und führt den Transaktionswert als Effizienzkriterium ein. Daran anknüpfend werden in diesem Kapitel jene Bestimmungsfaktoren untersucht, die den Transaktionswert zwischen Hersteller und Handel bestimmen, wobei diese zuerst einmal identifiziert werden müssen, um im Anschluß daran deren Einflußgrößen und somit deren Ausprägungen erklären zu können.

4.1 Bestimmungsgründe des Herstellers für eine Transaktionsbeziehung mit dem Handel – eine transaktionskostentheoretische Erklärung

„Selbständigkeit und Existenzmöglichkeit jedes Gliedes sind bedingt durch die Summe von nützlichen und notwendigen Diensten in der Güterzirkulation, die es leistet bzw. die von einem anderen Gliede nicht ebensogut und wirtschaftlich verrichtet werden können."[242]

Nach diesem Gesetz von Schär zur Ein- und Ausschaltung von Institutionen auf dem Absatzweg von Gütern ist aus Sicht der Hersteller die Einschaltung des Handels dann sinnvoll, wenn die Summe seiner nützlichen Dienste größer ist, als die von den Herstellern selbst erbringbaren Dienste. Damit gelingt Schär zugleich ein verblüffender Erklärungsansatz zur Existenzberechtigung des Handels, indem sich diese – paradoxerweise – aus der Existenz des Handels selbst ergibt.[243] Entsprechend dem Wirtschaftlichkeitsprinzip wird nämlich der Handel dann eingeschaltet, wenn er die notwendigen Leistungen beim Güteraustausch zwischen Hersteller und Letztnachfrager

---

[242] Schär, Johann F.: Allgemeine Handelsbetriebslehre, 5. Aufl., Leipzig 1923, S. 194

[243] Vgl. Schenk, Hans-Otto: Handelsbetriebe, in: Handwörterbuch des Marketing, hrsg. v. Bruno Tietz, Richard Köhler und Joachim Zentes, 2., vollst. überarb. Aufl., Stuttgart 1995, Sp. 858

effizienter erbringen kann, als es die anderen Austauschbeteiligten könnten. Nach dem Schär'schen Gesetz erklärt sich damit auch die Tatsache, daß der Handel jederzeit von Ausschaltungen durch Hersteller und/oder Letztnachfrager bedroht ist.[244]

An den Grundgedanken des Gesetztes von Schär sowie an das dahinterstehende Wirtschaftlichkeitsprinzip knüpfen die folgenden Ausführungen an, wenn nach den Bestimmungsgründen der Hersteller zum Aufbau von Transaktionsbeziehungen zum Handel gefragt wird. Da diese Fragestellung auf den ersten Blick mit der Problematik von Make-or-Buy-Entscheidungen verwandt zu sein scheint, wäre es auch an dieser Stelle naheliegend, auf die traditionellen Ansätze zur Entscheidungsunterstützung von Make-or-Buy-Fragen Bezug zu nehmen. Allerdings stehen die diesbezüglich in der betriebswirtschaftlichen Fachliteratur zu findenden Ansätze – die grundsätzlich in kostenrechnerisch-orientierte und in management-orientierte Verfahren unterteilt werden – insbesondere aus dem Blickwinkel der Neuen Institutionenökonomik in der Kritik.[245]

Bei den *kostenrechnerischen Verfahren* setzt diese Kritik im wesentlichen an zwei Punkten an. Zum einen mangelt es ihnen an Weitsicht, da sie im allgemeinen auf einen statischen Kostenvergleich zwischen den Vollkosten einer Buy-Entscheidung und den Vollkosten einer Make-Entscheidung aufbauen und somit kurzfristige vor langfristigen Aspekten überbetont werden.[246] Zum anderen tauchen Probleme hinsichtlich einer objektiven und sachgerechten Bestimmung jener Kosten auf, die als Kosten der Eigenerstellung den Kosten des Fremdbezugs gegenüber gestellt werden sollen. Insbesondere die genaue Erfassung der Gemeinkosten bietet genügend Ansatzpunkte zum Selbstbetrug.[247] Im analogen Zusammenhang kann aber auch den Vergleichspreisen

---

[244] Vgl. Tietz, Bruno: Der Handelsbetrieb: Grundlagen der Unternehmenspolitik, 2., neubearb. Aufl., München 1993, S. 20 sowie derselbe: Das Schär'sche Gesetz, in: WiSt, Heft 9/1975, S. 447 f. Zur Ausschaltungsproblematik des Handels in Marktketten vgl. Mattmüller, Roland: Handels-Marketing, a.a.O., S. 88 ff.

[245] Vgl. Baur, Cornelius: Make-or-Buy-Entscheidungen in einem Unternehmen der Automobilindustrie, Empirische Analyse und Gestaltung der Fertigungstiefe aus transaktionskostentheoretischer Sicht, München 1990, S. 13 ff.; Picot, Arnold: Ein Ansatz zur Gestaltung der Leistungstiefe, in: ZfbF, 43. Jg., Heft 4/1991, S. 340 ff.; Fischer Marc: Make-or-Buy-Entscheidungen im Marketing, a.a.O., S. 18 ff.

[246] Vgl. hierzu beispielsweise Männel, Wolfgang: Wenn Sie zwischen Eigenfertigung und Fremdbezug entscheiden müssen ..., in: io-Management-Zeitschrift, 52. Jg., 1983, S. 301 ff.

[247] Vgl. Ramser, Hans Jürgen: Eigenerstellung oder Fremdbezug von Leistungen, in: Handwörterbuch der Produktion, hrsg. v. Werner Kern, Stuttgart 1979, Sp. 443 f.

der Fremderstellung mangelnde Objektivität unterstellt werden. Neben diesen wesentlichen Punkten wird darüber hinaus an den kostenrechnerischen Verfahren kritisiert, daß schwer quantifizierbare aber nichtsdestotrotz folgenschwere Faktoren wie Macht und Abhängigkeit oder das Potential unternehmerischer Flexibilität unberücksichtigt bleiben.[248]

An den *management-orientierten Verfahren* wird kritisiert, daß sie ihrem Wesen nach einer Aufzählung bestimmter Vor- und Nachteile von Eigen- oder Fremdleistungserbringungen entsprechen, ohne das hierfür eine in sich geschlossene inhaltliche Systematik vorliegt. Dabei bleiben Operationalisierungen einzelner Bewertungskriterien und Interdependenzen zwischen den Vor- und Nachteilsausprägungen weitestgehend ungeklärt. Darüber hinaus ist jedes Bewertungskriterium untrennbar mit einer persönlichen situationsspezifischen Gewichtung einzelner Einflußfaktoren verbunden. Aus diesem Grund finden Entscheidungsträger in der Anwendung von management-orientierten Verfahren – je nach ihrem persönlichen Eigeninteresse – genügend Argumente zur Rechtfertigung der von ihnen getroffenen Make-or-Buy-Entscheidung.[249]

Aus der Kritik an den traditionellen Entscheidungsansätzen sind in jüngster Zeit alternative Ansätze hervorgegangen, die auf Grundlage der Transaktionskostentheorie der Make-or-Buy-Problematik neue Impulse geben. Dabei stehen insbesondere die theoriegeleitete Erfassung und Begründung entscheidungsrelevanter Faktoren sowie die Frage nach möglichen Implikationen für unternehmerische Dispositionen im Vordergrund. Im Grunde genommen greifen die neuen Ansätze die Entscheidungsperspektive der management-orientierten Verfahren auf, statten diese jedoch in Form der Transaktionskostentheorie mit einem theoretischen Unterbau aus und kommen so zu einer systematischen Entscheidungsgrundlage zur Lösung von Make-or-Buy-Problemen. Allerdings erfolgt die Bewertung der aus der Transaktionskostentheorie abgeleiteten Kriterien weiterhin situationsspezifisch und somit für den Einzelfall auch nur subjektiv begründbar. Die grundsätzliche Frage nach den systemimmanenten Gründen, die Hersteller einer Transaktionsbeziehung zum Handel vorausbedingen, bleiben unbeantwortet.

---

[248] Vgl. Picot, Arnold: Ein Ansatz zur Gestaltung der Leistungstiefe, a.a.O., S. 342

[249] Vgl. Fischer, Marc: Make-or-Buy-Entscheidungen im Marketing, a.a.O., S. 23

Vor diesem Hintergrund werden im folgenden die Bestimmungsgründe einer Hersteller-Handel-Beziehung von einer theoretisch-abstrakteren Betrachtungsebene analysiert, als im Vergleich zu den bisherigen Ansätzen der Make-or-Buy-Problematik. Dabei wird aus Sicht der Hersteller und von dem dyadischen und integrativen Verständnis von Transaktionsbeziehungen ausgehend zweigeteilt gefragt:

(1) Welche systemimmanenten Leistungen erbringt der Handel auf der einen Seite, damit der Hersteller eine Transaktionsbeziehung mit ihm in Erwägung zieht?

(2) Welche systemimmanenten Aufwendungen seitens des Herstellers dürfen diesen Leistungen auf der anderen Seite höchstens gegenüberstehen, damit es zu einer Transaktionsbeziehung mit dem Handel kommt?

Eine diesbezügliche Bewertung lehnt sich ansatzweise an die Argumentationslogik der Transaktionskostentheorie an, wonach die Einschaltung des Handels ein Problem der Arbeitsteilung zwischen Hersteller und Handel ist und die dazugehörige Koordination Kosten bzw. Aufwendungen verursacht.[250] In einem Abgleich dieser Kosten zu dem erwarteten Nutzen der Einschaltung des Handels wird der daraus folgende Transaktionswert als Effizienzkriterium eingeführt.

250 Vgl. Hansen, Ursula: Absatz- und Beschaffungsmarketing des Einzelhandels, a.a.O., S. 39

4.1.1 Der Transaktionswert als Effizienzkriterium der Hersteller-Handel-Beziehung

Als Maßstab einer effizienten Gestaltung von Transaktionsbeziehungen zwischen Hersteller und Handel dienen nach der Transaktionskostentheorie ausschließlich die Transaktionskosten. Im Zusammenhang des dabei zugrunde gelegten Kostenverständnisses und vor dem Hintergrund der hier vorliegenden Problemstellung werden im wesentlichen zwei Vorwürfe gegen die Transaktionskostentheorie erhoben.[251] Erstens wird kritisiert, daß die Transaktionskostentheorie bei der Beurteilung institutioneller Arrangements Macht bzw. Machtverteilung zwischen den Transaktionsbeteiligten nur ungenügend berücksichtigt. Zweitens wird der Argumentationslogik der Transaktionskostentheorie vorgeworfen, sie sei zu einseitig kostenbezogen ausgerichtet.

Ohne an dieser Stelle die Beweggründe der beiden Kritikpunkte en détail nachzeichnen zu wollen, kann ihnen auf unterschiedliche Art und Weise und mit unterschiedlicher Konsequenz entgegengetreten werden. In Bezug auf die Kritik der fehlenden machttheoretischen Prämissen sei entsprechend dem Ergebnis aus Abschnitt 2.2.3 bemerkt, daß der Faktor „Macht" – speziell durch die Verhaltensannahmen der Informationsasymmetrie und des Opportunismus sowie der unterschiedlichen Spezifitätsgrade bei Transaktionsbeziehungen als auch allgemein durch die Berücksichtigung von unterschiedlichen Marktstrukturen – implizit in das Kalkül der Transaktionskostentheorie

---

[251] Zur Kritik an der Transaktionskostentheorie im allgemeinen vgl. etwa Fischer, Marc: Make-or-Buy-Entscheidungen im Marketing, a.a.O., S. 123 ff. sowie die dort jeweils angegebene englische Literatur. Für die deutschsprachige Forschergemeinschaft übt besonders Schneider bemerkenswerte Kritik an der Transaktionskostentheorie, die er als völlig unhaltbar einstuft und sie lapidar als „Flop" bezeichnet; vgl. Schneider, Dieter: Erklären Lieb-Coase-ungen mit einem „Marktversagen" die Existenz von Unternehmungen?, in: Betriebswirtschaftslehre und Nationalökonomie, hrsg. v. Günther Schanz, Wiesbaden 1984, S. 225-246; derselbe: Die Unhaltbarkeit des Transaktionskostenansatzes für die „Markt oder Unternehmung"-Diskussion, in: ZfB, 55. Jg., Heft 12/1985, S. 1237-1254; derselbe: Agency Costs and Transaction Costs: Flops in the Principal-Agent-Theory of Financial Markets, in: Agency Theory, Information and Incentives, hrsg. v. Günter Bamberg u. Klaus Spremann, Berlin 1987, S. 481-494. Nachdem Coase 1991 den Nobelpreis für die Entwicklung der Transaktionskostentheorie verliehen bekam, möchte man der harschen Kritik von Schneider entschuldigend zugute halten, daß er insbesondere bemüht war, der Transaktionskostentheorie eine logische Inkonsistenz nachzuweisen, indem er die Verwendung der Allokationseffizienz als *die* wirtschaftspolitische Norm kritisiert, ohne daß die Transaktionskostentheorie selbst davon Gebrauch macht. Vgl. hierzu Schenk, Karl-Ernst: Buchbesprechung zu: Michaelis, Elke: Organisation unternehmerischer Aufgaben: Transaktionskosten als Beurteilungskriterium, in: ZgS/JITE, 142. Jg., 1986, S. 468 f. sowie vgl. Fischer, Marc: Make-or-Buy-Entscheidungen im Marketing, a.a.O., S. 123 f.

eingebunden ist. Allerdings, und damit ist der obigen Kritik zuzustimmen, fehlt dieser Einbindung die notwendige operationale Steuerungskraft, weil bislang das theoretische Konstrukt „Macht“ in der Modellwelt der Neuen Institutionenökonomik noch keine Operationalisierung erfahren hat. Eine diesbezügliche Erweiterung der Transaktionskostentheorie wird zwar auch hier als problemrelevant erachtet, kann jedoch im Rahmen dieser Arbeit selbst nicht erbracht werden, weil diese Erweiterung – allein schon des wissenschaftlichen Anspruchs und des Umfangs wegen – Gegenstand einer eigenständigen Forschungsarbeit sein müßte.

Im Gegensatz dazu scheint der Vorwurf der engen und einseitigen Kostenbezogenheit in der Argumentationslogik der Transaktionskostentheorie durchaus berechtigt zu sein, nicht zuletzt auch dann, wenn dem Transaktionsprozeß – wie hier vorliegend – ein dyadisches und integratives Verständnis zwischen Anbieter und Nachfrager zugrunde gelegt wird. So ist den einzelnen transaktionskonstituierenden Aufgabenbereichen bzw. Phasen des Integrativ-Prozessualen Marketingansatzes nicht nur ein spezifischer Aufwand (Kosten) zuzurechnen, sondern ein sowohl in der Natur der einzelnen Aufgabe als auch in dem Ergebnis der Summe der Aufgaben liegender Nutzen (Ertrag) zuzusprechen. Letzteres beruht auf der Annahme, daß es bereits in Verbindung mit der Durchführung eines Transaktionsprozesses zu Nutzeneffekten bei den Transaktionsbeteiligten kommt, die über den in der Natur des Transaktionsobjektes liegenden Nutzen hinausgehen.[252] In diesem Sinne kann der Vorwurf der engen Kostenbezogenheit relativiert werden, wenn auch Nutzenaspekte in die Bewertung von Transaktionskosten mit einfließen – was laut Picot/Dietl unter Verwendung des Opportunitätsprinzips auch „mühelos“ möglich ist[253] und im folgenden durch den Transaktionswert aufgegriffen wird.[254]

252 Vgl. Bagozzi, Richard P.: Principles of Marketing Management, Chicago u.a. 1986, S. 90 ff. Gleichermaßen argumentieren Plinke, Wulff: Die Geschäftsbeziehung als Investition, in: Marketing-Schnittstellen: Herausforderungen für das Management, hrsg. v. Günter Specht, Günter Silberer u. Werner H. Engelhard, Stuttgart 1989, S. 310 und ebenso Kaas, Klaus P.: Marketing und Institutionenökonomik, a.a.O., S. 8 ff.

253 Vgl. Picot, Arnold; Dietl, Helmut: Transaktionskostentheorie, a.a.O., S. 183

254 Für kooperative Geschäftsbeziehungen stellt Werani dem Nutzen einer Kooperation die Kosten gegenüber und spricht dann von einem Beziehungswert „... als Trade-off zwischen positiven und negativen Wertkomponenten ... .“ Werani, Thomas: Der Wert von kooperativen Geschäftsbeziehungen in Business-to-Business-Märkten, in: Technischer Vertrieb, 1. Jg., Heft Juni, 3/1999, S. 26. Zum Verständnis des Begriffes „Wert“ in den Wirtschaftswissenschaften vgl. Werani, Thomas: Der Wert von kooperativen Geschäftsbeziehungen in industriellen Märkten: Bedeutung, Messung und Wirkungen, Linz 1998, S. 43 ff.

Die nachfolgende Erklärung des Transaktionswertes erfolgt entsprechend einer theoretisch-deduktiven Methode in zwei Schritten. Zunächst gilt das Augenmerk einer allgemeinen Transaktionsbeziehung zwischen Anbieter und Nachfrager, wobei der Transaktionswert aus einer neutralen Position aufgestellt wird. Anschließend wird dieser Erklärungsansatz um die spezifischen Belange einer Hersteller-Handel-Beziehung ergänzt und dabei aus Sicht der Hersteller modifiziert.

Zur allgemeinen Transaktionsbeziehung:

Ausgehend von einer allgemeinen Transaktionsbeziehung erscheint der Nutzen der Transaktion für Anbieter und Nachfrager gleichermaßen ausschließlich in ihrer Realisierung zu liegen. Während der Anbieter über die Realisierung der Transaktion nach Deckung seiner Kosten zuzüglich eine Gewinnprämie anstrebt, erhofft sich der Nachfrager eine Befriedigung seiner Wünsche und Bedürfnisse. Darüber hinaus ist jedoch ein aus dem Transaktionsprozeß selbst begründeter Nutzen für beide Transaktionsparteien denkbar.

So erlangt der Anbieter im Rahmen eines Transaktionsprozesses Erfahrungen und Wissen sowohl über den Nachfrager und seine Interessen als auch über den Transaktionsprozeß als solches. Diese aus einem bestimmten Transaktionsprozeß gewonnenen Erkenntnisse stehen dem Anbieter nutzenstiftend für nachfolgende, andere Transaktionsprozesse zur Verfügung. Für den Nachfrager gilt gleicher Zusammenhang vice versa, wobei dieser darüber hinaus während des Transaktionsprozesses, beispielsweise beim Suchen, Vergleichen und Auswählen von Angeboten, einen eigenständigen Erlebniswert und damit einen Nutzen erfahren kann. Des weiteren wirken beispielsweise eine informativ gestaltete Werbung, Verweis auf Testurteile bzw. Referenzen, die Gewährung von Garantieansprüchen oder eine hohe Dichte bzw. Anzahl von Absatzstellen für den Nachfrager transaktionskostensenkend und demgegenüber eine kundenfreundliche Gestaltung der Einkaufsstätte oder eine erlebnisbegleitende Produktpräsentation transaktionsnutzensteigernd.

Es ist daher nur konsequent, bei der Beurteilung von Transaktionsprozessen den Transaktionskosten einen Transaktionsnutzen gegenüberzustellen und über deren Abgleich zu einem Transaktionswert als übergeordnetes Effizienzkriterium zu gelangen.[255] Dabei gehen Anbieter und Nachfrager von individuellen Maßstäben und Zeitpunkten bei der Aufstellung von Transaktionswerten aus. Infolgedessen werden selbst dann Transaktionsprozesse abgeschlossen bzw. realisiert, wenn diese diskret oder isoliert betrachtet einen negativen Transaktionswert für eine Partei oder sogar für beide Parteien aufweisen, aber Aussicht auf Kompensation bei noch zu erwartenden Transaktionsprozessen besteht.

Die formale Struktur des allgemeinen Transaktionswertes lautet deshalb:

(1)

$$TW_{Ges.} \overset{!}{\geq} 0, \text{wobei}$$

$$TW_{Ges.} = \sum_{i=1}^{n} (ON_i + TN_i) - (OK_i + TK_i)$$

mit:

$TW_{Ges.}$ = Transaktionswert (Gesamt)
i = Index der Transaktion ($i = 1, 2, \ldots, n$)
ON_i = Objektnutzen der Transaktion i
TN_i = Transaktionsnutzen der Transaktion i
OK_i = Objektkosten der Transaktion i
TK_i = Transaktionskosten der Transaktion i

Zur Hersteller-Handel-Beziehung:

Bei einer aus Sicht des Herstellers vorgenommenen Beurteilung von Transaktionsbeziehungen mit dem Handel erfährt der soeben geschilderte Zusammenhang eine Modifikation. Aufgrund der Stellung des Handels in der Marktkette als Zwischennachfrager/Zwischenanbieter berücksichtigt der Hersteller bei der Berechnung des Transaktionswertes nicht nur die direkte Transaktionsbeziehung mit dem Handel, sondern dar-

[255] In einem Abgleich von Servicequalität, Produktqualität und Preis führen Parasuraman, Zeithaml und Berry den Begriff „Transaktionszufriedenheit" ein. Vgl. Parasuraman, A.; Zeithaml, Valarie A.; Berry, Leonard L.: Reassessment of Expectations as a Comparison Standard in Measuring Service Quality: Implications for Further Research, in: Journal of Marketing 58. Jg. January 1994, S. 121

über hinaus auch die indirekte, nachgelagerte Transaktionsbeziehung zum Letztnachfrager.

Demnach ist seitens des Herstellers der Bezugsrahmen für die oben allgemein aufgestellte formale Struktur des Transaktionswertes um die Besonderheiten einer Marktkette zu erweitern. Das bedeutet einerseits, daß beim Transaktionswert jene Kosten- oder Nutzenfaktoren mit einbezogen werden müssen, die über die eigentliche direkte Transaktionsbeziehung mit dem Handel hinausgehen und eine hypothetisch direkte Transaktionsbeziehung zum Letztnachfrager mit einbeziehen. Andererseits fallen jene Faktoren aus der Betrachtung heraus, die sich auf das unmittelbare Transaktionsobjekt beziehen (Objektnutzen und -kosten), da diese in der Transaktionsbeziehung des Herstellers mit dem Handel einen durchlaufenden Posten darstellen und vor diesem Hintergrund keinen Einfluß auf den Transaktionswert haben. Der daraus folgende Transaktionswert hat neben den direkten Kosten- und Nutzenkalkülen einer Hersteller-Handel-Beziehung somit auch jene Komponenten zu berücksichtigen, die aus der Beziehung des Herstellers zum Letztnachfrager abzuleiten sind.

In diesem Zusammenhang besitzt der Transaktionswert für den Hersteller sowohl belastende als auch entlastende Komponenten. *Belastende Komponenten* des Transaktionswertes ergeben sich durch einen aus der fehlenden (direkten) Beziehung zum Letztnachfrager entgangenen Nutzen (beispielsweise Informationsverluste über das individuelle Verhalten des Letztnachfragers am Point-of-Sale) sowie durch eine Restgröße an Transaktionskosten, die auch dann anfällt, wenn über den Handel abgesetzt wird (zum Beispiel Werbeaufwendungen gegenüber dem Letztnachfrager). *Entlastende Komponenten* des Transaktionswertes bestehen erstens darin, daß der Hersteller trotz indirekter Beziehung zum Letztnachfrager hieraus weiterhin einen Restnutzen ziehen kann (zum Beispiel Informationen zum allgemeinen Verlauf des Nachfrageverhaltens über eine bestimmte Periode, wie konzentriert, kontinuierlich oder intermittierend, die sich aus dem Bestellvorgang des Handels ableiten lassen). Zweitens wirkt entlastend, daß Transaktionskosten, die bei einer direkten Transaktionsbeziehung zwischen Hersteller und Nachfrager anfallen, eingespart werden, weil sie bei einem Absatz über den Handel auch von diesem übernommen werden. Die Zusammenhänge zwischen wertbelastenden und wertentlastenden Komponenten des Transaktionswertes verdeutlicht nochmals nachfolgende Abbildung.

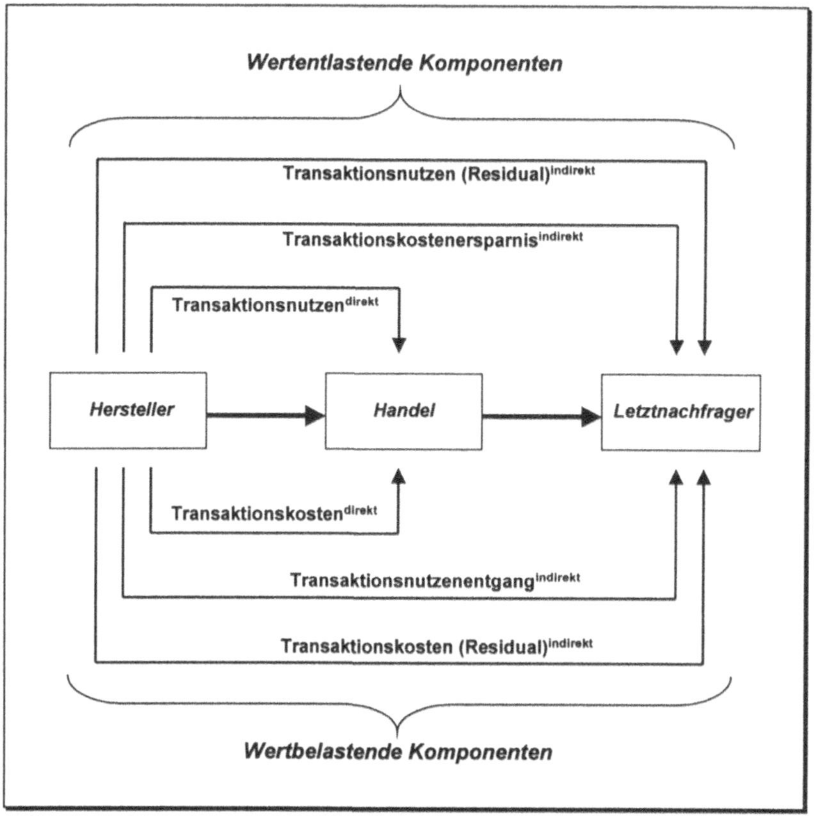

Abb. 10: Kosten- und Nutzenkomponenten des Transaktionswertes der Hersteller-Handel-Beziehung aus Sicht des Herstellers

Insgesamt ergibt sich folgende erweiterte formale Struktur des Transaktionswertes für den Hersteller bei Einschaltung des Handels:

(2) $$TW_{Ges.} \overset{!}{\geq} 0, \text{wobei}$$

$$TW_{Ges.} = \sum_{i=1}^{n} (TN_i^{direkt} + TKE_i^{indirekte} + TNR_i^{indirekt}) - (TK_i^{direkt} + TNE_i^{indirekt} + TKR_i^{indirekt})$$

mit:

$TW_{Ges.}$	=	Transaktionswert (Gesamt)
i	=	Index der Transaktion (i = 1, 2, ... , n)
direkt	=	direkt, auf die Beziehung zum Handel bezogen
indirekt	=	indirekt, auf die Beziehung zum Letztnachfrager bezogen
TN_i	=	Transaktionsnutzen der Transaktion i
TKE_i	=	Transaktionskostenersparnis der Transaktion i
TNR_i	=	Transaktionsnutzen (Residual) der Transaktion i
TK_i	=	Transaktionskosten der Transaktion i
TNE_i	=	Transaktionsnutzenentgang der Transaktion i
TKR_i	=	Transaktionskosten (Residual) der Transaktion i

Als notwendige Bedingung einer Transaktionsbeziehung des Herstellers zum Handel ist die Gleichung (2) in folgende Ungleichung umzustellen:

(3) $$\sum_{i=1}^{n} (TN_i^{direkt} + TKE_i^{indirekt} + TNR_i^{indirekt}) > \sum_{i=1}^{n} (TK_i^{direkt} + TNE_i^{indirekt} + TKR_i^{indirekt})$$

Diese Ungleichung kann nun vor dem Hintergrund der hier vorliegenden Ausgangsfrage in drei Schritten vereinfacht dargestellt werden, ohne daß sie im Ergebnis an Erklärungskraft einbüßt:

In einem ersten Schritt können die residualen Transaktionskosten ($TKR^{indirekt}$) und der residualen Transaktionsnutzen ($TNR^{indirekt}$) gleich Null gesetzt werden, da die dazugehörigen Kosten- bzw. Nutzenkomponenten sowohl bei einem direkten als auch indirekten Absatzweg anfallen und sich deswegen im Rahmen eines diesbezüglichen komparativen Vergleiches gegenseitig neutralisieren würden.

Zweitens ist unter Zugrundelegung der Integrationsnotwendigkeit bei Transaktionsbeziehungen laut dem Integrativ-Prozessualen Marketingansatz davon auszugehen, daß sich für den Hersteller ein komparativer Absatzwegewahlvergleich nur dann stellt, wenn bei einem potentiellen indirekten Absatzweg der Transaktionsnutzenentgang in Bezug zu einem direkten Absatzweg verschwindend gering ausfällt, wenn also $TNE^{indirekt}$ gegen Null tendiert. Der diametrale Fall, daß der Hersteller einen verhältnismäßig hohen Transaktionsnutzenentgang zu verzeichnen hätte, bedingt nämlich die Gefahr einer ungenügenden Letztnachfragerorientierung und -integration, die zur Bedrohung der gesamten (indirekten) Transaktionsbeziehung zum Letztnachfrager führen würde.

Drittens spielt der direkte Nutzen, den der Hersteller unmittelbar aus der Beziehung zum Handel ziehen kann (TN^{direkt}), eine nur untergeordnete Rolle bei der Effizienzbeurteilung des gesamten Transaktionswertes, da seitens des Herstellers die direkte Transaktionsbeziehung zum Handel eine Art Mittel-Zweck-Beziehung auf dem Weg zum Letztnachfrager darstellt und deswegen nur von subfinalem Charakter ist. Der direkte Transaktionsnutzen (TN^{direkt}) ist somit für den Hersteller nur von sekundärer Bedeutung; selbst wenn er isoliert betrachtet einen exorbitant hohen Wert einnehmen würde, ist seine Hebelkraft auf den gesamten Transaktionswert relativ gering.

Letztendlich läßt sich die Ungleichung (3) zu folgender Ungleichung aggregieren:

$$(4) \qquad \sum_{i=1}^{n} TKE_i^{indirekt} > \sum_{i=1}^{n} TK_i^{direkt}$$

Nach der Ungleichung (4) ordnet der Hersteller zwar auf der einen Seite die Transaktionskosten dem eigentlichen Transaktionsprozeß zum Handel direkt zu (TK^{direkt}). Auf der anderen Seite jedoch sieht der Hersteller den Nutzen eines Transaktionsprozesses mit dem Handel nicht mehr alleine in seiner Realisierung und/oder in der Durchführung des Transaktionsprozesses als solches, sondern vielmehr in den kalkulatorisch ersparten Transaktionskosten ($TKE^{indirekt}$), die bei einer direkten Transaktionsbeziehung des Herstellers zum Letztnachfrager (also ohne Einschaltung des Handels) anfallen würden.

Zu guter Letzt und der Vollständigkeit halber ist nach der hier vorgenommen Aggregation die oben aufgestellte formale Struktur des Transaktionswertes für den Hersteller in der Transaktionsbeziehung mit dem Handel in Form der Gleichung (2) vereinfacht wie folgt abzutragen:

(5) $$TW_{Ges.} \overset{!}{\geq} 0, \text{wobei}$$

$$TW_{Ges.} = \sum_{i=1}^{n} (TKE_i^{indirekt} - TK_i^{direkt})$$

Vor diesem Hintergrund erweist sich für den Hersteller ein Transaktionsprozeß mit dem Handel dann als effizient, wenn die Summe der systemimmanenten indirekten Transaktionskostenersparnisse aufgrund der Einschaltung des Handels größer ist, als die Summe der systemimmanenten direkten Transaktionskosten, wobei hier auch potentiell nachfolgende Transaktionsprozesse mit demselben Handelsunternehmen in die Beurteilung einfließen.

Zur weiteren problembezogenen Operationalisierung des Transaktionswertes wird im folgenden nach den Determinanten gefragt, die jeweils die systemimmanenten indirekten Transaktionsersparnisse ($TKE^{indirekt}$) und die direkten Transaktionskosten (TK^{direkt}) bestimmen.

4.1.2 Bestimmungsfaktoren des Transaktionswertes einer Hersteller-Handel-Beziehung aus Sicht des Herstellers

4.1.2.1 Systemimmanente indirekte Transaktionskostenersparnisse ($TKE^{indirekt}$) in der Transaktionsbeziehung mit dem Handel

Im Rahmen der ökonomischen Theorien der Neuzeit[256] – sowohl in der Neoklassik als auch in der Neuen Institutionenökonomik – hat die Frage nach der Nutzenstiftung bzw. nach Sinnhaftigkeit der Einschaltung des Handels eine lange Tradition, deren Wurzel weit in das vorherige Jahrhundert reicht. Hierbei ist es zumindest für die deutschsprachige Forschungsgemeinschaft der Verdienst von Gümbel, eine Brücke zwischen der Neoklassik und der Neuen Institutionenökonomik geschlagen zu haben, indem er die unterschiedlichen ökonomischen Theorien hinsichtlich ihrer spezifischen Erklärungsbeiträge für die Existenzfrage des Handels untersucht und zu einer in sich geschlossenen „Theorie der Handelsbetriebe weiterentwickelt" hat.[257]

Allerdings gründet dieser theoretische Ansatz von Gümbel weniger auf der hier relevanten Frage nach der systemimmanenten Nutzenstiftung des Handels für den Hersteller als vielmehr auf der Frage: „Zu wessen Lasten und mit welcher Berechtigung entstehen Händlereinkommen?"[258] Aufgrund dieser unterschiedlichen Ausgangsfragen betrachtet Gümbel den Handel aus einem anderen Blickwinkel, weswegen im folgenden auch nur jene Teile der Gümbel`schen Theorie aufgegriffen werden, aus denen

[256] Bereits im Altertum wie in der hellenistischen Philosophie (Plato, Aristoteles und Sokrates) oder im antiken Rom (Cicero) waren Diskussionen über die Sinnhaftigkeit des Handel als Institution Gegenstand geistiger Auseinandersetzungen. Vgl. Tietz, Bruno: Binnenhandelspolitik, 2. Aufl., München 1993, S. 56 f., Gümbel, Rudolf: Handel, Markt und Ökonomik, a.a.O., S. 29 sowie vgl. Schenk, Hans-Otto: Marktwirtschaftslehre des Handels, Wiesbaden 1991, S. 50

[257] Vgl. Gümbel, Rudolf: Handel, Markt und Ökonomik, a.a.O. Zur Beurteilung der Leistung von Gümbel vgl. u.a. Specht, der zu dem Ergebnis kommt, daß „die von Gümbel gegebene Antwort (...) als überzeugender Abschluß der Diskussion um die theoretische Begründung der Existenz von Handelsbetrieben angesehen werden [kann]. Der nächste Schritt wäre eine – wie Gümbel formuliert 'funktions- bzw. transaktionsorientierte Kosten- und Leistungsrechnung' ... ." Specht, Günter: Distributionsmanagement, 3., überarb. u. erw. Aufl., Stuttgart u.a. 1998, S. 19. Dagegen konstatiert Schenk, daß „eine geschlossene Theorie des Binnenhandels in der Marktwirtschaft (oder wenigstens eine Art 'herrschende Lehre') (...) auch heute noch nicht [existiert]." (...) „Da es sich bei [den vorhandenen] Theorieansätzen durchweg um partielle und monoistische Erklärungsversuche handelt, bleibt die Aufgabe, sie zu einer Synthese zusammenzuführen, bis auf weiteres gestellt." Schenk, Hans-Otto: Marktwirtschaftslehre des Handels, a.a.O., S. 56

[258] Gümbel, Rudolf: Handel, Markt und Ökonomik, a.a.O., S. 14 (im Original kursiv hervorgehoben)

sich Bausteine für eine Erklärung von systemimmanenten indirekten Transaktionskostenersparnissen der Hersteller durch Transaktionsbeziehungen mit dem Handel gewinnen lassen.

Da diesen Teilansätzen und deren Ergebnissen jedoch im einzelnen langwierige logisch-argumentative Verknüpfungen und/oder mathematische Operationen vorausgehen und da sie zudem längst in der wirtschaftswissenschaftlichen Forschung als etabliert gelten, wird an dieser Stelle auf die Herleitung einzelner Ergebnisse verzichtet. Statt dessen werden zunächst die zentralen Erkenntnisaussagen der Teilansätze auf ihre Eignung zum oben genannten Zweck überprüft, um sie anschließend – unter Umständen modifiziert – auf die speziellen Belange der Transaktionsbeziehungen zwischen Hersteller und Handel zu übertragen. Dabei befinden sich unter den relevanten Teilansätzen auch Argumentationen, die eher der neoklassischen Modellwelt zuzurechnen sind. Dieser Rückgriff auf neoklassische Erkenntnisse soll jedoch nicht mit der Stringenz der allgemeinen Kritik an der Neoklassik im Abschnitt 2.2.2 brechen, denn die Neoklassik und die Neue Institutionenökonomik werden hier nicht als eine Form von Antagonismus, sondern als Progress verstanden, wo Letzteres auf Ersterem aufbaut.

4.1.2.1.1 Koordinationsersparnisse für den Hersteller

Erste Argumente zur Nutzenstiftung des Handels lassen sich aus der Theorie der komparativen Kostenvorteile nach Ricardo (1817)[259] und der Theorie des isolierten Tausches nach Edgeworth (1881)[260] ableiten. Allerdings können hiermit – wie noch zu zeigen ist – aus Sicht des Herstellers nur notwendige, aber noch keine hinreichenden Bedingungen für die Vorteilhaftigkeit der Einschaltung des Handels gewonnen werden.

259 Vgl. Ricardo, David: Principles of Economy and Taxation, London 1817; hier zitiert nach: Ricardo, David: Über die Grundsätze der politischen Ökonomie und der Besteuerung, übersetzt von Gerhard Bondi, hrsg. von Heinz D. Kurz unter Mitarbeit von Christian Gehrke, Marburg 1994

260 Vgl. Edgeworth, Francis Y.: Mathematical Psychis: An Essay on the Application of Mathematics to the Moral Sciences, London 1881, New York 1979

In der ursprünglich Fassung der Theorie der komparativen Kostenvorteile geht Ricardo von einem Modell bestehend aus zwei Ländern (England, Portugal) mit zwei Gütern (Wein, Tuch) aus, um die Frage nach Produktion oder Tausch von Gütern zu beantworten. Dabei kommt Ricardo zu der noch heute aktuellen Erkenntnis, daß Make-or-Buy-Entscheidungen nicht anhand der absoluten, sondern mittels der komparativen Kostenvorteile zwischen Ländern bzw. zwischen sonstigen Alternativen beurteilt werden müssen. In der Weiterführung dieser Argumentation von Ricardo kann sowohl der Sinn der Handelstätigkeit (ursprünglich Außenhandel) als auch der der Spezialisierung auf bestimmte Güter oder – allgemeiner – auf bestimmte Leistungserbringungen nachgewiesen werden.

Während Ricardo an den unterschiedlichen Kostenrelationen der Austauschbeteiligten ansetzt, argumentiert Edgeworth in seiner Theorie des isolierten Tausches anhand der jeweiligen Nutzenpräferenzen der an dem Austausch beteiligten Wirtschaftssubjekte, um die Sinnhaftigkeit der Handelstätigkeit zu begründen. Aufgrund der analogen Argumentationsmethodik bezeichnet Gümbel diesen Erklärungsansatz auch als Theorie der komparativen Nutzenvorteile.[261]

In der Grundaussage des theoretischen Ansatzes von Edgeworth wird der Nachweis erbracht, daß auch ohne Vermehrung des Güterbestandes eine Wohlstandssteigerung im Sinne von Nutzenmehrung bei den Austauschbeteiligten möglich ist, indem diese nur den Güterbestand untereinander umverteilen. Modelltechnisch geht die Theorie des isolierten Tausches davon aus, daß zwei Wirtschaftssubjekte jeweils in Art und Anzahl unterschiedliche Güter besitzen, für die sie außerdem ungleiche Nutzenpräferenzen haben. Der Nutzen eines Tauschbeteiligten kann sich dann unter günstigen Tauschrelationen vergrößern, ohne daß sich der Nutzen des anderen Beteiligten verschlechtert (Pareto-Optimalität). Dieser Tauschvorgang endet spätestens dann, wenn einer der Tauschbeteiligten den Nutzen seiner Gütermenge geringer einschätzt als den Nutzen, den der andere Tauschbeteiligte über den Tausch erlangen konnte. Vereinfacht stellt sich dieser Effekt auch auf Flohmärkten oder bei Kindern, die Murmeln, Bilder

---

[261] Vgl. Gümbel, Rudolf: Handel, Markt und Ökonomik, a.a.O., S. 32 ff. u. S. 87 ff.

oder Sonstiges tauschen, ein, denn ohne daß der Gesamtbestand an Tauschobjekten vermehrt wird, erfahren die hier am Tausch Beteiligten eine individuelle Nutzensteigerung.

Dieser von Edgeworth und später von Weber (1966)[262] erbrachte Nachweis, daß Nutzensteigerungen auch ohne Gütermehrung, nur durch Austauschaktivitäten fester Güterbestände möglich sind, ist für die Begründung des Handels zweifelsohne von fundamentaler Bedeutung. Aufgrund des Edgeworth-Theorem liegt nämlich allein schon in der händlerischen Aktivität in Form des Tauschhandels (Barter-Ökonomie) ein Nutzen, so daß damit dem allgemeinen Vorwurf der Produktivitätslosigkeit des Handels letztendlich die Grundlage entzogen wird.[263] Allerdings bleibt die Theorie des isolierten Tausches den Nachweis schuldig, wo konkret die eigentliche Leistung des Handels im Tauschprozeß liegt.[264] Hinweise hierzu ergeben sich durch eine Verknüpfung der Kostenargumentation von Ricardo mit der Nutzenargumentation von Edgeworth.

Diese Idee greift Gümbel auf. Dabei gelingt es ihm gleichzeitig – laut Schenk wohl als erstem –, das bereits in vielen Problemstellungen Anwendung findende Ricardo-Theorem auf die spezifischen Belange des Binnen- und Einzelhandels zu übertragen.[265] Insgesamt erweitert Gümbel den Ansatz von Ricardo zum einen um die Annahme, daß zwischen kapazitätsbezogenem Angebot und nutzenbedingter Nachfrage (Edgeworth-Theorem) keine symmetrische Verteilung vorliegt und zum anderen um die explizite Existenz von Handelsunternehmungen. Mit dieser Vorgehensweise kommt Gümbel zu Ergebnissen, aus denen zwei Kausalhypothesen abzuleiten sind:[266]

---

262 Lange Zeit blieb dieser Theorieansatz der komparativen Nutzenvorteile in der Handelsforschung unbeachtet, erst Weber übertrug die Erkenntnisse in eine „Quantitative Theorie des Handels". Vgl. Weber, Hans Hermann: Grundlagen einer quantitativen Theorie des Handels, Köln u.a. 1966 sowie vgl. die Verknüpfung der Theorieansätze von Edgeworth und Weber bei Gümbel, Rudolf: Handel, Markt und Ökonomik, a.a.O., S. 87 ff.

263 Vgl. Gümbel, Rudolf: Handel, Markt und Ökonomik, a.a.O., S. 32

264 Vgl. Haas, Hans-Lüder: Was produziert ein Handelsbetrieb?, in: ZfB, 63. Jg., Heft 11/1993, S. 1139

265 Vgl. Schenk, Hans-Otto: Marktwirtschaftslehre des Handels, a.a.O., S. 59 sowie vgl. Gümbel, Rudolf: Handel, Markt und Ökonomik, a.a.O., S. 79 ff.

266 Vgl. Gümbel, Rudolf: Handel, Markt und Ökonomik, a.a.O., S. 77-87, insbesondere S. 84 u. 86 f.

(1) Wenn bei den Austauschparteien keine Symmetrien zwischen Nutzenpräferenzen einerseits und Kapazitäten andererseits bestehen, dann werden bei den Austauschbeteiligten kostenträchtige (funktionale) Handelstätigkeiten ausgelöst, die ein Suchen nach der möglichst geeigneten Art und Anzahl von Austauschpartnern beinhalten und einen dazugehörigen Abstimmungsaufwand erfordern.

(2) Wenn für diese funktionalen Handelstätigkeiten Spezialisierungsvorteile entsprechend des Ricardo-Theorems erzielt werden können, dann werden diese funktionalen Handelstätigkeiten von speziellen Einzelwirtschaften (wie dem Handel) institutionalisiert.

Aus diesen Hypothesen läßt sich ein konkreter Anhaltspunkt für eine systemimmanente Transaktionskostenersparnis des Herstellers im Rahmen einer Transaktionsbeziehung mit dem Handel ableiten. Danach führen die systemimmanenten Koordinationsleistungen des Handels zum *Ausgleich* von kapazitäts- und nutzenbedingten Asymmetrien zwischen Erstanbieter und Letztnachfrager, woraus sich wiederum für den Hersteller Transaktionskostenersparnisse ergeben. Allerdings sind aus den Erklärungsansätzen von Ricardo und Edgeworth bzw. Weber keine Erkenntnisse über die Modalitäten dieses Ausgleiches bzw. dieser Koordination zu erfahren oder abzuleiten. Ansatzpunkte hierzu können jedoch mit Hilfe der Lehre von den Handelsfunktionen gewonnen werden.

Die Lehre von den Handelsfunktionen bzw. die funktionstheoretischen Ansätze bestimmen seit jeher und immer wieder von neuem die Fachdiskussion über die wirtschaftliche Bedeutung des Handels. Ein Grund hierfür ist in dem Bogen zu sehen, den die Funktionenlehre von der zuvor gesamtwirtschaftlich geprägten Handelsanalyse zur ihrer einzelwirtschaftlichen Bedeutung spannt.[267] Dabei gehen die funktionstheoretischen Ansätze der Frage nach, welche Koordinationsanstrengungen vom Handel unternommen werden, um die Asymmetrien zwischen Erstanbieter und Letztnachfrager auszugleichen. Eine erste Anwort auf diese Frage gelang Oberparleiter,[268] dessen Funktionenkatalog als Auslöser der funktionstheoretischen Erklärungsbemühungen

[267] Vgl. Schenk, Hans-Otto: Marktwirtschaftslehre des Handels, a.a.O., S. 62

[268] Vgl. Oberparleiter, Karl: Funktionen und Risiken des Warenhandels, 2., neubearb. u. erw. Aufl., Wien 1955

gilt und von Schenk – nicht zuletzt auch wegen der dahinter stehenden Systematisierungsidee und der prägnanten Terminologie – salopp als „großer Wurf“[269] bezeichnet wird.

Oberparleiter gelingt es dabei, die bis dahin gesamtwirtschaftlich bezogene Analyse über die Rolle des Handels bei der Koordination von Asymmetrien bzw. – entsprechend der funktionstheoretischen Terminologie – bei der Überbrückung von Spannungen zwischen Güterproduktion und Güternachfrage, auf die einzelwirtschaftliche Handelsanalyse herunterzubrechen.[270] In diesem Zusammenhang identifiziert und systematisiert Oberparleiter insgesamt sechs Handelsfunktionen (räumliche, zeitliche, quantitative, qualitative, kreditäre und werbliche Funktion), von denen allerdings die Kredit- und Werbefunktionen nicht widerspruchsfrei sind, da sich diese beiden Funktionen nicht auf der gleichen Betrachtungsebene wie die übrigen Funktionen befinden. So läßt sich nach Falk/Wolf zum einen die Kreditfunktion der Zeitüberbrückungsfunktion und zum anderen die Werbefunktion der Quantitätsfunktion zuordnen.[271]
Ausgehend von diesen sogenannten klassischen Handelsfunktionen nach Oberparleiter wurden weitere Funktionenkataloge entwickelt,[272] die sich zum einen in der formellen Art und Weise der Auflistung und zum anderen inhaltlich hinsichtlich der durchaus heterogenen Vorstellungen über die Koordinationsleistungen des Handels unterscheiden. Die Gründe für diesen inhaltlichen bzw. formellen Dissens zwischen den funktionstheoretischen Erklärungsansätzen liegen hauptsächlich darin, daß einerseits den Funktionenkatalogen unterschiedliche Blickrichtungen zugrunde liegen, die entweder mehr von einer gesamtwirtschaftlichen oder mehr von einer einzelwirtschaftlichen Perspektive ausgehen. Dabei wäre eine diesbezügliche „... Übertragung der zunächst gesamtwirtschaftlich ausgerichteten Funktionentheorie auf die einzelbetriebliche Aufgabenerfüllung keine contradiction in adjecto, sondern eine logische ökonomische

---

269 Schenk, Hans-Otto: Geschichte und Ordnungstheorie der Handelsfunktionen, Berlin 1970, S. 58

270 Gümbel, Rudolf: Handel, Markt und Ökonomik, a.a.O., S. 95; Schenk, Hans-Otto: Marktwirtschaftslehre des Handels, a.a.O., S. 62

271 Vgl. Falk, Bernd; Wolf, Jakob: Handelsbetriebslehre, 11., völlig überarb. u. erw. Aufl., Landsberg am Lech 1992, S. 42

272 Vgl. als grundlegender Überblick der bedeutsamsten Funktionenkataloge die Zusammenstellungen bei Keller, Dietmar: Hersteller-Konditionen und Handelsleistungen: Theoretische Grundlagen und Ansatzpunkte einer Systemgestaltung, Frankfurt am Main u.a. 1990, S. 161 sowie bei Glöckner-Holme, Irene: Betriebsformen-Marketing im Einzelhandel, Augsburg 1988, S. 81 f.

Verknüpfung."[273] Andererseits sind unterschiedliche Inhalte der einzelnen Funktionenkataloge darauf zurückzuführen, daß es an einer konformen begrifflichen Auslegung des Handels und dessen Funktionen ebenso fehlt, wie an einer einheitlich verwendeten Gliederungstiefe.[274]

Als Reaktion auf die zunehmende formelle Ausdifferenzierung der einzelnen Funktionenkataloge und die damit einhergehende ansteigende Anzahl der Definitionen von einzelnen Handelsfunktionen sind die Ansätze von Lampe und Tiburtius zu verstehen, deren Erklärungsaussagen von einer selbst auferlegten Beschränkung auf möglichst wenige Funktionen bestimmt werden.[275] Letztendlich spaltet sich somit die Weiterentwicklung der von Oberparleiter begründeten Funktionenlehre des Handels in zwei Entwicklungsstränge auf, nämlich einerseits in die pluralistischen Ansätze und andererseits in die monistischen Ansätze.[276]

Selbst wenn die funktionstheoretischen Ansätze als solches sowie auch deren Weiterentwicklungen nicht frei von Kritik sind,[277] zeigen insbesondere die pluralistischen Ansätze aufgrund ihres im Gegensatz zu den monistische Ansätzen geringeren Abstraktionsgrades unstreitig auf, wo aus Sicht des Herstellers eine Transaktionsbeziehung zum Handel Nutzen in Form von Koordinationsersparnissen stiftet. Diese Koordinationsersparnisse erzielt der Hersteller für den Fall, daß der Handel Asymmetrien bzw. Spannungen zwischen ihm als Erstanbieter und dem Letztnachfrager insgesamt effizienter löst bzw. koordiniert, als dieses vom Hersteller im Rahmen des Direktab-

---

273 Barth, Klaus: Betriebswirtschaftslehre des Handels, 2., überarb. und wesentlich erw. Aufl., Wiesbaden 1993, S. 31

274 Vgl. zu den unterschiedlichen Auslegungen des Funktionenbegriffs Glöckner-Holme, Irene: Betriebsformen-Marketing im Einzelhandel, a.a.O., S. 78 f.

275 Lampe unterstellt in seinem Ansatz zwei wesentliche Unternehmensfunktionen („Doppelpoligkeit"): zum einen eine „marktorientierte Ausrichtungsfunktion", zum anderen ein „produktionstechnischer Umformungswille". Erstgenannte Funktion, die die Ausrichtung des Angebots auf die Nachfrage beinhaltet, stellt laut Lampe die ureigenste Funktion des Handels dar („Urfunktion des Handels"). Vgl. Lampe, Adolf: Umrisse einer Theorie des Handels, Berlin 1958, S. 21 ff. Hierzu merkt Tiburtius kritisch an, daß dem Handel weniger die Funktion zukommt, die Produktion auf die Nachfrage, sondern die Nachfrage an seinem eigenen Angebot (Sortiment) auszurichten. Demnach ist die grundlegende Funktion des Handels in der Zusammenfassung von Waren zu einem Sortiment zu sehen. Vgl. Tiburtius, Joachim: Lage und Leistungen des deutschen Handels in ihrer Bedeutung für die Gegenwart, Berlin u. München 1949, S. 199 ff.

276 Vgl. Schenk, Hans-Otto: Geschichte und Ordnungstheorie der Handelsfunktionen, a.a.O., S. 66 f.

277 Vgl. hierzu etwa Tietz, Bruno: Der Handelsbetrieb, a.a.O., S. 14 f.

satzes selbst möglich wäre. Dabei handelt es sich letztendlich „...um vier grundsätzliche Spannungsarten, die vom Handel durch vier gleichnamige Funktionen gelöst werden:“[278]

(1) Die räumliche Asymmetrie zwischen der Produktionsstätte der Hersteller einerseits und dem Ge- bzw. Verbrauchsort der Letztnachfrager andererseits koordiniert der Handel zu relativ niedrigen Transaktionskosten aufgrund eigener Beschaffungs- und Transportsysteme sowie durch die darin enthaltene Quantenbildung (Raumüberbrückungsfunktion).

(2) Die zeitliche Asymmetrie zwischen Hersteller und Letztnachfragern – auf der einen Seite das ökonomisch bedingte Ziel des Herstellers nach sofortigem Absatz bzw. nach sofortiger Bezahlung und auf der anderen Seite das verwendungs- bzw. zahlungsbedingte zögerliche, sich über einen längeren Zeitraum erstreckende Beschaffungs- bzw. Zahlungsverhalten des Letztnachfragers – löst der Handel objektbezogen durch eigene Lager- und wertbezogen durch Kreditsysteme (Zeitüberbrückungsfunktion).

(3) Die Asymmetrie zwischen den kapazitätsbedingten großen Produktionsmengen der Hersteller und den kleinen, ge- und verbrauchsgerechten Nachfragemengen oder gegebenenfalls vice versa löst der Handel durch distribuierende (auf- bzw. verteilende) oder durch kollektierende Koordinationsanstrengungen (Quantitätsfunktion).

(4) Schließlich wird die qualitative Asymmetrie zwischen Hersteller und Letztnachfrager – also der Wunsch des Nachfragers nach einer großen alternativen und additiven Auswahl an Austauschobjekten einerseits und der Zwang des Herstellers zur Spezialisierung auf wenige Objekte andererseits – vom Handel durch die Bildung von Sortimenten koordiniert (Qualitäts- oder Sortimentsfunktion).

[278] Mattmüller, Roland: Handels-Marketing, a.a.O., S. 79

Demnach sind die Abstimmungsleistung des Handels und die damit verbundenen Koordinationsersparnisse des Herstellers darin zu sehen, daß der Handel auf der einen Seite dem Hersteller die von ihm produzierten Objekte in großen Mengen, zu einem vereinbarten Zeitpunkt und an einem bestimmten Ort abnimmt und auf der anderen Seite wiederum diese Objekte dem Letztnachfrager in kleineren Mengen, aber dafür im Auswahlkontext zu anderen Objekten, zu anderen Zeiten und an anderen Orten anbietet.

Die Ausführungen verdeutlichen zwar, daß der Handel nicht allein Spezialist für die sachliche Transformation von Gütern zwischen Hersteller und Letztnachfrager ist, sondern vielmehr *der* Spezialist für diejenigen Transaktionskosten, die sich aus der Erfordernis der Koordination räumlicher, zeitlicher, quantitativer und qualitativer Asymmetrien zwischen Erstanbieter und Letztnachfrager ergeben.[279] Allerdings hat der Handel hierzu ihn prägende, spezifische Kapazitäten zu schaffen, aus denen er Spezialisierungsvorteile erzielt, die er wiederum zu einem gewissen Teil an den Hersteller in Form von kalkulatorischen Transaktionskostenersparnissen weitergibt, um im Endeffekt seine Einschaltung gegenüber dem Hersteller zu rechtfertigen. Diese gebundenen Kapazitäten sind letztendlich ausschlaggebend für die Institutionalisierung des Handels, womit sich hiermit eine weitergehende Frage anschließt: Inwieweit trägt der Handel mit seinen gebundenen Kapazitäten zur Nutzenstiftung in Form von Transaktionskostenersparnissen beim Hersteller bei?

---

279 Vgl. Brand, Dieter: Der Transaktionskostenansatz in der betriebswirtschaftlichen Organisationstheorie, a.a.O., S. 114

4.1.2.1.2 Ressourcenersparnisse für den Hersteller

Im Abschnitt zuvor wurde an der Tätigkeit des Handels angesetzt, um Transaktionskostenersparnisse des Herstellers im Rahmen von Transaktionsbeziehungen mit dem Handel zu erklären. Erste Anhaltspunkte hierzu sind den Theorien von Ricardo und Edgeworth entnommen worden, wonach der Nutzen des Handels im funktionalen Sinne im Ausgleich bzw. in der Koordination von kapazitäts- und nutzenbedingten Asymmetrien zwischen Erstanbieter und Letztnachfrager liegt, was im weiteren mittels funktionstheoretischer Erklärungsansätze präzisiert wurde. Analog zu dieser funktionalbezogenen Argumentation der Nutzenstiftung des Handels wird nunmehr eher an der Institution des Handels selbst angesetzt, um die Frage nach den Transaktionskostenersparnissen des Hersteller durch die gebundenen Kapazitäten des Handels zu beantworten. Einen ersten diesbezüglichen Lösungshinweis liefert die Theorie von der logischen Struktur der Kontaktkosten-Reduktion durch Einschaltung des Handels im Güteraustausch zwischen Erstanbieter und Letztnachfrager.[280]

Gegenstand dieser Theorie ist eine Art „logisches Gesetz", mit dem eine Transaktionsbeziehung zwischen Hersteller und Handel selbst dann begründet wird, wenn die spezifische Leistungserbringung vom Handel – wie im obigen Sinne – im komparativen Vergleich zu einer direkten Transaktionsbeziehung zwischen Erstanbieter und Letztnachfrager ineffizienter erscheint. Auf Basis umfassender theoretischer Vorarbeiten anderer[281] wurde dieser Zusammenhang in abschließender Form von Baligh/Richartz[282] in die Handelsforschung eingebracht und aufgrund dessen von Gümbel auch als „Baligh/Richartz-Effekt" bezeichnet.[283]

---

[280] Wenn auch bereits 1985 von Gümbel festgestellt, so immer noch geltend, stellt diese Theorie den einzig bekannten Ansatz dar, mit dem sich institutionalbezogen Nutzenstiftungen des Handels erklären lassen. Vgl. Gümbel, Rudolf: Handel, Markt und Ökonomik, a.a.O., S. 115

[281] Vgl. hierzu insbesondere Alderson, Wroe: Marketing Behaviour and Executive Action: A Functionalist Approach to Marketing Theory, Homewood 1957; Balderston, Frederick E.: Communication Networks in Intermediate Markets, in: Management Science, 4. Jg., 1958, S. 154 ff.; Artle, Roland; Berglund, Sture: A Note on Manufacturers Choice Distribution Channels, in: Management Science, 5. Jg.; 1959, S. 460 ff.

[282] Vgl. Baligh, Helmy H.; Richartz, Leon E.: An Analysis of Vertical Market Structures, in: Management Science, 10. Jg., 1964, S. 667 ff.; dieselben: Vertical Market Structures, Boston 1967

[283] Vgl. Gümbel, Rudolf: Handel, Markt und Ökonomik, a.a.O., S. 110 f.

Ausgangspunkt ist eine Modellwelt ohne Handelsunternehmen, in der es zwischen m Erstanbietern (EA_j und j = 1,2,...,m) und n Letztnachfragern (LN_i und i = 1,2,...n) zu jeweils einem kostenträchtigen Kontakt (Transaktion) in Form einer sachlichen Transformation kommt, wobei c_{ij} die Kosten eines einzelnen Kontaktes zwischen dem Letztnachfrager i und dem Erstanbieter j darstellen. Vor diesem Hintergrund belaufen sich die Gesamtkosten ($C_{Ges.}$), die in dieser Modellwelt durch Kontakte entstehen, auf:

(1) $$C_{Ges.} = \sum_{j=1}^{m} \sum_{i=1}^{n} c_{ij}$$

Da hier über die Anzahl der Kontakte und nicht über den eigentlichen Kostensatz argumentiert wird, können weitere restriktive Annahmen über die Kosten gemacht werden, ohne im Ergebnis den Aussagegehalt des Baligh/Richartz-Effektes unrealistisch erscheinen zu lassen.[284] Zum einen werden vereinfachend die Kosten für alle Beteiligten als gleich groß angenommen und zum anderen konsequenterweise der Kostenkoeffizient $c_{ij} = 1$ gesetzt. Die Summenformel in Gleichung (1) läßt sich dann in eine multiplikative Verknüpfung der Variablen m und n überführen:

(2) $$C_{Ges.} = m \cdot n$$

Um nun die existenzbedingte Nutzenstiftung des Handels aufzuzeigen, wird in die bisherige Modellwelt genau eine Handelsunternehmung eingeführt, über die nunmehr alle Kontakte zwischen Erstanbieter und Letztnachfrager (indirekt) laufen, wobei beide Parteien lediglich einmal mit dem Handelsunternehmen in Kontakt treten. Aufgrund der Mengen- und nicht Kostenargumentation wird darüber hinaus unterstellt, daß sich trotz Einschaltung des Handels nichts an dem Kostensatz je Kontakt ändert. Die logische Struktur des Baligh/Richartz-Effektes resultiert schlußendlich daraus, daß es bei Einschaltung eines Handelsunternehmens im Gegensatz zu der direkten sachlichen

[284] Vgl. ebenda, S. 111 f.

Transformation zwischen Erstanbieter und Letztnachfrager nicht mehr zu einer multiplikativen, sondern zu einer additiven Verknüpfung der Variablen m und n kommt. Dadurch definieren sich nun die Gesamtkosten ($C^*_{Ges.}$) durch:

$$(3) \qquad C^*_{Ges.} = m + n$$

Die existenzbedingte Nutzenstiftung des Handels in Form einer mengenmäßigen Einsparung von Ressourcen beruht ergo auf dieser Reduktion der Kontaktzahlen zwischen Erstanbieter und Letztnachfrager und läßt sich formell dokumentieren durch eine vergleichende Verknüpfung der Gleichungen (2) und (3), wonach:

$$(4) \qquad m \cdot n > m + n \qquad \text{für m, n} > 2$$

Demzufolge reduziert sich die Anzahl der Kontakte bei Einschaltung eines Handelsunternehmens um:

$$(5) \qquad (m \cdot n) - (m + n)$$

Die folgende Abbildung 11 dient der Illustration des Baligh/Richartz-Effektes für den Fall von m, n = 3. Die Wirkung des Effektes vergrößert sich dabei mit zunehmender Anzahl der Erstanbieter und Letztnachfrager, denn während bei Einschaltung des Handels die Kontaktzahl bei konstanter Proportion von m und n nur linear ansteigt, nimmt sie im Falle des Direktkontaktes exponentiell zu. Der Zusammenhang wird nochmals mit Tabelle 3 verdeutlicht.[285]

---

[285] Vgl. Gümbel, Rudolf: Handel, Markt und Ökonomik, a.a.O., S. 112 f.

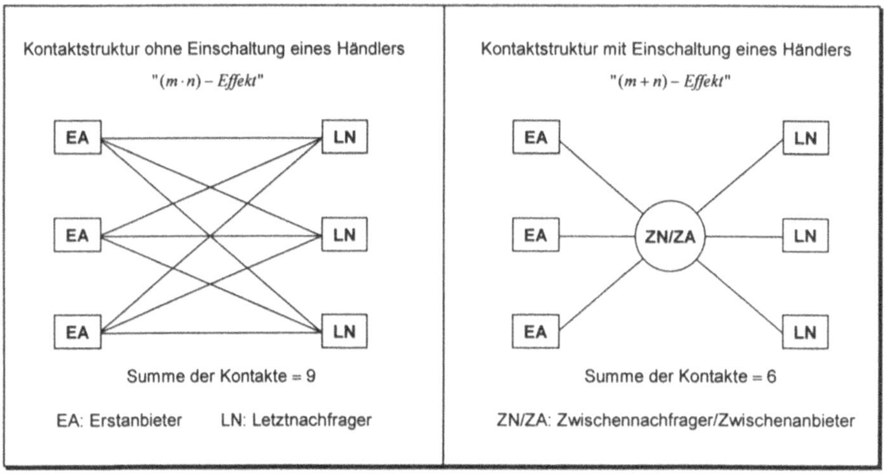

Abb. 11: Visualisierung des Baligh/Richartz-Effektes

Erstanbieter m	Letztnachfrager n	Kontaktanzahl ohne Handel m × n	Kontaktanzahl mit Handel m+n	Kontaktersparnis (m × n) – (m+n)
3	3	9	6	3
5	5	25	10	15
10	10	100	20	80
100	100	10.000	200	9.800
...	...	...	...	...

Tab. 3: Numerische Darstellung des Baligh/Richartz-Effektes

Für den Fall, daß mehrere Handelsunternehmen der gleichen Marktstufe bei gegebener Anzahl von Erstanbietern und Letztnachfragern eingeschaltet werden, reduzieren sich die Kontaktersparnisse bis zum vollständigen Verzehr mit zunehmender Anzahl der Handelsunternehmen. Zur Bestimmung einer diesbezüglich maximalen Anzahl wird die Ungleichung (4) in eine Gleichung überführt, wobei die Variable a für die Anzahl der Handelsunternehmen steht:

(6) $$m \cdot n = a(m+n)$$

Durch Auflösung der obigen Gleichung nach a ist die maximale Anzahl von Handelsunternehmen zu entnehmen, wenn deren Einschaltung kostenneutral erfolgen soll:

(7) $$a = \frac{m \cdot n}{m+n}$$

Die aus der Theorie von der logischen Struktur der Kontaktkosten-Reduktion gewonnenen explikativen Aussagen können sich sicherlich nicht an der Wirklichkeit messen lassen. Vielmehr liegt deren Erklärungskraft in der modellierten Veranschaulichung der beachtlichen Nutzenstiftung des Handels allein aufgrund seiner Existenz beim Güteraustausch zwischen Erstanbieter und Letztnachfrager. So würde selbst eine realitätsnähere Verfeinerung der Modellwelt, z.B. durch die Einbeziehung verschiedener Handelsstufen oder die Berücksichtigung von Koalitionen usw., den grundlegenden Erklärungsgehalt des Ansatzes nicht weiter vergrößern.[286]

Die durch den Baligh/Richartz-Effekt verdeutlichte Nutzenstiftung des Handels konkretisiert sich letztendlich für den Hersteller in Form von Einsparungen von Ressourcen, die für den notwendigen Kontakt zum Letztnachfrager gebraucht werden. Diese Einsparungen stehen insbesondere im Zusammenhang mit Rationalisierungen, die beispielsweise den Bereich des logistischen Arbeitsaufwandes betreffen oder die sich auf die Fuhrpark- und Lagerhaltungskapazitäten beziehen. Letztere sind Untersuchungsgegenstand des Warehouse-Location-Ansatzes bzw. der Lagerhaltungstheorie, die mit der Theorie von der logischen Struktur der Kontaktkosten-Reduktion eng verwandt sind; zu deren Darstellung sei deshalb auf Gümbel verwiesen.[287]

---

286 Vgl. Schenk, Hans-Otto: Marktwirtschaftslehre des Handels, a.a.O., S. 69.

287 Vgl. hierzu Gümbel, Rudolf: Handel, Markt und Ökonomik, a.a.O., S. 106 ff.

Die bisherige sowohl funktional- als auch institutionalbezogene Argumentation konnte aus Sicht des Herstellers verschiedene Komponenten der Nutzenstiftung des Handels aufzeigen. Allerdings bleibt bisher unbeantwortet, warum der Hersteller die funktionalen und/oder institutionalen handelsspezifischen Vorteile nicht selbst durch Bereitstellung eigener Ressourcen und Errichtung eigener Kapazitäten vollständig abschöpft. Hierzu sei an Griebel und seine Theorie der händlerspezifischen Einkommenspotentiale verwiesen,[288] der unter Bezugnahme verschiedener Ansätze aus der Spieltheorie (namentlich im besonderen der Dilemma-Spiele) und aus der Informationsökonomik nachweist, daß die Ausschaltung selbständiger Handelsunternehmen durch Kooperationen unter Herstellern zum Aufbau eigener Transaktionskapazitäten kaum zu erwarten ist, da der damit verbundene Koordinationsaufwand zwischen den Herstellern größer ist, als der potentiell zu erwartende Spezialisierungsvorteil. Letztlich ist „... die Einigung der Hersteller über ein gemeinsames Sortiment aufwendiger (...) als die Einschaltung (selbständiger) Handelsunternehmungen."[289]

4.1.2.2 Systemimmanente direkte Transaktionskosten (TK^{direkt}) in der Transaktionsbeziehung mit dem Handel

Im Rahmen der transaktionskostentheoretischen Begründung von Transaktionsbeziehungen der Hersteller mit dem Handel wird der Transaktionswert als Effizienzkriterium zugrunde gelegt, wobei dieser aus der Saldierung von Transaktionsnutzen zu Transaktionskosten hervorgeht. In diesem Zusammenhang lag bisher das Augenmerk ausschließlich auf dem Transaktionsnutzen, der sich hier in Form von systemimmanenten indirekten Transaktionskostenersparnissen ($TKE^{indirekt}$) widerspiegelt. Diese Art von Transaktionsnutzen wird wiederum durch zwei Determinanten – den Koordinationsersparnissen einerseits und den Ressourcenersparnissen andererseits – bestimmt.

---

288 Vgl. Griebel, Hans-Dieter: Zur Theorie des Handelsbetriebes: Ein spieltheoretischer Beitrag zu einer Theorie des Binnenhandels, Frankfurt am Main 1982. Als Zusammenfassung vgl. hierzu Gümbel, Rudolf: Handel, Markt und Ökonomik, a.a.O., S. 124 ff.

289 Gümbel, Rudolf: Handel, Markt und Ökonomik, a.a.O., S. 268 (im Original kursiv hervorgehoben)

Der vereinfachten formalen Struktur des Transaktionswertes[290] folgend gilt es im weiteren, den Determinanten der systemimmanenten Transaktionskostenersparnisse ($TKE^{indirekt}$) die der systemimmanenten direkten Transaktionskosten (TK^{direkt}) gegenüberzustellen. Dabei wird hier der ursprünglichen Auslegung des Effizienzkriteriums der Transaktionskostentheorie gefolgt und zwischen den systemübergreifenden Transaktionskosten der Koordination von Transaktionsbeziehungen einerseits und den systemimmanenten Kosten der Inanspruchnahme der Angebotsleistungen des Handels (Produktions- bzw. Produktkosten) andererseits unterschieden.[291]

4.1.2.2.1 Transaktionskosten der Koordination der Transaktionsbeziehung mit dem Handel

Anknüpfend an das hier entwickelte Begriffsverständnis der Transaktion und des dazugehörigen Transaktionsprozesses schließt der Begriff „Transaktionskosten" in seiner allgemeinsten Interpretation sämtliche Kosten ein, die in Bezug auf eine Transaktion bzw. im Laufe eines Transaktionsprozesses und/oder in seinem Kontext anfallen. Allerdings wird hier unter dem Begriff „Kosten" nicht jenes Begriffsverständnis zugrunde gelegt, welches aus dem betrieblichen Rechnungswesen bekannt ist (Kosten als periodenbezogener, monetär bewertbarer Faktorverzehr), sondern jenes, welches Coase voraussetzt, nämlich Kosten als erlittene Nachteile oder betriebene Aufwendungen in Form von Zeit und Mühe.[292] Vor diesem Hintergrund werden Transaktionskosten oftmals

---

290 Vgl. Gleichung (5) auf Seite 117

291 Vgl. hierzu Abschnitt 3.1.1

292 Vgl. Coase, Ronald H.: The Nature of the Firm, a.a.O., S. 391 sowie vgl. Picot, Arnold: Transaktionskosten, in: DBW, 45. Jg., Heft 2/1985, S. 224. An früherer Stelle plädiert Picot in diesem Zusammenhang dafür, den Begriff der Transaktionskosten über die monetär meßbaren Größen des betriebswirtschaftlichen Kostenverständnisses hinaus auf solche Indikatoren auszuweiten, die auch einen indirekten und über die Zeit langen Faktorverbrauch anzeigen, der jedoch unter Umständen nur qualitativ oder ordinal bewertbar ist; vgl. Picot, Arnold: Transaktionskostenansatz in der Organisationstheorie: Stand der Diskussion und Aussagewert, in: DBW, 42. Jg., 1982, S. 271

mit Opportunitätskosten[293] gleichgesetzt[294] – mitunter weil laut Schenk die weitergehenden Ausführungen von Williamson gar keine andere Interpretation von Transaktionskosten zulassen, als im Sinne von Opportunitätskosten.[295]

Aufgrund dieses weiten Kostenverständnisses von Transaktionskosten sind dieselben nicht monetär zu erfassen und daher auch nicht objektiv zu bewerten, so daß oftmals der Vorwurf an die Transaktionskostentheorie erhoben wird, daß ihre Anwendung zu keinen operationalisierbaren und deswegen im Grunde genommen zu keinen gehaltvollen Ergebnissen führen würde.[296] Dem ist entgegenzuhalten, daß die Aussagekraft und vor allem die Anwendungsbezogenheit der Transaktionskostentheorie allein auf einer komparativen Analyse alternativer institutioneller Arrangements beruht,[297] ohne jedoch bis aufs Äußerste die quantitativ exakt meßbaren Grenzen zwischen der Vorteilhaftigkeit dieser institutionellen Arrangements definieren zu wollen. In diesem Sinne werden auch Tendenzaussagen innerhalb der Argumentationslogik der Transaktionskostentheorie zur Erkenntnisgewinnung als völlig ausreichend erachtet.[298]

---

293 Opportunitätskosten im Sinne von entgangenem Ertrag im Rahmen der Bewertung der Kosten eines institutionellen Arrangements im Vergleich zu den Kosten des nächst günstigsten Arrangements.

294 Vgl. etwa Kirchner, Christian; Picot, Arnold: Transaction Cost Analysis of Structural Changes in the Distribution System: Reflections in Institutional Developments in the Federal Republic of Germany, in ZgS/JITE, 143. Jg., 1987, S. 64; Michaelis, Elke: Organisation unternehmerischer Aufgaben: Transaktionskosten als Beurteilungskriterium, a.a.O., S. 110 ff.

295 Vgl. Schenk, Karl-Ernst: Buchbesprechung zu: Williamson, Oliver E.: The Economic Institutions of Capitalism: Firms, Markets, Relational Contracting, in: Zeitschrift für Wirtschafts- und Sozialwissenschaften, 108. Jg., 1988, S. 317

296 Vgl. hierzu bspw. Brand, Dieter: Der Transaktionskostenansatz in der betriebswirtschaftlichen Organisationstheorie, a.a.O., S. 124; Baur, Cornelius: Make-or-buy-Entscheidungen in einem Unternehmen der Automobilindustrie, a.a.O., S. 46; Terberger, Eva: Neo-institutionalistische Ansätze: Entstehung und Wandel, Anspruch und Wirklichkeit, Wiesbaden 1994, S. 126 f.

297 Vgl. Williamson, Oliver: Die ökonomischen Institutionen des Kapitalismus, a.a.O., S. 20; Picot, Arnold; Dietl, Helmut: Transaktionskostentheorie, in: WiSt, 19. Jg., Heft 4/1990, S. 183

298 Vgl. Kappich, Lothar: Theorie der internationalen Unternehmenstätigkeit: Betrachtung der Grundformen des internationalen Engagements aus koordinationstheoretischer Perspektive, München 1989, S. 193, Fußnote 1. In diesem Zusammenhang konstatiert Simon, daß hier „... viel gröbere und einfachere Argumente [genügen], um eine Ungleichheit zwischen zwei Größen nachzuweisen, als sie erforderlich wären, um die Bedingungen zu zeigen, unter denen diese Größen marginal gleich sind." Simon, Herbert A.: Rationality as Process and as Product of Thought, in: American Economic Review, 68. Jg., 1978, S. 6. Nach Schanz sollte dem Begriff 'Transaktionskosten' eine „kreative Unschärfe" zugestanden werden, die Freiheitsgrade bei der Abgrenzung des Begriffes dokumentiert. Vgl. Schanz, Günther: Unternehmensverfassungen in verfügungsrechtlicher Perspektive, in: DBW, 43. Jg., 1983, S. 268

Im Zusammenhang mit einer eingehenderen begrifflichen Bestimmung bzw. Differenzierung des Konstruktes 'Transaktionskosten' finden sich in der Literatur verschiedene Ansätze. Diese werden im folgenden zum einen entsprechend ihrer jeweiligen Bezugsgröße – Raum, Zeit oder Inhalt – in drei Systematisierungsformen eingeordnet und zum anderen hinsichtlich ihrer Kompatibilität zu den transaktionsbestimmenden Postulaten „Dyade, Integration und Prozeß"[299] überprüft.

Eine erste häufig vorgenommene Klassifizierung von Transaktionskosten greift die von Coase in seinem Aufsatz „The Nature of the Firm" aufgestellte Unterscheidung zwischen marktlicher und unternehmensinterner Koordination auf und differenziert dementsprechend Transaktionskosten nach dem Kriterium *„räumlicher Bezug"* in Markt- und Unternehmenstransaktionskosten.[300] Dieser Klassifizierungsansatz kann mehr oder weniger als Nebenprodukt der Coase`schen Argumentation angesehen werden, wonach die Koordination ökonomischer Aktivitäten sowohl in Unternehmungen als auch auf Märkten Transaktionskosten verursacht. Eine bewußt angelegte Systematisierung von Transaktionskosten wurde in diesem Kontext von Coase nicht beabsichtigt. Insofern greift eine diesbezügliche Begriffsdifferenzierung von Transaktionskosten zu kurz. Aus marketingbezogener Perspektive können hieraus nur Ansatzpunkte zur Unterscheidung interner und externer Transaktionsbeziehungen gewonnen werden. Das dyadische Verhältnis zwischen Anbieter und Nachfrager und die daraus folgenden Integrations- und Prozeßerfordernisse bleiben weitestgehend unberücksichtigt.

---

299 Vgl. hierzu nochmals die entsprechenden Ausführungen im Abschnitt 3.2.1

300 Vgl. beispielhaft zur gleichen Vorgehensweise, mit jedoch anderer Terminologie etwa Bössmann und Schüller, die beide in (interne) Organisationskosten und (externe) Transaktionskosten unterscheiden, wobei Bössmann hierfür als gemeinsamen Oberbegriff die Bezeichnung 'Koordinationskosten' vorschlägt. Vgl. Bössmann, Eva: Weshalb gibt es Unternehmungen? Der Erklärungsansatz von Ronald H. Coase, in: ZgS/JITE, 137. Jg., 1981, S. 669; dieselbe: Volkswirtschaftliche Probleme der Transaktionskosten, in: ZgS/JITE, 138. Jg., 1982, S. 665; dieselbe: Unternehmungen, Märkte, Transaktionskosten: Die Koordination ökonomischer Aktivitäten, in: WiSt, 12. Jg., Heft 3/1983, S. 108 sowie vgl. Schüller, Alfred: Property Rights, Theorie der Firma und wettbewerbliches Marktsystem, in: Property Rights und ökonomische Theorie, hrsg. v. Alfred Schüller, München 1983, S. 161 ff.

Ein weiterer geläufiger Klassifizierungsansatz von Transaktionskosten erfolgt in Anlehnung an Williamson anhand des Kriteriums *„zeitlicher Bezug"*, indem in ex ante- und ex post-Transaktionskosten unterschieden wird – je nachdem, ob Transaktionskosten vor oder nach Vertragsabschluß auftreten.[301] Diese ebenfalls sehr grobe, zweistufige Unterteilung des Transaktionsprozesses eröffnet im Gegensatz zum ersten Ansatz den Blick für transaktionskostenbestimmende Konsequenzen, wie die sogenannten „Hidden Characteristics" vor Vertragsabschluß oder die „Hidden Intentions" bzw. die „Hidden Actions" nach Vertragsabschluß. Damit wird zwar auf der einen Seite ansatzweise – aber letztlich auch nur implizit – den Gedanken der Dyade, der Integration und des Prozesses von Transaktionsbeziehungen Rechnung getragen. Auf der anderen Seite jedoch bietet diese starke Vereinfachung des Transaktionsprozesses in ex ante- und ex post-Phasen keine hinreichenden Schlußfolgerungen zur Ableitung etwaiger Nutzenaspekte bei der Beurteilung von Transaktionskosten. Infolgedessen bestärkt eine solche Klassifizierung die obengenannte Kritik der zu engen Kostenbezogenheit des Begriffes „Transaktionskosten" und findet daher nur bedingt Verwendung in der hier vorliegenden Untersuchung.[302]

Ein dritter in der Literatur häufig anzutreffender Klassifizierungsansatz von Transaktionskosten hat wiederum seinen geistigen Ursprung bei Coase, als dieser zu folgendem Schluß kommt, „in order to carry out a market transaction it is necessary to discover who it is that one wishes to deal with, to inform people that one wishes to deal and on what terms, to conduct negotiations leading up to a bargain, to draw up the contract, to undertake the inspection needed to make sure that the terms of the contract are being observed, and so on."[303] In diesem Sinne werden innerhalb eines Transaktionsprozesses verschiedene Aufgabenbereiche nach ihrem *inhaltlichen Bezug* bzw. nach ihrer Ausgestaltung unterschieden, denen jeweils spezifische Kosten zugerechnet werden. Stellvertretend für eine Vielzahl von Autoren, die diesen Klassifizierungsansatz anwenden, sei Picot angeführt, der in „..Anbahnungskosten (Informationssuche über potentielle Tauschpartner), Vereinbarungskosten (Verhandlungskosten), Kontrollkosten (Überwachung von Terminen, Qualitäten, Mengen, Preisen, Geheimhaltung) und Anpassungskosten (Durchset-

---

301 Vgl. Williamson, Oliver E.: Die ökonomischen Institutionen des Kapitalismus, a.a.O., S. 22 ff.

302 Vgl. Mattmüller, Roland; Tunder, Ralph: Zur theoretischen Basis der Marketingwissenschaft, a.a.O., S. 40 f.

303 Coase, Ronald H.: The Problem of Social Cost, a.a.O., S. 15

zung von Terminen-, Qualitäts-, Mengen- oder Preisänderungen aufgrund veränderter Bedingungen während der Laufzeit der Vereinbarung)"[304] unterscheidet.

Der letztgenannte Klassifizierungsansatz geht implizit von der Zerlegung des Transaktionsprozesses in eindeutig voneinander abgrenzbare Abschnitte aus, die sich jeweils hinsichtlich ihrer spezifischen inhaltlichen Ausgestaltungen unterscheiden lassen. Allerdings weist das dabei erzielte Klassifizierungsergebnis von Transaktionskosten einen aufzählenden und nicht unbedingt abschließenden Charakter auf, da kausale Verknüpfungen der einzelnen Abschnitte – zumindest explizit – nicht erfolgen. Hier kann das oben entwickelte Modell des Transaktionskreislaufes nach dem Integrativ-Prozessualen Marketingansatz für den notwendigen und vor allem in sich begründeten konzeptionellen Bezugsrahmen sorgen und damit Transaktionskosten aus dem logischen Zusammenhang der einzelnen Aufgaben innerhalb eines Transaktionsprozesses klassifizieren.

So wendet der Hersteller in der *Vorbereitungsphase* beispielsweise Transaktionskosten auf, um Informationen über die Sinnhaftigkeit einer Transaktionsbeziehung zum Handel im allgemeinen oder zu bestimmten Handelsunternehmen im besonderen zu bekommen. In der anschließenden *Anbahnungsphase*, in der der Hersteller seine Absicht einer möglichen Transaktionsbeziehung zu einem ausgewählten Handelsunternehmen artikuliert, haben beide Transaktionsparteien jeweils Transaktionskosten zu tragen, um sich dem anderen als interessant und attraktiv darzustellen. Nicht nur in der Vorbereitungs- und Anbahnungsphase, sondern insbesondere in der *Abschlußphase* besteht für den Hersteller die Gefahr, daß das Handelsunternehmen wohlweislich Informationen zurückhält, die für die Ausgestaltung des relevanten Transaktionsprozesses und somit für die gesamte Transaktionsbeziehung von Bedeutung sind, um sich dadurch unter Umständen vor Vertragsabschluß in eine bessere Position gegenüber dem Hersteller zu bringen. Bei dieser Art von opportunistischem Verhalten handelt es sich um die Ausnutzung von sogenannten Hidden Characteristics, die beim Hersteller Transaktionskosten verursachen, sobald es deswegen zur einer Fehlentscheidung respektive Fehlauswahl bezüglich eines Han-

[304] Picot, Arnold: Ökonomische Theorien und Führung, in: Handwörterbuch der Führung, hrsg. v. Alfred Kieser, Gerhard Reber u. Rolf Wunderer, Stuttgart 1987, Sp. 1591

delsunternehmens (Adverse Selection) kommt.[305] Selbst der prophylaktische Schutz vor einer möglichen Adverse Selection, beispielsweise indem der Hersteller über das übliche Maß hinausgehend Informationen beschafft oder über sorgfältig ausgehandelte Verträge versucht, sich abzusichern, verursacht Transaktionskosten.

Nach Vertragsabschluß zwischen Hersteller und Handel – also in der *Realisierungsphase* des Transaktionsprozesses – kommen auf den Hersteller Transaktionskosten zu, die im unmittelbaren Zusammenhang mit der Erfüllung der versprochenen Realisierungsqualität stehen. Darüber hinaus hat der Hersteller in dieser Phase auch solche Transaktionskosten einzuplanen, die sich aus zwei verschiedenen Möglichkeiten für opportunistisches Verhalten seitens eines Handelsunternehmens ergeben.

Erstens muß der Hersteller damit rechnen, daß das ausgewählte Handelsunternehmen in Form versteckter Absichten (Hidden Intentions) bestimmte Vertragsbestandteile zu seinen Gunsten und somit auf Kosten des Herstellers ausnutzt. Dabei ist für den Hersteller die Gefahr von Hidden Intentions um so größer, je höher seine transaktionsspezifischen Investitionen im Vergleich zu denen des relevanten Handelsunternehmens sind. Hieraus entwickelt sich ein unterschiedliches Abhängigkeitsverhältnis zwischen den beiden Parteien, in dem der sogenannte Locked-in-Effekt für den Hersteller größer ist als für das relevante Handelsunternehmen. In diesem Fall ist der Hersteller nicht davor gefeit, daß das Handelsunternehmen versucht, sich die dem Hersteller zustehenden Erträge aus den transaktionsspezifischen Investitionen (Quasi-Rente) anzueignen. Dieses opportunistische Verhalten bezeichnen Alchian/Woodward in Anlehnung an eine überfallartige Dreistigkeit der Nötigung als Raubüberfall („Hold-up").[306]

Zweitens hat der Hersteller in der Realisierungsphase versteckte Aktivitäten (Hidden Actions) des Handelsunternehmens einzukalkulieren, die den Handel zu seinen Lasten bevorteilen und deswegen zu Transaktionskosten bei ihm führen. In Abgrenzung zu den

---

305 Ein sehr anschauliches Beispiel für das Ausnutzen von hidden characteristics wird in dem bekannten „Lemons-Modell" von Akerlof aufgeführt. Vgl. Akerlof, George. A.: The Market for 'Lemons'. Quality Uncertainty and the Market Mechanism, in: Quarterly Journal of Economics, Jg. 84, 1970, S. 490

306 Vgl. Alchian, Armen A.; Woodward, Susan: The Firm is Dead: Long Live the Firm. A Review of Oliver E. Williamson's The Economic Institutions of Capitalism, in: Journal of Economics Literature, 26. Jg., 1988, S. 65f. sowie Spremann, Klaus: Asymmetrische Information, in: ZfB, 60. Jg., 1990, S. 561f.

vorher genannten Hidden Intentions offenbaren sich allerdings die Hidden Actions für den Hersteller im Laufe der Transaktionsbeziehung nicht oder nur zu prohibitiv hohen Kosten. Dabei ist für den Hersteller das Risiko für Hidden Actions um so größer, je schwerer für ihn der Zusammenhang zwischen dem Input des Handels zur Transaktionsrealisierung und dem daraus entstehenden Output nachzuvollziehen ist. Beispielsweise kann der Hersteller nicht eindeutig erkennen, inwieweit die Abverkaufsleistungen des Handelsunternehmens tatsächlich auf die vom Handel vorgebrachten und vom Hersteller über Konditionengewährung (Werbekostenzuschüsse) vergüteten Verkaufsanstrengungen zurückgehen oder eher auf anderen exogenen Faktoren beruhen.

Die nachfolgende Abbildung 12 gibt nochmals einen visuellen Überblick über die soeben dargelegten Systematisierungsansätze bzw. Klassifizierungsformen von Transaktionskosten.

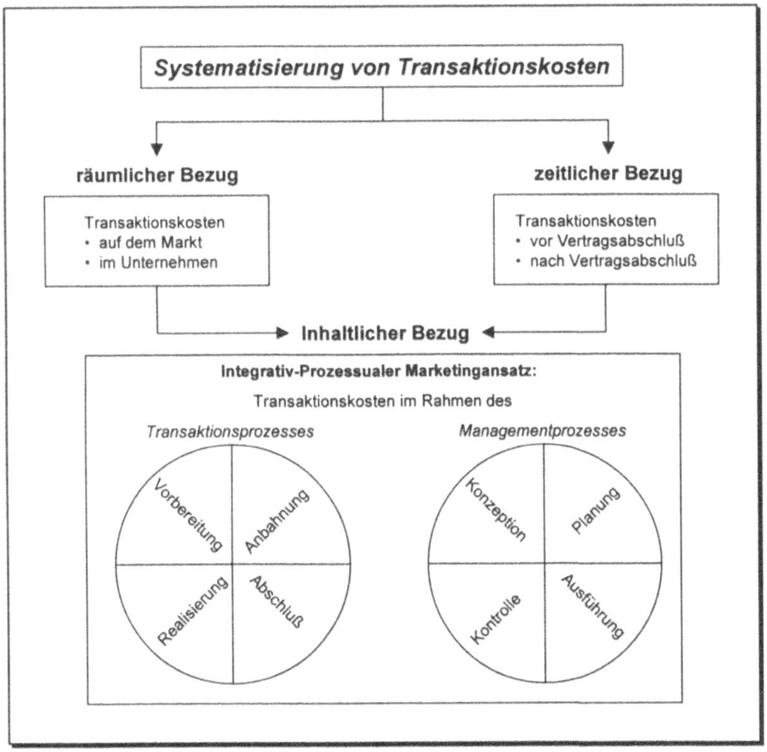

Abb. 12: Systematisierungsansätze von Transaktionskosten

Das Modell des Transaktionskreislaufes nach dem Integrativ-Prozessualen Marketingansatz liefert nicht nur den konzeptionellen Bezugsrahmen, um Transaktionskosten zu klassifizieren, sondern eröffnet gleichzeitig den Weg, um dem Verständnis der Transaktionskosten die enge und einseitige Kostenbezogenheit zu nehmen und – wie gefordert – Nutzenaspekte in das Kalkül der Transaktionskosten aufzunehmen. Dabei ist den einzelnen transaktionskonstituierenden Aufgabenbereichen nicht nur ein spezifischer Aufwand (Kosten) zuzurechnen, sondern ein sowohl in der Natur der einzelnen Aufgabe als auch in dem Ergebnis der Summe der Aufgaben liegender Nutzen (Ertrag) zuzusprechen. Letzteres beruht auf der Annahme, daß es bereits in Verbindung mit der Durchführung eines Transaktionsprozesses zu Nutzeneffekten bei den Transaktionsbeteiligten kommt, die über den in der Natur des Transaktionsobjektes liegenden Nutzen hinausgehen.[307]

4.1.2.2.2 Transaktionskosten der Inanspruchnahme der Leistung des Handels – Konditionen versus Listenpreis

Neben den Transaktionskosten, die im Zusammenhang mit der allgemeinen Koordination von Transaktionsbeziehungen anfallen, hat der Hersteller in der Transaktionsbeziehung mit dem Handel auch Transaktionskosten zu berücksichtigen, die durch Inanspruchnahme der Leistung des Handels anfallen. Diese Transaktionskosten sind als Äquivalent der Leistung des Handels zu verstehen. Sie können entsprechend dem Umfang der Leistungserbringung zwei unterschiedliche Bezugsgrößen aufweisen, nämlich indem sie sich zum einen ausschließlich nur auf jene Leistungen des Handels beschränken, die hier als systemimmanent definiert wurden oder indem sie sich zum anderen auch auf solche Leistungen des Handels beziehen, denen eine ganz bestimmte individuelle Absprache zwischen Hersteller und Handel vorausgeht. Zu den Transaktionskosten mit letztgenannter Bezugsgröße zählen insbesondere auch jene Aufwendungen, die unter dem Begriff „Konditionen“ subsumiert werden und gemeinhin als Gegenstück zur Leistungserstellung des Handels angesehen werden. Allein schon deswegen erscheint an dieser Stelle eine Abgrenzung zwischen den Konditionen im Sinne von Transaktionskosten und den tatsächlichen systemimmanenten Transaktionskosten

[307] Vgl. Bagozzi, Richard P.: Principles of Marketing Management, Chicago u.a. 1986, S. 90 ff.. Gleichermaßen argumentieren Plinke, Wulff: Die Geschäftsbeziehung als Investition, a.a.O., S. 310 und ebenso Kaas, Klaus P.: Marketing und Institutionenökonomik, a.a.O., S. 8 ff.

geboten – zumal der Konditionenbegriff selbst durch eine semantische Unschärfe recht diffus verwendet wird.

Vor diesem Hintergrund ist es nachvollziehbar, daß in Theorie und Praxis auch kein allgemein anerkanntes Begriffsverständnis von Konditionen existiert. Nur in seiner weitesten Auslegung herrscht bei den terminologischen Abgrenzungen Übereinstimmung, daß der Konditionenbegriff „... alle Bedingungen umfaßt, unter denen ein Geschäftsabschluß getätigt wird."[308] Einerseits besteht so zwar Einvernehmen in der Literatur darüber, daß sich der Konditionenumfang auf alle denkbaren Liefer- und Zahlungsbedingungen zwischen Hersteller und Handel erstrecken kann, so daß hierzu mitunter auch Preismodifikationen bzw. -bedingungen gezählt werden.[309] Andererseits jedoch liegt bei einer engeren Auslegung des Konditionenbegriffes ein Dissens hinsichtlich der genaueren Aufzählung einzelner Formen von Konditionen vor. Dieser Umstand geht mit den Konditionenauffassungen bzw. -modalitäten der Praxis einher, wo man zwar dem weiter gefaßten Begriffsverständnis der Theorie folgt, jedoch keine weitergehenden Bestrebungen zu einer detaillierteren Kennzeichnung von Konditionen zeigt.[310]

Auf dem kleinsten gemeinsamen Nenner gebracht, bleiben zwei unstrittige Charakteristika von Konditionen festzuhalten. Erstens ist die Gewährung von Konditionen immer an bestimmte Leistungen des Handels gebunden, die über das Niveau systemimmanenter Leistungen hinausgehen und so auch als *spezielle* (Sonder-) Leistungen des Han-

[308] Keller, Dietmar: Herstellerkonditionen und Handelsleistungen, a.a.O., S. 47

[309] Bei den letzteren handelt es sich um solche Konditionen, „... die zu einer Modifikation des Kaufpreises bzw. zu einer Preismodifikation ohne Berücksichtigung unterschiedlicher Erscheinungsformen der Zahlungsabwicklung führen." Keller, Dietmar: Herstellerkonditionen und Handelsleistungen, a.a.O., S. 48. Vgl. zum Konditionenbegriff beispielsweise Steffenhagen, Hartwig: Der Handel, Stuttgart u.a. 1998, S. 496; derselbe: Konditionengestaltung zwischen Industrie und Handel: Leistungsbezogen, systematisch, professionell, Wien 1995, S. 37 ff.; derselbe: Konditionenpolitik, in: Vahlens großes Marketinglexikon, hrsg. v. Hermann Diller, München 1992, S. 551; Specht, Günter: Distributionsmanagement, a.a.O., S. 204; Muser, Viktor: Der Absatzabschluß, in: Integrierte Marketingfunktionen, hrsg. v. Paul W. Meyer, 4. Aufl., Stuttgart u.a. 1996, S. 155 f.

[310] Vgl. Keller, Dietmar: Herstellerkonditionen und Handelsleistungen, a.a.O., S. 48

dels beurteilt werden.[311] Zweitens sind diese speziellen Leistungen jedoch keine „conditio“ für die Gewährung von Konditionen, sondern umgekehrt Konditionen sind eine „conditio“ für die Gewährung einer vom Handel speziell angebotenen Leistung. „An die Stelle des ‘do ut des’ tritt somit ein ‘da ut dem’, das heißt gib mir (Konditionen), damit ich dir (eine Leistung) gebe.“[312] Aufgrund dieser beiden Charakteristika stehen Konditionen außerhalb der Diskussion um systemimmanente Komponenten des Transaktionswertes. Konditionen sind zwar naturgemäß Gegenstand von Transaktionsbeziehungen zwischen Hersteller und Handel, jedoch scheiden sie hier als eine systemimmanente transaktionskostenträchtige Komponente der Einschaltung des Handels aus. Denn letztendlich sind Konditionen nicht an die hier definierten systemimmanenten Leistungen des Handels gebunden, sondern an spezielle, individuell zwischen Hersteller und Handel ausgehandelte Absprachen.

Bei weiterer Suche nach möglichen Ansatzpunkten für systemimmanente Transaktionskosten bietet es sich an, auf die Erfolgs- bzw. Kostenrechnungsschemata des Handels respektive der Hersteller zurückzugreifen.[313] Dabei wird deutlich, daß letztendlich am Listenpreis (Terminologie aus der Perspektive der Hersteller) bzw. am Lieferanten-Nettopreis (Terminologie aus der Perspektive des Handels) angesetzt werden muß, um ein Äquivalent zu den systemimmanenten Leistungserbringungen des Handels zu bekommen. Denn während die Konditionengewährungen mit den Sonderleistungen des Handels korrespondieren, „... kann die Differenz zwischen Endverbraucherpreis und Listenpreis als Entgelt für die *Standardleistungen* des Handelspartners interpretiert werden.“[314] Dieser Zusammenhang wird durch nachfolgende Abbildung nochmals verdeutlicht.

---

311 Keller und Steffenhagen unterscheiden die Leistungen des Handels in spezielle Leistungen mit Anspruch auf Konditionengewährung und normale bzw. Standardleistungen ohne Anspruch auf Konditionengewährung; vgl. Keller, Dietmar: Herstellerkonditionen und Handelsleistungen, a.a.O., S. 267 und Steffenhagen, Hartwig: Konditionengestaltung zwischen Industrie und Handel, a.a.O., S. 69 ff.

312 Lange, Manfred: Rabattpolitik, in: Vertikales Marketing im Wandel, hrsg. v. Wolfgang Irrgang, München 1993, S. 330

313 Vgl. hierzu etwa Schenk, Hans-Otto: Die Handelsspanne als zentrale Leistungs- und Führungskennzahl des Handels (Teil 2), in: WISU, 25. Jg., Heft 2/1996, S. 135; Steffenhagen, Hartwig: Konditionengestaltung, a.a.O., S. 71

314 Steffenhagen, Hartwig: Konditionengestaltung, a.a.O., S. 73

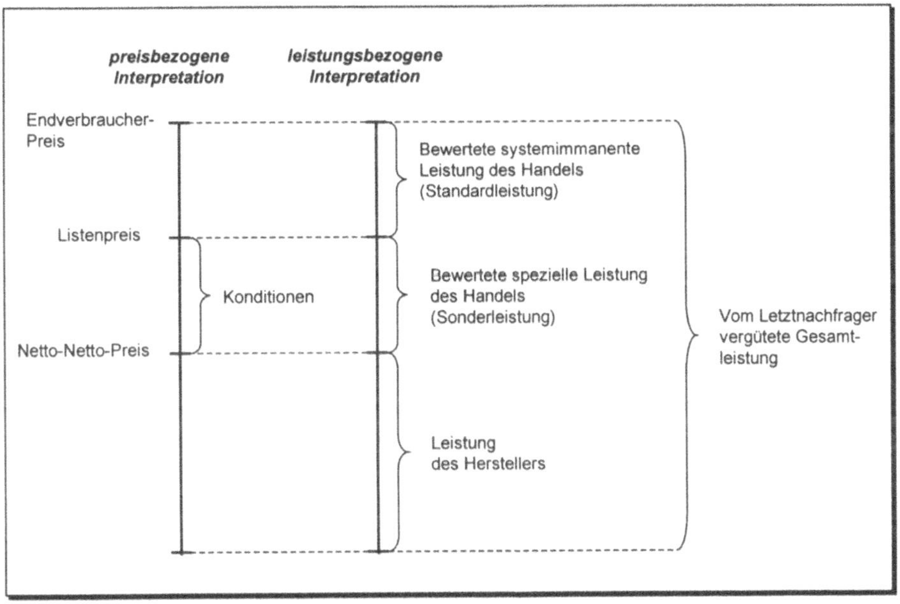

Abb. 13: Vereinfachtes Erfolgsrechnungsschema des Herstellers[315]

Allerdings entspricht der hier im Erfolgsrechnungsschema unterstellte Fall nicht immer der Realität; zwei weitere Fälle wären noch denkbar. So kann der an den Letztnachfrager gerichtete Endverbraucherpreis auch unter dem Wert des Listenpreises oder gar unter dem des Netto-Netto-Preises des Herstellers liegen. Beide Fälle sind jedoch als Ausnahmen zu verstehen, die weniger das Ergebnis eines Abgleichs von Interessen zwischen Hersteller und Handel darstellen, als vielmehr auf das eigenverantwortliche Handeln der Handelsunternehmen zurückgehen. So haben diese, auch rein kostenrechnerisch betrachtet, die Konsequenzen aus der Diskrepanz zwischen den Netto-Netto-Preisen der Hersteller und den Endverbraucher-Preisen zu tragen, beispielsweise indem sie bewußt auf die Vergütung ihrer Leistungen bzw. Aufwendungen durch die Letztnachfrager verzichten (Lockvogelangebote) und diese Ertragslücke durch Mischkalkulation auszugleichen versuchen.

[315] Vgl. Steffenhagen, Hartwig: Konditionengestaltung, a.a.O, S. 70. Netto-Netto-Preis des Herstellers steht synonym für seinen Netto-Netto-Erlös, der alle seine variablen wie auch fixen Kosten zuzüglich eines Gewinnaufschlages beinhaltet.

Zusammenfassend kann der Listenpreis dementsprechend definiert werden als „... das auf der Basis einer Herstellerleistung und einer Standard-Handelsleistung fixierte *Standard-Entgelt* des Abnehmers für den Bezug einer in Art und Menge definierten Wareneinheit eines Anbieters. Im einheitlichen Listenpreis sind somit die Herstellerleistung und typische, als *Standard* zu definierende *Handelsleistungen* zu berücksichtigen.“[316] Der Listenpreis ist somit als die höchstwertigste Bezugsbasis für einzelne Konditionsformen anzusehen oder, andersherum formuliert, die Konditionengewährung stellt sich in Form eines Abzuges vom Listenpreis dar.

An die hier aufgestellte Differenzierung zwischen Listenpreis und Konditionen schließt sich abschließend die Frage an, welche Implikationen hieraus für die Preisverhandlungen zwischen Hersteller und Handel abzuleiten sind. In Anlehnung an Steffenhagen ergeben sich drei wesentliche Ansatzpunkte:[317]

(1) Das Aushandeln von Konditionen unter Bezugnahme des Listenpreises schafft eine höhere Transparenz und reduziert somit die Informationsasymmetrien zwischen Hersteller und Handel, weil individuelle Zugeständnisse und deren Leistungsbezug für alle Beteiligten so leichter darstellbar sind, als dies bei einem einzigen ausgehandelten Netto-Netto-Preis der Fall wäre.

(2) Über den Listenpreis können folglich auch gegenseitige Preisforderungen aufgrund jeweils gestiegener Leistungen eindeutiger vorgebracht werden. Verbessert beispielsweise der Hersteller seine Produkte oder steigert er seine Werbeaufwendungen, dann erhöht sich seine Leitungserbringung und gleichzeitig sein Anteil am Listenpreis.

(3) Listenpreise können somit als eine Art Preisbarometer verstanden werden. Erhöht der Hersteller den Listenpreis, ist das ein Signal für den Handel, seinerseits den Endverbraucher-Preis anzuheben.

---

316 Steffenhagen, Hartwig: Konditionengestaltung, a.a.O., S. 69

317 vgl. ebenda, S. 78 f.

4.1.3 Zweites Zwischenergebnis

Ausgehend von einer Analyseebene, die sich bewußt von den etablierten Ansätzen der kostenrechnerischen bzw. management-orientierten Verfahren zur Entscheidungsunterstützung klassischer Make-or-Buy-Problemen löst, wurde in diesem Abschnitt nach den systemimmanenten Bestimmungsgründen des Herstellers für eine Transaktionsbeziehung zum Handel gefragt. Die dabei vorgenommene Argumentationslogik lehnte sich im Ansatz an die der Transaktionskostentheorie an, wobei in Abweichung zu dieser die These aufgestellt wurde, daß mit Transaktionen nicht nur Kosten, sondern auch Nutzenformen verbunden sind. Damit wurden sowohl der Kritik Rechnung getragen, daß die Transaktionskostentheorie zu einseitig kostenbezogen ausgerichtet sei, als auch die Postulate des dyadischen Verständnisses und der Integration zwischen Anbieter und Nachfrager aufgegriffen. In der daraus folgenden Konsequenz ist der Transaktionswert als Effizienzkriterium von Transaktionsprozessen bzw. -beziehungen eingeführt worden, der sich aus dem Saldo von Transaktionskosten und Transaktionsnutzen definiert.

Im Gegensatz zu dem Transaktionswert einer allgemeinen Transaktionsbeziehung zwischen Erstanbieter und Letztnachfrager liegt dem Transaktionswert von Hersteller-Handel-Beziehungen eine erweiterte Perspektive zugrunde. Diese hat neben der direkten Beziehung zwischen Hersteller und Handel auch die indirekte Beziehungskonstellation zwischen Hersteller und Letztnachfrager zu berücksichtigen. Dadurch wird der Transaktionswert einer Hersteller-Handel-Beziehung nicht nur durch direkte Kosten-Nutzen-Kalküle bestimmt, sondern ist darüber hinaus um indirekte, sogenannte Transaktionswert belastende und entlastende Komponenten zu erweitern. Die daraus entwickelte formale Struktur des Transaktionswertes konnte nach mehreren Schritten auf zwei Faktoren aggregiert werden, ohne daß der Transaktionswert selbst an Erklärungskraft eingebüßt hat. Demnach begründen vornehmlich die systemimmanenten indirekten Transaktionskostenersparnisse ($TKE^{indirekt}$) als Nutzenfaktor einerseits und die systemimmanenten direkten Transaktionskosten (TK^{direkt}) als Kostenfaktor andererseits die Transaktionsbeziehung des Herstellers zum Handel.

Im weiteren konnte nachgewiesen werden, daß beide Faktoren durch jeweils zwei Determinanten bestimmt werden. Die indirekten Transaktionskostenersparnisse ($TKE^{indirekt}$) ergeben sich, indem dem Hersteller Koordinationsaufwendungen und Ressourcenbindungen erspart bleiben, wenn er eine Transaktionsbeziehung zum Handel eingeht, um letztendlich seine hergestellten Austauschobjekte an den Letztnachfrager abzusetzen. Demgegenüber kommen auf den Hersteller direkte Transaktionskosten (TK^{direkt}) zu, die einerseits aus der Koordination der Transaktionsbeziehung zum Handel selbst entstehen und die andererseits als eine Art „Vergütungsäquivalent“ für die Inanspruchnahme der systemimmanenten Leistung des Handels anfallen.

Der Transaktionswert als solches spiegelt somit originäre systemimmanente Antecedenzbedingungen der Transaktionsbeziehungen zwischen Hersteller und Handel wider. Aus Sicht des Herstellers können diese Antecedenzbedingungen durch die nachfolgende formale Struktur des Transaktionswertes verdichtend abgetragen werden:

$$TW_{Ges.} \overset{!}{\geq} 0, \text{wobei}$$

$$TW_{Ges.} = \sum_{i=0}^{n} \{ TKE_i^{indirekte} (\text{Koordinationsersparnisse; Ressourcenersparnisse}) - TK_i^{direkt} (\text{Kosten der Koordination; Kosten der Leistungsinanspruchnahme}) \}$$

4.2 Einflußgrößen auf die Bestimmungsfaktoren des Transaktionswertes aus Perspektive des Herstellers

Der vorstehende wie auch der jetzige Abschnitt widmen sich gemeinsam den Antecendenzbedingungen der Transaktionsbeziehung des Herstellers zum Handel, um mit den zuvor entwickelten nomologischen Hypothesen ein Explanans zu konstruieren, das problemrelevant der Erklärung von Hersteller-Handel-Beziehungen dient. Als Grundlage zur Bestimmung von Antecedenzbedingungen wurde der Transaktionswert als Effizienzkriterium problemübergreifend eingeführt und auf die systemspezifischen Belange von Hersteller-Handel-Beziehungen modifiziert. Dabei gelang es in einem ersten Schritt, die originären systemimmanenten Antecedenzbedingungen der Transaktionsbeziehung zwischen Hersteller und Handel herauszuarbeiten und deren Bedeutung zu erklären. In einem weiteren Schritt gilt es nun, die Größen zu bestimmen, die Einfluß auf die Bestimmungsfaktoren des Transaktionswertes ausüben. Getreu der formalen Struktur des hier zugrunde gelegten Transaktionswertes bedeutet das, sowohl die direkte als auch die indirekte Perspektive der Transaktionsbeziehung zwischen Hersteller und Handel zu berücksichtigen.[318] Konkret steht daher die Beantwortung der zwei folgenden Fragestellungen an:

(1) Welche institutionenökonomischen Einflußgrößen bestimmen inwieweit maßgeblich die Höhe der direkten systemimmanenten Transaktionskosten (TK^{direkt})?

(2) Welche institutionenökonomischen Einflußgrößen bestimmen inwieweit maßgeblich die Höhe der indirekten systemimmanenten Transaktionsersparnisse ($TKE^{indirekt}$)?

Die erste Fragestellung korrespondiert augenscheinlich mit den allgemeinen kostenrelevanten Transaktionsdimensionen nach Williamson,[319] die bei den Vertretern der Neuen Institutionenökonomik als Einflußgröße auf die Höhe der Transaktionskosten allseits anerkannt sind.

---

[318] Vgl. hierzu die Ausführungen zum Transaktionswert auf den Seiten 108 ff. der vorliegenden Arbeit

[319] Vgl. Williamson, Oliver E.: Die ökonomischen Institutionen des Kapitalismus, a.a.O., S. 59 ff.

Die zweite Fragestellung, die den entlastenden Einflußgrößen nachgeht, richtet sich an das Potential des Herstellers, Transaktionskostenersparnisse vom Handel zu fordern. Diese Forderung sollte jedoch nicht mit dem überkommenen Bild der Machtverteilung zwischen Hersteller und Handel einhergehen,[320] sondern vielmehr soll entsprechend dem hier vorliegenden Integrationsverständnis des Integrativ-Prozessualen Marketingansatzes der Frage nachgegangen werden, welchen Nutzen der Hersteller dem Handel bringt, damit dieser sich bereit erklärt, für den Hersteller überdurchschnittliche Transaktionskostenersparnisse zu erbringen. Diese Vorgehensweise bedingt für den Hersteller die bereits skizzierte indirekte Perspektive der Transaktionsbeziehung zum Handel, da für den Handel der Nutzen des Herstellers im akquisitorischen Potential seiner Produkte bei den Letztnachfragern liegt (Nachfragesog).

4.2.1 Die Transaktionsdimensionen als Einflußgrößen auf die Bestimmungsfaktoren der systemimmanenten direkten Transaktionskosten (TK^{direkt})

Nach Williamson lassen sich drei zentrale Determinanten als sogenannte Transaktionsdimensionen differenzieren, die bedeutsam Einfluß auf die Höhe der allgemeinen Transaktionskosten haben und somit auch maßgeblich auf die Bestimmungsfaktoren der systemimmanenten direkten Transaktionskosten belastend einwirken. Demnach werden die allgemeinen Transaktionskosten als Funktion der kostenrelevanten Transaktionsdimensionen verstanden:

„Transaktionskosten = *f*(Faktorspezifität, Unsicherheit, Häufigkeit)“[321]

Als erste Dimension ist die *Faktorspezifität* der Transaktion anzuführen – nicht zuletzt auch, weil laut Williamson die Spezifität die Dimension mit der größten Hebelkraft

---

320 Vgl. hierzu die Ausführungen zum gegenwärtigen Status quo der Machtverteilung zwischen Hersteller und Handel im Abschnitt 1.1.2

321 Schwaner, Jost: Integration von Kunden und Lieferanten, a.a.O., S. 18

auf die Transaktionskosten darstellt.[322] Mit der Spezifität einer Transaktion sind idiosynkratische, d.h. allein für spezifische Transaktionen getätigte Investitionen verbunden, die eine Quasi-Rente abwerfen sollen.[323] Spezifität in der Transaktionsbeziehung des Herstellers zum Handel entsteht beispielsweise, wenn der Hersteller einzelne Leistungen auf die Belange eines ganz bestimmten Handelsunternehmen abstellen muß, ohne daß der Hersteller diese Leistungen in einer anderen Art und Weise noch nutzen kann Dabei sind generell vier verschiedene Formen von Spezifitäten denkbar, nämlich Standort- und Sachkapitalspezifität, zweckgebundene Sachwerte sowie Humankapitalspezifität.[324]

Allerdings greift die Spezifität an dieser Stelle zu kurz, wenn nicht die zeitliche Entwicklung und die damit verbundenen Effekte einer fundamentalen Transaktion berücksichtigt werden.[325] Vor diesem Hintergrund bedingt die Spezifität, daß mit Zunahme des Spezifitätsgrades einer Investition im laufendem Transaktionsprozeß die Abhängigkeit des Herstellers zum Handelspartner steigt. Insbesondere eine asymmetrisch verteilte Spezifität verlangt vom Hersteller eine integrative Beziehung zum Handel, um einer möglichen Ausnutzung der entstehenden Abhängigkeitssituation durch

322 Vgl. Williamson, Oliver E.: The Economics of Governance: Framework and Implications, in: ZgS/JITE, 140. Jg., 1984, S. 202. In diesem Zusammenhang urteilt Schumann, daß die Argumentation der Spezifität dem Denkansatz von Williamson eine überragende Stellung innerhalb der Neuen Institutionenökonomik verleiht. Vgl. Schumann, Jochen: Grundzüge der mikroökonomischen Theorie, 6. Aufl., Berlin u.a. 1992, S. 440

323 Vgl. Fischer, Marc: Make-or-Buy-Entscheidungen im Marketing, a.a.O., S. 93

324 Vgl. zur theoretischen Herleitung und Erklärung Williamson, Oliver E.: Die ökonomischen Institutionen des Kapitalismus, a.a.O., S. 108 f. *Standortspezifität* konkretisiert sich beispielsweise für den Hersteller in der Investition in ausgewählte Produktions- oder Lagerstätten, die sich nur in der Beziehung zu einem ganz bestimmten Handelsunternehmen auszahlen (z.B. aufgrund der Nähe zu einem Handelspartner). Als *Sachkapitalspezifität* wären Informations- und Kommunikationssysteme denkbar, die der Hersteller spezifisch auf ein Handelsunternehmen abgestimmt hat, um den Warenfluß zu ihm sicherstellen bzw. zu erleichtern. *Zweckgebundene Sachwerte* kommen beispielsweise auf den Hersteller zu, wenn er bestehende Produktions-, Lager- oder Transportkapazitäten erweitert, um einen gestiegenen Bedarf des Handelspartners zu befriedigen oder um dem Wunsch nach exklusiver Fertigung nachzukommen (Handelsmarke). *Humankapitalspezifität* liegt bei Mitarbeitern des Herstellers vor, die beispielsweise über handelsindividuelle Kenntnisse der Warenversorgung oder über sonstige Problemlösungskompetenz verfügen oder auch eine in sich gewachsene persönliche Vertrauensbeziehung zu einem einzelnen Handelspartner aufgebaut haben (Key-Account-Management).

325 Vgl. Meyer, Margit: Ökonomische Organisation der Industrie – Netzwerkarrangements zwischen Markt und Unternehmung, Wiesbaden 1995, S. 80 f.

durch den Handel frühzeitig entgegentreten zu können.[326] Die Gefahr des opportunistischen Verhaltens steigt dabei mit zunehmender Asymmetrie der spezifischen Investitionen, denn je höher die Quasi-Rente für den Hersteller ausfällt, desto höher ist der potentielle Gewinn des Handelsunternehmens durch opportunistisches Verhalten. Es kommen somit auf den Hersteller gestiegene Transaktionskosten zu, um sich gegen den Versuch des opportunistischen Handelsunternehmens, sich der Quasi-Rente des Herstellers zu bemächtigen, zu schützen oder zu wehren. In diesem Zusammenhang fallen für den Hersteller zusätzliche Transaktionskosten an, weil die Schwierigkeiten eines adäquaten vertraglichen Arrangements und die damit verbundenen Bewertungsprobleme wachsen.[327]

Der Extremfall der Spezifität, daß der Händler einziger Nachfrager und der Hersteller einziger Anbieter der mit der spezifischen Investition verbundenen Leistung ist, verlangt naturgemäß sogar nach einer dyadisch-integrativen Beziehung zwischen Hersteller und Handel. Dennoch fallen in dieser Konstellation geringere Transaktionskosten an, da beide Seiten aufgrund der symmetrischen Spezifität mit gleich hohen Quasi-Renten rechnen, so daß auch die Gefahr des opportunistischen Verhaltens gleich verteilt ist.[328]

Die zweite Transaktionsdimension, die neben der Spezifität maßgeblich belastend auf die direkten systemimmanenten Transaktionskosten einwirkt, ist *Unsicherheit*[329] in

---

326 Vgl. Picot, Arnold: Ein neuer Ansatz zur Gestaltung der Leistungstiefe, a.a.O., S. 345

327 Vgl. Brand, Dieter: Der Transaktionskostenansatz in der betriebswirtschaftlichen Organisationstheorie, a.a.O., S. 143 f. Gleichwohl wirken spezifische Investitionen derivativ auch Transaktionskosten senkend, beispielsweise daß mit ihnen erworbene Spezialkenntnisse Vorteile bei der Vergabe von Folgeaufträgen verschaffen (First-Mover-Advantages)

328 Vgl. Windsperger, Josef: Transaktionsspezifität, Reputationskapital und Koordinationsform, a.a.O., S. 967 sowie vgl. S. 61 der vorliegenden Arbeit.

329 In Abgrenzung zu dem Unsicherheitsverständnis im Organizational Failures Framework, wo sich die Unsicherheit gegen die Umweltfaktoren richtet, bezieht sich hier die Unsicherheit als Transaktionsdimension auf das Verhalten der Transaktionsbeteiligten. In diesem Zusammenhang werden auch exogene (marktbezogene) und endogene (verhaltensbezogene) Unsicherheiten unterschieden, wenngleich die Attribute „exogen“ und „endogen“ in der Modellanalytik eigentlich zur Differenzierung von unabhängigen zu abhängigen Variablen verwendet werden. Vgl. Spreman, Klaus: Asymmetrische Information, a.a.O., S. 564 ff.; Klein, Saul; Frazier, Gary L.; Roth, Victor J.: A Transaction Cost Analysis Model of Channel Integration in International Markets, in: Journal of Marketing Research, 27. Jg., May/1990, S. 204; Kleinaltenkamp, Michael: Investitionsgüter-Marketing aus informationsökonomischer Sicht, in: ZfbF, Heft 9/1992, S. 813; Adler, Jost: Informationsökonomische Fundierung von Austauschprozessen im Marketing, a.a.O., S. 10 f.

Verbindung mit begrenzter Rationalität. Der belastende Einfluß der Unsicherheit auf den Transaktionswert basiert auf den zu erbringenden Aufwendungen zur Beseitigung der Unsicherheit durch Gewinnung und Verarbeitung von Informationen.[330] Unsicherheiten aufgrund von Informationsasymmetrien in Verbindung mit spezifischen Investitionen können somit einen überproportional starken Anstieg der direkten systemimmanenten Transaktionskosten hervorrufen.[331]

Im Verhältnis zur Spezifität und Unsicherheit hat die dritte Transaktionsdimension – die *Häufigkeit* – einen diametralen Einfluß auf die allgemeinen Transaktionskosten. Während Spezifität und Unsicherheit positiv mit den Transaktionskosten korrelieren, ist die Korrelation zwischen Häufigkeit und Transaktionskosten negativ, sprich mit sinkender Häufigkeits- bzw. Wiederholungsrate der Transaktionen steigen die Transaktionskosten (siehe hierzu nachfolgende Abbildung 14). Diese Argumentation geht auf die umgekehrte Interpretation des Erfahrungskurvenkonzeptes zurück, wonach Fixkostendegressionen, Lerneffekte und Skalenerträge auf die Bestimmungsfaktoren des Transaktionswertes Einfluß ausüben.[332] In diesem Sinne leitet sich die belastende Komponente der Transaktionsdimension „Häufigkeit" aus einer verhältnismäßig geringeren Anzahl gleicher oder ähnlicher Transaktionen zwischen Hersteller und Handel ab.

---

[330] Beispielsweise muß der Hersteller einen relativ hohen Informationsbedarf bei der Markteinführung seiner Produkte befriedigen, um seinen Unsicherheitsgrad bezüglich der Nachfrage nach diesen Produkten sowie bezüglich der dazu notwendigen Distributionsaktivitäten zu reduzieren. Dieser Unsicherheitsgrad ist in frühen Phasen des Produktlebenszyklus hoch und nimmt im Laufe der Zeit als Folge kumulierter Erfahrungen ab. Vgl. Anderson, Erin; Weitz, Barton A.: Make-or-Buy Decisions, a.a.O., S. 17. Weitere Unsicherheitsaspekte ergeben sich bei gemeinsamen Projekten zwischen Hersteller und Handel, wenn Schwierigkeiten bei gegenseitiger Leistungsmessung und -bewertung aufgrund mangelnder Transparenz von In- und Outputs auftreten. Zudem hat der Hersteller einzukalkulieren, daß Informationsmanipulationen des Handelsunternehmens durch opportunistisches Ausnutzen möglicher Informationsasymmetrien zu Problemen des Moral Hazard, des Hold-up und der Adverse Selektion führen und somit die allgemeinen Transaktionskosten erhöhen. Vgl. Hauser, Heinz: Zur ökonomischen Theorie von Institutionen, in: Nationalökonomie morgen. Ansätze zur Weiterentwicklung wirtschaftswissenschaftlicher Forschung, hrsg. v. Manfred Timmermann, Stuttgart u.a. 1981, S. 75; Windsperger, Josef: Transaktionskosten und das Organisationsdesign von Koordinationsmechanismen, in: Jahrbuch für Neue Politische Ökonomie, Bd. 4, 1985, S. 202

[331] Vgl. Crocker, Keith J.: Vertical Integration and the Strategic Use of Private Information, in: Bell Journal of Economics, 14. Jg., 1983, S. 237

[332] Vgl. Picot, Arnold: Transaktionskostenansatz in der Organisationstheorie, a.a.O., S. 272; Ebers, Mark; Gotsch, Wilfried: Institutionenökonomische Theorien der Organisation, a.a.O., S. 272

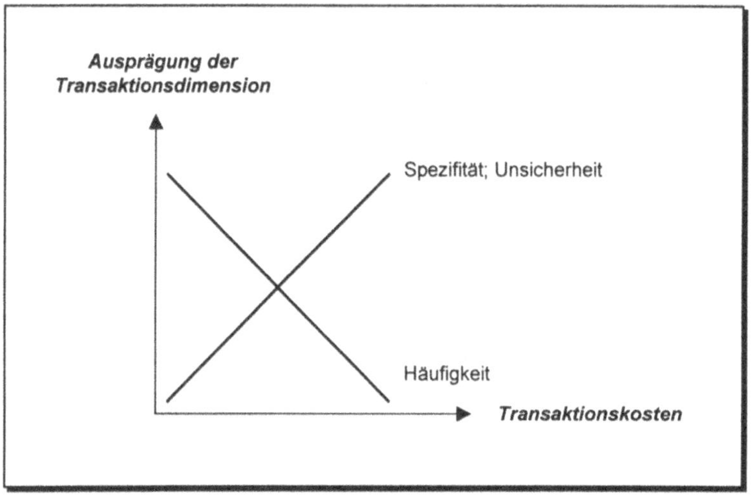

Abb. 14: Illustration der Korrelationen zwischen Transaktionsdimensionen und Transaktionskosten

Mit der Beurteilung der Häufigkeit geht die zentrale Frage einher, an welchem Bezugsobjekt die Häufigkeit von Transaktionen ausgerichtet werden soll. Denkbar wären an dieser Stelle zum einen das „Jahresgespräch“[333] oder zum anderen die davon abgeleiteten, über das Jahr laufenden Transaktionen im Rahmen der Absatzrealisierung.

Die letztgenannte Option kann für Hersteller-Handel-Beziehungen als naturgegeben interpretiert werden, wonach es sich bei der Realisierung der im Jahresgespräch vereinbarten Leistungen nicht um einmalige Transaktionen handelt, sondern um ganze „Transaktionsketten“[334]. Die damit über die Häufigkeit erzielten Einsparungseffekte sind somit mehr oder weniger systembedingt. Demnach würde sich die Häufigkeit als

[333] Jahresgespräche sind insbesondere in der Lebensmittelbranche mit dem dazugehörigen Non-Food Bereich weitverbreitet. Es handelt sich dabei um jährlich stattfindende Koordinations- und Planungsgespräche des Waren- und Informationsflusses zwischen Hersteller und Handel. Vgl. Irrgang, Wolfgang: Strategien im vertikalen Marketing, a.a.O., S. 125 f. Bezogen auf die quantitative und/oder qualitative Relevanz können drei Arten von Jahresgesprächen im weitesten Sinne unterschieden werden: Jahresgespräche im engen Sinne, Neuproduktpräsentationen, Umsetzungs- bzw. Steuerungsgespräche. Vgl. Behrens, Arne: Jahresgespräche und andere Formen der Interaktion im Absatzkanal: Eine Explorationsstudie, Duisburg 1992, S. 8 ff.

[334] Bonus, Holger; Weiland, Raimund: Die Welt der Institutionen, in: Beiträge zur angewandten Mikroökonomik, hrsg. v. Gustav Dieckheuer, Berlin u.a. 1995, S. 41

Transaktionsdimension bei einem Vergleich von Transaktionswerten mehrerer Hersteller neutralisieren. Ausgenommen aus dieser Betrachtung sind allerdings Häufigkeiten, die mit einer besonderen Behandlung des Handels (etwa im Zusammenhang mit Key-Account-Management) bzw. mit bestimmten Projekten (zum Beispiel in Form von vertikalen Kooperationen) einhergehen. In beiden Fällen ist die Wirkung von Häufigkeiten auf Transaktionskosten nicht mehr originär, sondern derivativ, indem die Häufigkeit in den Grad der Spezifität der Transaktion mit einfließt.

Beim Jahresgespräch – als zweites Bezugsobjekt zur Beurteilung der Häufigkeiten bei Transaktionen zwischen Hersteller und Handel – erscheint es vor dem Hintergrund des typischen Ablaufes von Jahresgesprächen[335] mehr als fraglich, inwieweit der Hersteller bei Wiederholungen tatsächlich spürbare Transaktionskosten senkende Effekte erzielt.[336] Selbst wenn der Hersteller für die Jahresgespräche – unter anderem wegen der Diskrepanz zwischen inhaltlicher Bedeutung und zeitlicher Gesprächsdauer von durchschnittlich nur zwei bis drei Stunden – bereits im Vorfeld umfangreiche Ressourcen verbraucht (z.B. im Rahmen von Kennzahlenbeschaffungen, Aktions- und Umsetzungsplanungen, Schulungen und dergleichen mehr),[337] fällt der Transaktionskosten sparende Effekt aufgrund von Wiederholungen im Vergleich zu den anderen Transaktionsdimensionen verschwindend gering aus. Diesem Umstand wird die von Williamson verstandene Häufigkeit nur unzureichend gerecht, da sie sich nur auf gleichartige Transaktionen bezieht.[338] Dagegen verlangt die besondere Situation von Jahresgesprächen immer wieder aufs Neue eine spezielle Vorbereitung, so daß der Spezifitätseffekt den Häufigkeitseffekt überkompensiert. In diesem Sinne fließen durch Häufigkeiten erzielte Erfahrungen in den Sachverhalt der oben beschriebenen Humanspezifität mit ein. Im allgemeinen kann sogar festgehalten werden, „... daß die

---

335 Vgl. hierzu Behrens, Arne: Jahresgespräche und andere Formen der Interaktion im Absatzkanal, a.a.O., S. 53 ff.

336 Nur als pointierte Überzeichnung der Unvorhersehbarkeit bzw. Unkontrollierbarkeit von Jahresgesprächen zu verstehen, soll an ein Beispiel eines bis Gewaltausübung eskalierenden Jahresgespräches verwiesen werden. Vgl. o.V.: Jahresgespräch endete im Krankenhaus, in: Lebensmittelzeitung, 13.12.1991, S. 4

337 Vgl. ebenda, S. 10 f.

338 Vgl. Altmann, Ferdinand W.: Stabilität vertraglicher Kooperationsverhältnisse im Franchising. Eine institutionenökonomische Analyse, Frankfurt am Main 1996, S. 26

Transaktionshäufigkeit keine eigenständige Einflußgröße darstellt, sondern erst in Verbindung mit anderen Einflußgrößen verstärkend (...) wirkt."[339]

Folglich ist nachzuvollziehen, daß in einem analogen Zusammenhang Schwaner und Fischer zwar die Dimensionen „Spezifität" und „Unsicherheit" würdigen, aber die Dimension „Häufigkeit" mit der gleichlautenden Begründung weitestgehend außer acht lassen, daß im Gegensatz zu Spezifität und Unsicherheit „... die Häufigkeit nur eine unterstützende Stellung unter den Einflußgrößen der Transaktionskosten ..."[340] einnimmt.[341] Letztendlich unterstützt auch die allgemeine Scientific Community die hier vorgenommene Einschätzung der Bedeutung von Häufigkeit, indem sich das Schrifttum auf die Feststellung beschränkt, daß nicht die Transaktion als solches, sondern nur die Amortisation der sogenannten Set-up-Kosten und die laufende Deckung der Gemeinkosten eine Häufigkeit bzw. Wiederholung der Transaktion verlangen.[342]

Zusammenfassend bleibt festzuhalten, daß von den grundlegenden Transaktionsdimensionen nach Williamson die Spezifität sowie die Unsicherheit mit jeweils unterschiedlicher Hebelkraft belastend auf die Höhe der direkten systemimmanenten Transaktionskosten einwirken, während die Häufigkeit als Transaktionsdimension einen nur marginal oder derivativ entlastenden Einfluß ausübt. Letzterer Sachverhalt bricht implizit mit der eindeutigen Abgrenzbarkeit aller drei Dimensionen und eröffnet damit zugleich die Frage nach den gegenseitigen Interdependenzen der Dimensionen. Eine diesbezügliche Antwort kann durchaus eine gegenseitige Wechselbeziehung zwischen Spezifität und Unsicherheit unterstellen, wonach Spezifität auf die Beurteilung des Untersicherheitsempfindens und Unsicherheit wiederum auf die Beurteilung des Spezifitätsniveaus wirkt. Die entsprechende Beurteilung unterliegt dabei dem Blickwinkel

339 Baur; Cornelius: Make-or-Buy-Entscheidungen in einem Unternehmen der Automobilindustrie, a.a.O., S. 81

340 Fischer, Marc: Make-or-Buy-Entscheidungen im Marketing, a.a.O., S. 99

341 Vgl. Schwaner, Jost: Integration von Kunden und Lieferanten, a.a.O., S. 14. Picot geht sogar einen Schritt weiter und attestiert nur der Spezifität eine vorrangige Eigenschaft. Häufigkeit und Unsicherheit wirken dagegen nur unterstützend. Vgl. Picot, Arnold: Ein neuer Ansatz zur Gestaltung der Leistungstiefe, a.a.O., S. 345 ff.

342 Vgl. hierzu beispielhaft Williamson, Oliver E.: The Economics of Governance. Framework and Implications, in: ZgS/JITE, 140. Jg., 1984, S. 206 f.; Anderson, Erin; Schmittlein, David, C.: Integration of the Sales Force. An Empirical Examination, in: Rand Journal of Economics, 15. Jg., Heft 3/1984, S. 388; Anderson, Erin: The Salesperson as Outside Agent or Employee. A Transaction Cost Analysis, in: Marketing Science, 4. Jg., Heft 3/1985, S. 239

der beteiligten Transaktionsparteien und somit ihrem subjektiven Empfinden. Entgegen dieser zweidimensionalen Interdependenz sind die Wechselbeziehungen zwischen Häufigkeit und den anderen beiden Dimensionen – wie bereits oben aufgeführt – nur von eindimensionalem Charakter.

Die gegenseitigen Wechselbeziehungen zwischen den Transaktionsdimensionen einerseits und deren Wirkungen auf die direkten Transaktionskosten andererseits werden nochmals durch die Abbildung 15 wiedergegeben.

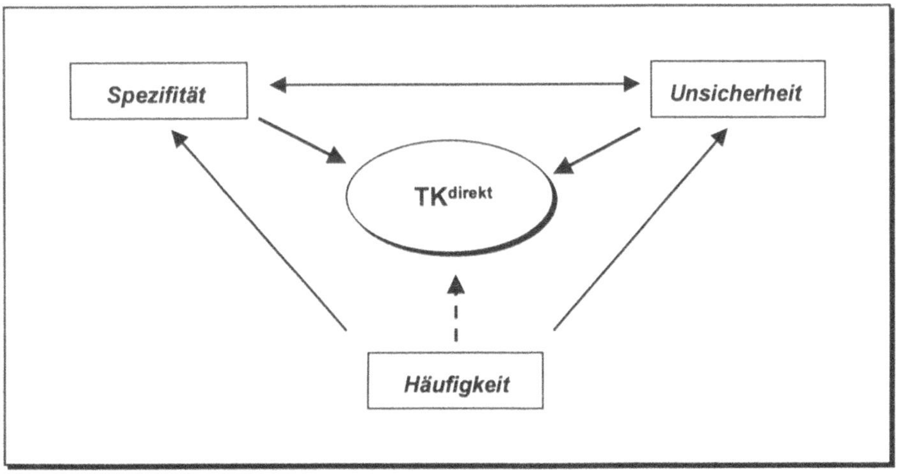

Abb. 15: Einflußgrößen auf die direkten systemimmanenten Transaktionskosten

4.2.2 Der Einfluß der Marke auf die Bestimmungsfaktoren der systemimmanenten indirekten Transaktionskostenersparnisse ($TKE^{indirekt}$)

4.2.2.1 Grundlegung der Argumentation

4.2.2.1.1 Herleitung und Abgrenzung

Bisher konnten insbesondere mit der Spezifität von Investitionen in eine Beziehung zum Handel sowie mit dem Unsicherheitsgrad im Umgang mit dem Handel zwei maßgebliche Größen bestimmt und erklärt werden, die aus Sicht des Herstellers originären Einfluß auf die direkten systemimmanenten Transaktionskosten nehmen und somit den Transaktionswert des Herstellers in seiner Beziehung zum Handel belasten.[343] Analog zu diesem Ergebnis geht es in dem nun folgenden Abschnitt um die Frage der möglichen Einflußnahme des Herstellers auf die indirekten systemimmanenten Transaktionskostenersparnisse durch den Handel.

Selbst wenn diese Frage vordergründig mit der Problematik der generellen Verhaltens- und Leistungsbeeinflussung des Handels einhergeht, korrespondiert sie vor dem Hintergrund der hier zugrunde gelegten Systemimmanenz nicht mit den herkömmlichen monetären wie auch nicht-monetären Anreiz-Instrumenten im Rahmen des Vertikalen Marketing.[344] Ebenso wie die Konditionengewährung im allgemeinen beziehen sich Anreize im besonderen nicht auf transaktionsimmanente Leistungen des Handels, sondern zielen auf ganz bestimmte individuelle Verhaltensweisen des Handels ab, die über die hier definierten systemimmanenten Leistungen hinausgehen.[345]

Insofern ist nach einer *über* den Anreizen stehenden Größe zu fragen, die der Hersteller einerseits in eine Transaktionsbeziehung zum Handel systemimmanent einbringt und die er bei unterschiedlicher Ausprägung andererseits aber auch als eine Art Hebel nutzen kann, um den Handel zur maximalen Interpretation seiner systemimmanenten

---

343 Wie aufgezeigt, übt die Häufigkeit nur einen derivativen bzw. marginalen Einfluß aus.

344 Vgl. zu dem Spektrum möglicher Anreize des Herstellers zur Verhaltenssteuerung des Handels und bei speziellen Leistungsabsprachen Irrgang, Wolfgang: Strategien im vertikalen Marketing, a.a.O., S. 81 ff.

345 Vgl. hierzu die Ausführungen zu den Konditionen im Abschnitt 4.1.2.2.2, die aus der Betrachtung explizit ausgegrenzt wurden.

Leistung zu bewegen. Im Endeffekt ist die gesuchte Größe somit Gradmesser der systemimmanenten indirekten Transaktionskostenersparnisse, die der Hersteller durch die Leistungserbringung des Handels erlangen kann. Um diese Einflußgröße auf die $TKE^{indirekt}$ bestimmen zu können, gilt es für den Hersteller, seine eigene systemimmanente Leistung im Sinne des hier zugrunde gelegten integrativem Marketingverständnisses aus der Perspektive des Handels zu reflektieren und hinsichtlich eines Mehrwertes für den Handel zu überprüfen. Der Hersteller hat sich somit in die Rolle des Handels zu versetzen, dessen Transaktionswert bezüglich der relevanten Beziehung aufzugreifen und schließlich hiernach seine eigene systemimmanente Leistung auf Wertschaffung für den Handel ausrichten.

Ansatzpunkte hierfür sind aus der Stellung des Handels in der Marktkette und seiner daraus abzuleitenden originären Aufgabe des Umschlages eines Sortimentes vom Erstanbieter zum Letztnachfrager zu entnehmen,[346] wonach sich der Mehrwert der systemimmanenten Leistung des Herstellers an dem Grad der unterstützenden Wirkung zur Erfüllung eben dieser Aufgabe zu messen hat. Diese Argumentation steht im unmittelbaren Zusammenhang zu der Frage nach dem akquisitorischen Potential[347] der Produkte des Herstellers beim Letztnachfrager. Denn um so höher dieses Potential ausfällt, desto weniger muß der Handel selbst Anstrengungen unternehmen, um seine Aufgabe zu erfüllen[348] und um so mehr besteht für den Hersteller eine Anspruchsgrundlage,

[346] Vgl. Mattmüller, Roland: Marketingstrategien des Handels und staatliche Restriktionen, a.a.O., S. 35

[347] Die Bezeichnung „akquisitorisches Potential" geht auf Gutenberg zurück, der diese Bezeichnung im Rahmen der Begründung des monopolistischen Bereichs der polypolistischen Preis-Absatz-Kurve bei unvollkommenem Polypol für die Gesamtheit der bei potentiellen Nachfragern präferenzschaffenden Marketingaktivitäten eines Anbieters einführte. Vgl. Gutenberg, Erich: Grundlagen der Betriebswirtschaftslehre, Bd. 2: Der Absatz, 16. Aufl. Berlin u.a. 1979, S. 243

[348] Folglich sind Markenimage und damit einhergehende Verbundwirkungen (im Sinne von Imagetransfer) für den Handel zentrale Kriterien bei der Sortimentsgestaltung, schließlich trägt die Herstellermarke wesentlich zur Erhöhung der Kundenfrequenz und -bindung im Handel bei. Vgl. Wenzel, Holger: Verbraucherkommunikation durch Hersteller und Handel, in: Markenartikel, 58. Jg., Heft 6/1996, S. 231

möglichst hohe Transaktionskostenersparnisse vom Handel zu fordern.[349] Mit anderen Worten: „Der Aufbau eines Markenimage kann also durchaus als wichtiges Wettbewerbsinstrument betrachtet werden, um Nachfragemacht [des Handels] zu neutralisieren."[350]

Das akquisitorische Potential eines Produktes und mit ihm der entstehende Nachfragesog[351] kann durch eine Reihe von Maßnahmen gegenüber dem Letztnachfrager erzielt werden, so daß sich im Ergebnis eine präferenzbildende Wertschätzung bezüglich des Produktes beim Letztnachfrager herausbildet.[352] Diese subjektive Wertschätzung wiederum kann verdichtend über das Konstrukt der Marke abgebildet werden, sofern dem Verständnis der Marke ein wirkungsbezogener Ansatz zugrunde liegt.[353] Auf den Punkt gebracht kann dabei die Marke als „allumfassende Klammer"[354] für die vom Letztnachfrager vorgenommene Wertschätzung gegenüber dem Produkt des Herstel-

349 In stark impliziter Form und auf eine ausgewählte Problemstellung bezogen liegt ein analoger Wirkungszusammenhang den Arbeiten von Engelhardt und Geppert zugrunde. Vgl. Engelhardt, Tobias-Markus: Partnerschafts-Systeme mit dem Fachhandel als Konzept des vertikalen Marketing: Dargestellt am Beispiel der Unterhaltungselektronik-Branche in der Bundesrepublik Deutschland, St. Gallen, 1990 S. 47f.; Geppert, Hubert Matthias: Vertikales Marketing in der Touristik-Branche: Distributive Leistungssysteme aus der Sicht deutscher und schweizerischer Großreiseveranstalter zur Motivation und Steuerung mittelständischer Reisemittler, Bern 1995, S. 51 ff.

350 Schmidt, Ingo; Elßer, Stefan: Die Rolle des Markenartikels im marktwirtschaftlichen System, in: Marke und Markenartikel als Instrumente des Wettbewerbs, hrsg. v. Erwin Dichtl u. Walter Eggers, München 1992, S. 65

351 Vgl. Westphal, Jörg: Vertikale Wettbewerbsstrategien in der Konsumgüterindustrie, a.a.O., S. 139

352 Vgl. Irrgang, Wolfgang: Pull-Strategien, in: Vahlens Großes Marketinglexikon, hrsg. v. Hermann Diller, München 1992, S. 986

353 In der Literatur gibt es eine Vielzahl unterschiedlicher Definitionen und Systematiken zur Abgrenzung von Marken. Bruhn unterscheidet diese in sieben miteinander konkurrierende Ansätze, nämlich neben dem wirkungsbezogenen Ansatz noch den merkmalsorientierten, den intensitätsbezogenen, den herkunftsstrukturierten, den instrumentalen, den absatzorientierten und schließlich noch den erfolgsorientierten Ansatz. Vgl. Bruhn, Manfred: Begriffsabgrenzungen und Erscheinungsformen von Marken, in: Handbuch Markenartikel, hrsg. v. Manfred Bruhn, Stuttgart 1994, S. 7 ff.

354 Kunkel, Rolf: Vertikales Marketing im Herstellerbereich, a.a.O., S. 200

lers verstanden werden.[355] „Demzufolge sind Marken das, was die Nachfrager als solches bezeichnen bzw. empfinden."[356]

Wenngleich eine wirkungsbezogene Interpretation der Marke im Einklang zum hier vorliegenden Marketingverständnis steht, stößt eine diesbezügliche problemrelevante Umsetzung schnell an die Grenzen ihrer Operationalisierung, weil sich diese (naturgemäß) auf rein subjektive und qualitative Größen beschränken muß. Erst eine Synthese des wirkungsbezogenen Ansatzes mit den merkmals- und absatzorientierten Begriffsverständnissen von Marken eröffnet genügend Spielraum für die weitere Untersuchung, denn mit der Berücksichtigung des Absatzsystems und den konstitutiven Merkmalen einer Marke können konkretere Ergebnisse herbeigeführt werden.[357]

In diesem Sinne und in Anlehnung an Meyer wird hier die Marke „... als ein in sich geschlossenes Marktbearbeitungssystem ..."[358] verstanden, daß bei Anwendung systemgerechter Markentechnik „... über das Vertrauen zur Qualität zum öffentlichen Vertrauen ..."[359] führt. Das Vertrauen in die Marke stellt somit die Grundlage zur subjektiven Wertschätzung einer Marke dar.[360] Dabei beschränkt sich die Marke nicht allein auf das Austauschobjekt, sondern kann sich ebenso auf den Markeninhaber als ganzes erstrecken oder sich auf einzelne Unternehmensteile bzw. -funktionen beziehen.[361]

355 Die hier vorgenommene Bezugnahme auf das Produkt des Herstellers ist ausschließlich problembedingt, selbstverständlich beschränken sich Marken nicht nur auf industrielle Markenartikel.

356 Brauer, Wolfgang: Die Betriebsform des stationären Einzelhandels als Marke, München 1996, S. 18

357 Vgl. ebenda, S. 18 f.

358 Meyer, Paul W.: Markenspezifisches Herstellermarketing, in: Markenartikel heute – Marke, Markt und Marketing, hrsg. v. Gabler Verlag, Wiesbaden 1978, S. 171

359 Meyer, Paul W.: Markenspezifisches Herstellermarketing, a.a.O., S. 171

360 Vgl. Meyer, Paul W.: Marketing des industriellen Markenartikels, Bd. 6 der Materialien zu den Grundlagen des Marketing, 4. Aufl., Augsburg 1988, S. 72 sowie vgl. Meyer, Anton; Tostmann, Tom: Die nur erlebbare Markenpersönlichkeit, a.a.O., S. 12

361 Vgl. Meyer, Paul W.: Marketing des industriellen Markenartikels, a.a.O., S. 97. Mit diesem Begriffsverständnis wird nicht nur der Problemstellung Rechnung getragen, sondern auch ein Bogen zwischen den eigentlich „konkurrierenden" Definitionsansätzen geschlagen. Vgl. hierzu Fußnote 353 der vorliegenden Arbeit.

Um im weiteren die Marke als die entscheidende Einflußgröße des Herstellers auf die Bestimmungsfaktoren der indirekten systemimmanenten Transaktionskostenersparnisse erklären zu können, ist die Marke aus der Perspektive aller konstitutiven Teilnehmer einer Marktkette zu durchleuchten. In diesem Sinne erfolgt die Argumentation in drei Schritten.

Im ersten Schritt (Abschnitt 4.2.2.2) wird aus der Perspektive des Letztnachfragers nach der Bedeutung der Marke im Transaktionsprozeß gefragt. Hierzu wird mit der Informationsökonomik ein Bezugsrahmen zugrunde gelegt, der generell auf den Unsicherheiten des Letztnachfragers gegenüber den Qualitätseigenschaften eines Produktes aufbaut und somit den Vertrauensaspekt einer Marke entsprechend dem obigen Begriffsverständnis in den Mittelpunkt der Analyse rückt. Ausgangspunkt hierbei wird zunächst eine informationsökonomische Gütertypologie sein, die dann anschließend mit den konstitutiven Merkmalen einer Marke verknüpft wird, um letztendlich daraus abgeleitet mittels den informationsökonomischen Funktionen das akquisitorische Potential einer Marke beim Letztnachfrager zu bestimmen.

In einem zweiten Schritt (Abschnitt 4.2.2.3) wird dann die Perspektive des Handels eingenommen, indem nach dem Nutzen gefragt wird, den der Handel aus dem akquisitorischen Potential einer Marke beim Letztnachfrager passiv hat bzw. aktiv ziehen kann. Letzteres impliziert die Instrumentalisierung einer Marke durch den Handel und wirft dabei die Frage nach den Folgewirkungen auf. In diesem Zusammenhang ist insbesondere darauf zu achten, inwiefern sich die Instrumentalisierung komplementär oder kontraproduktiv auf das akquisitorische Potential einer Marke auswirkt.

Der dritte Schritt (Abschnitt 4.2.3) wendet sich mit abschließenden Implikationen dem Hersteller zu, wenn aus seiner Sicht der Dinge Rückschlüsse gezogen werden, die nicht nur das akquisitorische Potential seiner Marke betreffen, sondern auch die dazugehörigen Transaktionskostendimensionen mit aufgreifen. Insofern wird zum Abschluß des vierten Kapitels die formale Trennung der Einflußgrößen wieder aufgehoben, um diese in einer übergreifenden Verknüpfung wieder auf die TK^{direkt} und $TKE^{indirekt}$ zu übertragen.

4.2.2.1.2 Die informationsökonomische Gütertypologie als Ausgangspunkt der Argumentation

Die Marke als ein in sich geschlossenes Marktbearbeitungssystem[362] stellt unter informationsökonomischen Aspekten einen institutionellen Informationsträger dar, der dem Nachfrager bei unvollkommener Information bzw. Informationsasymmetrie zum Anbieter als glaubwürdiges Qualitätssignal[363] dient. Bei erfolgreichem Einsatz reduziert die Marke somit Informationsdefizite und damit verbundene Unsicherheiten sowohl über die Leistung als auch das Verhalten des Herstellers. Eine diesbezügliche Bewertung der Marke hat ihren Ausgangspunkt in der informationsökonomischen Güterklassifikation, wonach Informations- und Unsicherheitsprobleme des Nachfragers ursächlich von der Überprüfbarkeit der Produkteigenschaften abhängen. Auf die Arbeiten von Nelson bzw. Darby/Karni zurückgehend werden in diesem Zusammenhang drei Kategorien von Produkteigenschaften unterschieden, nämlich Search-, Experience- und Credence-Qualities.[364] Hieraus kann bei rein statischer Interpretation der drei „Qualities-Dimensions" eine gleichlautende Gütertypologie abgeleitet werden.

Im Kern geht die Unterscheidung in drei Eigenschaftsdimensionen von der These aus, daß das Verhalten des Nachfragers im Austauschprozeß abhängig von dessen Informationsstand und seiner Möglichkeiten zur Informationsgewinnung bezüglich des Austauschobjektes ist. Die Informationsökonomik setzt somit im Vergleich zur Transaktionskostentheorie nicht an der Transaktion als solches an, sondern an dem jeweiligen Objekt der Transaktion. Hieraus erklärt sich auch, warum die Transaktionskostentheo-

---

362 Irmscher spricht in diesem Fall von der Marke als „... eine spezielle Form der Marktbearbeitung von bestimmten Transaktionsbeziehungen ... ." Irmscher, Markus: Markenwertmanagement – Aufbau und Erhalt von Markenwissen und -vertrauen im Wettbewerb: Eine informationsökonomische Analyse, Frankfurt am Main 1997, S. 158

363 Vgl. Koppelmann, Udo: Sicherung der Distributionsqualität des Markenartikels, in: Der Betriebsberater, 46. Jg., Heft 21/1991, S. 1440; Meyer, Anton; Tostmann, Tom: Die nur erlebbare Markenpersönlichkeit, in: Havard Business Manager, 18. Jg., Heft 4/1995, S. 10

364 Das Begriffspaar „Search- und Experience-Qualities" geht auf Nelson zurück, indem er davon ausgeht, daß dem Nachfrager zur Qualitätsbeurteilung von Gütern nur zwei grundsätzliche Möglichkeiten offen stehen, nämlich Informationssuche und Erfahrungen. Hierfür benutzt er später die obigen Bezeichnungen. Vgl. Nelson, Phillip: Information and Consumer Behaviour, in: The Journal of Political Economy, 78. Jg., 1970, S. 312 und derselbe: Advertising as Information, in: The Journal of Political Economy, 82. Jg., 1974, S. 730. Dieses Begriffspaar erweitern Darby/Karni in einem analogen Zusammenhang um die Credence Quality. Vgl. Darby, Michael R.; Karni, Edi: Free Competition and the Optimal Amount of Fraud, in: The Journal of Law and Economics, 16. Jg., 1973, S. 69

rie mit dem Organizational Failures Framework andere Einflußgrößen heranzieht, als die Informationsökonomik mit den drei Eigenschaftsdimensionen eines Austauschobjektes, um transaktionales Verhalten zu erklären.[365]

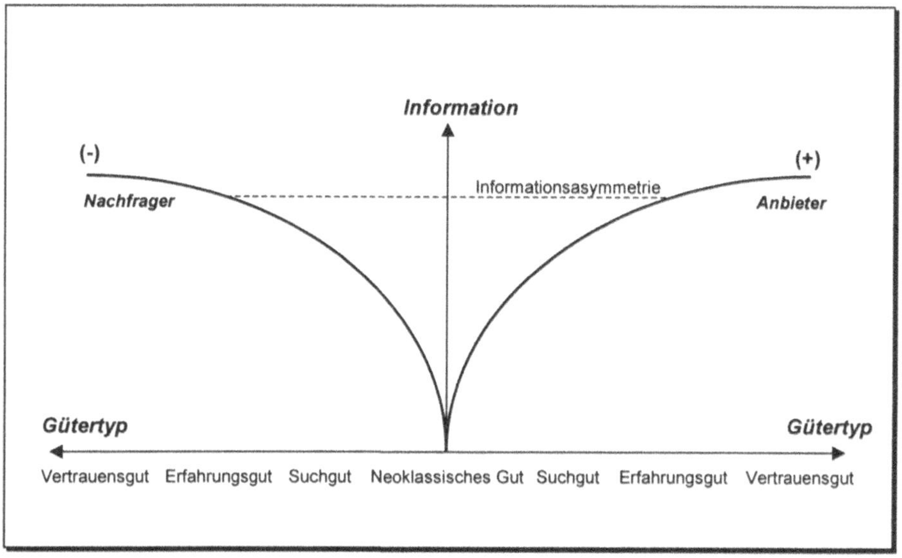

Abb. 16: Informationsökonomische Gütertypologie

Für die nachfolgende weitergehende Erörterung der drei Eigenschaftsdimensionen wird von einer ausführlichen Herleitung abgesehen, da sich die drei Eigenschaftsdimensionen nahezu als Allgemeingut in der Scientific Community durchgesetzt haben.[366] Dementsprechend wird an dieser Stelle nur soviel an Grundlage geschaffen, wie es ausreicht, um anschließend darauf aufbauend argumentative Verknüpfungen vornehmen zu können.

365 Vor diesem Hintergrund könnte eine von Kaas gemachte Differenzierung in „Marketingtechnologie" einerseits und „Produktionstechnologie" andererseits einen möglichen Weg aufzeigen, um hier eine Brücke zwischen der Transaktionskostentheorie auf der einen Seite und der Informationsökonomie auf der anderen Seite zu spannen – selbst wenn Kaas diese in der hier expliziten Form nicht verfolgt. Vgl. Kaas, Klaus P.: Marketing als Bewältigung von Informations- und Unsicherheitsproblemen im Markt, in: DBW, 50. Jg., Heft 4/1990, S. 541 f.

366 Vgl. Weiber, Rolf: Was ist Marketing? Ein informationsökonomischer Erklärungsansatz, Arbeitspapier Nr. 1 zur Marketingtheorie der Universität Trier, hrsg. v. Rolf Weiber, Trier 1993, S. 70 und vgl. beispielhaft die dort angegebene Literatur.

In der Abgrenzung der drei Eigenschaftsdimensionen beziehen sich die Search-Qualities auf jene Eigenschaften des Austauschobjektes, die vom Nachfrager ohne größere Probleme durch Informationssuche und -auswertung bereits vor einem möglichen Eigentumsrecht beurteilt werden können. Demgegenüber sind die Experience-Qualities erst nach dem Eigentumsübergang in der An- oder Verwendung des Objektes eindeutig feststellbar.[367] Für die Credence-Qualities ist eine Überprüfung kaum noch möglich. Sie zeichnen sich dadurch aus, daß der Nachfrager sie nie ganz oder nur unter prohibitiv hohen Aufwendungen vollständig beurteilen kann.

Sofern davon ausgegangen wird, daß sich die Transparenz zur Beurteilung der betreffenden Eigenschaften des Austauschobjektes über die Zeit nicht verändert, können zur Differenzierung der drei Eigenschaftskategorien zum einen der „Zeitpunkt der Eigenschaftsbeurteilung" (ex-ante/ex-post) und zum anderen die „Beurteilbarkeit von Eigenschaftsdimensionen" (möglich/nicht möglich) als zentrale Abgrenzungskriterien herangezogen werden.[368] Die daraus entstehende Zuordnung an Eigenschaftsdimensionen ist der nachfolgenden Tabelle zu entnehmen.

		Zeitpunkt der Eigenschaftsbeurteilung	
		vor dem Kauf	nach dem Kauf
Möglichkeit der Eigenschafts-beurteilung	möglich	Search-Qualities	Experience-Qualities
	nicht möglich	Experience- bzw. Credence-Qualities	Credence Qualities

Tab. 4: Abgrenzung von Eigenschaftsdimensionen aus informationsökonomischer Sicht[369]

[367] In diesem Sinne ist davon Abstand zu nehmen, Experience-Qualities mit einem „Trial-and-Error-Prozeß" gleichzusetzen, wie es beispielsweise bei Schade/Schott erfolgt. Vgl. Schade, Christian; Schott, Eberhard: Kontraktgüter im Marketing, in. Marketing ZFP, 15.Jg., Heft 1/1993, S. 17. Weiber führt hierzu die Begründung an, daß bei Gültigkeit eines „Trial-and-Error-Prozesses" aus vormals Experience-Qualities ab einem bestimmten Zeitpunkt Search-Qualities werden, weswegen eine eindeutige Abgrenzung nicht mehr möglich ist. Vgl. Weiber, Rolf: Was ist Marketing? a.a.O., S. 71

[368] Vgl. Weiber, Rolf: Was ist Marketing? a.a.O., S. 71

[369] Vgl. ebenda, S. 72

Für den Nachfrager ergeben sich je nach Ausprägung der drei Eigenschaftsdimensionen unterschiedlich intensive Nutzungsabgleiche, die sich in Form von vollprogrammierten, teilprogrammierten und unprogrammierten Austauschprozessen widerspiegeln.[370] Dennoch sollte die Trennung in Search-, Experience- und Credence-Qualities nicht dahingehend mißverstanden werden, daß jedem Austauschobjekt jeweils genau eine dieser Eigenschaften im vollen Umfang zugesprochen werden kann. Vielmehr definiert sich jedes Austauschobjekt über beliebige, komplementäre Kombination aus allen drei Eigenschaftsdimensionen.[371] Vor diesem Hintergrund ist die vorstehende informationsökonomische Gütertypologie (vgl. Abbildung 15) zu relativieren, indem nicht uneingeschränkt von konkreten Such- bzw. Erfahrungs- und Vertrauensgütern gesprochen werden kann. Eher lassen sich sämtliche Austauschobjekte in einen dreidimensionalen Raum einordnen, der die Form eines Tetraeders einnimmt.[372] Diese Einordnung erfolgt aus dem Blickwinkel von Hersteller, Handel und Letztnachfrager unterschiedlich und zudem von jedem einzelnen Marktteilnehmer zu einem großen Teil subjektiv sowie bei Wiederholungen oder über die Zeit hinweg auch in sich differierend.[373]

370 Vgl. hierzu Meyer, Paul W.; Meyer, Anton: Kaufentscheidung! Das Herz des Marketing, in: Werbung – Publicité, Heft 11/1982, S. 16 f. Im analogen Zusammenhang hierzu liegt im Konsumgüterbereich eine weit verbreitete Einteilung nach convenience goods, shopping goods und speciality goods vor. Erstere werden sehr häufig, also wiederholend und deswegen mit einem möglichst geringem Aufwand, gekauft. Shopping goods werden seltener und unter sorgfältigem Abgleich von Nutzenerwartungen und Nutzenversprechungen nachgefragt. Der Kauf von speciality goods schließlich erfolgt am seltensten und in relativ großen Abständen, verbunden mit ausgiebigen Nutzenabwägungen und Produktvergleichen.

371 Vgl. Darby, Michael R.; Karni, Edi: Free Competition and the Optimal Amount of Fraud, a.a.O., S. 69

372 Vgl. Adler, Jost: Informationsökonomische Fundierung von Austauschprozessen im Marketing, Arbeitspapier zur Marketingtheorie Nr. 3, hrsg. v. Rolf Weiber, 2. Auflage, Trier 1996, S. 52 f. Je nach der Dominanz einer Eigenschaftsdimension spricht Weiber von Such-, Erfahrungs- bzw. Vertrauenskäufen, was einer abgeschwächten Gütertypologie gleichkommt. Vgl. Weiber, Rolf: Was ist Marketing?, a.a.O., S. 74 f. sowie zur ersten empirischen Überprüfung auf Nachfragerseite Weiber, Rolf; Adler, Jost: Positionierung von Kaufprozessen im informationsökonomischen Dreieck: Operationalisierung und verhaltenswissenschaftliche Prüfung, in: ZfbF, 47. Jg., Heft 2/1995, S. 99 ff.

373 Vgl. Adler, Jost: Informationsökonomische Fundierung von Austauschprozessen: Eine nachfragerorientierte Analyse, Wiesbaden 1996, S. 71

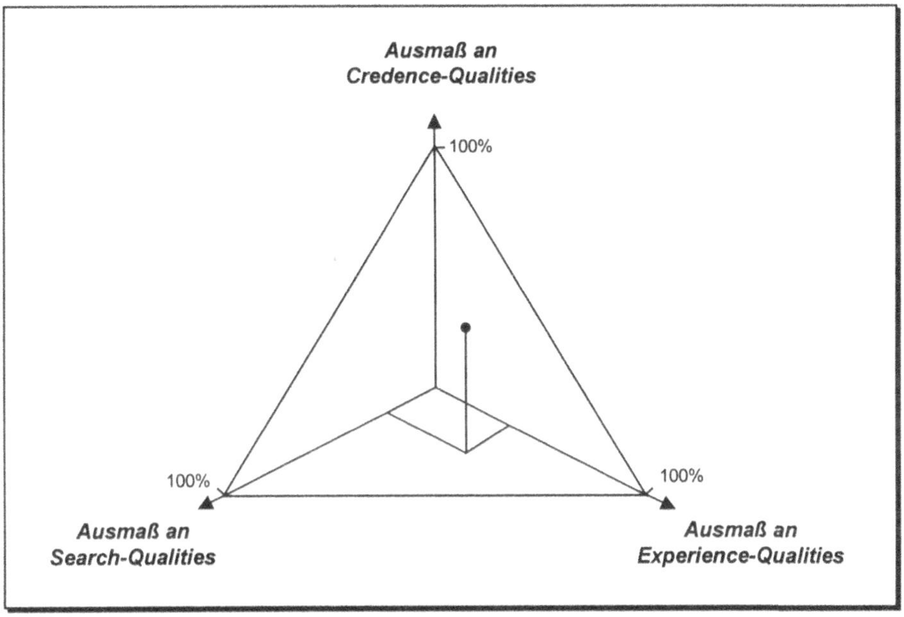

Abb. 17: Tetraeder der informationsökonomischen Eigenschaftsdimensionen[374]

374 Vgl. Weiber, Rolf: Was ist Marketing?, a.a.O., S. 74; Adler, Jost: Informationsökonomische Fundierung von Austauschprozessen im Marketing, a.a.O., S. 53 sowie derselbe: Informationsökonomische Fundierung von Austauschprozessen, a.a.O., S. 72

4.2.2.2 Das akquisitorische Potential der Marke beim Letztnachfrager aus informationsökonomischer Sicht

Zur Ermittlung des Wertes einer Marke gibt es in der Literatur zahlreiche Modelle und Verfahren, die grundsätzlich in finanz- und marktorientierte Ansätze differenziert werden können.[375] Gemeinsam dienen die damit erhobenen Markenwerte in erster Linie „... als finanziell bewertete Erfolgskennzahlen der unternehmensbezogenen Markenkontrolle bzw. -steuerung und somit letztlich der Sicherung und Steigerung strategischer Erfolgspotentiale im Unternehmen."[376] Neben dieser übergeordneten strategischen Bedeutung liegen nachgelagert noch weitere Beweggründe zur Markenbewertung vor, beispielsweise für Anlage-, Bilanzierungs-, Lizenzierungs- oder Schadensersatzzwecke oder auch zum Kauf bzw. Verkauf von Markenrechten. In diesem Zusammenhang finden sich in der Literatur auch Modelle zur Ermittlung des Markenwertes für den (Letzt-)Nachfrager, wobei diese allerdings in unterschiedlicher Breite und Tiefe mehr auf verhaltenswissenschaftliche, preis- oder finanztheoretische Konstruktbildungen und Fundierungen aufbauen, als auf die Neue Institutionenökonomik.[377]

Vor diesem Hintergrund hebt sich die folgende informationsökonomische Argumentation zur Erklärung eines Markenwertes für den Letztnachfrager ab. Hierzu werden zunächst die generellen Ansatzpunkte der informationsökonomischen Wertermittlung einer Marke herausgestellt, um anschließend den senkenden Effekt der informationsökonomischen Funktionen auf die Transaktionskosten des Letztnachfragers nachzuzeichnen.

---

375 Vgl. Bekmeier, Sigrid: Markenwert, in: Handwörterbuch des Marketing, hrsg. v. Bruno Tietz; Richard Köhler u. Joachim Zentes, 2., vollst. überarb. Aufl., Stuttgart 1995, Sp. 1463 ff. Irmscher geht in seiner Kategorisierung von gegenwärtig ca. 25 bekannten Verfahren und Modellen zur Ermittlung von Markenwerten aus. Vgl. Irmscher, Markus: Markenwertmanagement, a.a.O., S. 85 ff.

376 Bruhn, Manfred: Markenstrategien, in: Handwörterbuch des Marketing, hrsg. v. Bruno Tietz; Richard Köhler u. Joachim Zentes, 2., vollst. überarb. Aufl., Stuttgart 1995, Sp. 1457

377 Vgl. zur generellen Deskription der relevanten Modelle und Verfahren Irmscher, Markus: Markenwertmanagement, a.a.O., S. 126 ff.

4.2.2.2.1 Ansatzpunkte der informationsökonomischen Wertermittlung einer Marke

Ausgehend vom allgemeinen Transaktionswert mit seiner formalen Struktur:[378]

$$TW_{Ges.} \overset{!}{\geq} 0, \text{wobei}$$

$$TW_{Ges.} = \sum_{i=1}^{n} (ON_i + TN_i) - (OK_i + TK_i)$$

mit:

$TW_{Ges.}$ = Transaktionswert (Gesamt)
i = Index der Transaktion ($i = 1, 2, \ldots, n$)
ON_i = Objektnutzen der Transaktion i
TN_i = Transaktionsnutzen der Transaktion i
OK_i = Objektkosten der Transaktion i
TK_i = Transaktionskosten der Transaktion i

ergeben sich zwei Ansatzpunkte, um den Wert einer Marke aus Sicht des Letztnachfragers zu erklären, indem die Marke sowohl den Objektnutzen als auch die Transaktionskosten beeinflußt.

In Bezug auf den Objektnutzen stiftet eine Marke über den Grundnutzen des Austauschobjektes hinaus bekanntermaßen – und deswegen an dieser Stelle auch nur angerissen – einen zusätzlichen Nutzen (Brand Added Value).[379] Dieser Zusatznutzen kann entsprechend der absatzwirtschaftlichen Nutzenlehre von Vershofen – die von ihm in Abgrenzung zur neoklassischen Nutzentheorie als eigenständiger Ansatz entwickelt wurde[380] – in dreifacher Weise auftreten. Zum einen kann die Marke für den Letzt-

378 Vgl. zur Herleitung des allgemeinen Transaktionswertes Abschnitt 4.1.1 der vorliegenden Arbeit.

379 Vgl. hierzu beispielhaft Kotler, Philip; Bliemel, Friedhelm: Marketing-Management– Analyse, Planung, Umsetzung und Steuerung, Stuttgart 1999, S. 690 f.; Michael, Bernd M.: Wenn die Markentechnik die Produkttechnik überholt, in: Jahrbuch Marketing, hrsg. v. Klaus M. Schöttle, 5. Aufl., Wiesbaden 1990, S. 154

380 Vgl. Vershofen, Wilhelm: Zum Ausbau der Nutzenlehre, in: Die Unternehmung, 9. Jg., Heft 1/1995, S. 7 f. Aus der Nutzenlehre Verhofens leitet sich die sogenannte Nürnberger-Regel ab, wonach die speziellste Nutzenart den Ausschlag für die Kaufentscheidung gibt. Vgl. derselbe: Die Marktentnahme als Kernstück der Wirtschaftsforschung, Neuauflage des ersten Bandes des Handbuchs der Verbrauchsforschung, Berlin u.a. 1959, S. 91

nachfrager von persönlichem Nutzen sein (beispielsweise eine über die Markenqualität suggerierte Sicherheit), zum anderen bietet die Marke einen soziologischen Nutzen (wie Prestige bzw. soziale Anerkennung) und schließlich kann mit der Marke auch ein magischer Nutzen verbunden werden (zum Beispiel die Marke als Maskottchen).[381]

Entsprechend der formalen Struktur des Transaktionswertes hat der Einfluß der Marke zum Transaktionsnutzen positiv und zu den Transaktionskosten negativ zu korrelieren, um von einem wertschaffenden Charakter und davon abgeleitet von einem akquisitorischen Potential einer Marke ausgehen zu können. In Bezug auf die Transaktionskosten ist daher die Marke hinsichtlich ihrer entlastenden Wirkung auf den Transaktionsaufwand des Nachfragers hin zu überprüfen. Einen Einstieg hierzu bietet der Integrativ-Prozessuale Marketingansatz, indem das transaktionskostensenkende Wirkungspotential der Marke sowohl auf der Prozeß- als auch auf der Integrations- bzw. Verhaltensebene definiert werden kann. Dabei gibt die vom Letztnachfrager individuell vorgenommene Positionierung eines Austauschobjektes im Tetraeder der informationsökonomischen Eigenschaftsdimensionen vor, ob und in welchem Umfang die Marke – prozeßbezogen – eher zur Reduzierung des Informationsaufwandes (Screening) des Letztnachfrager einerseits oder – verhaltensbezogen – eher zur Bannung des opportunistischen Verhaltens seitens des Herstellers andererseits beiträgt.

Während die Prozeßbezogenheit der Wertermittlung verstärkt auf die Problematik der Search-Qualities abzielt, indem die Marke den Aufwand zur Informationsgenerierung beim Letztnachfrager komprimiert bzw. rationalisiert (Rationalisierungsfunktion der Marke),[382] greift die Verhaltensbezogenheit die Besonderheiten der Credence- und Experience-Qualities auf. Für diese nach dem Kauf nur begrenzt überprüfbaren Eigenschaften eines Austauschobjektes dient dem Letztnachfrager die Marke als eine Art

---

381 Selbst wenn der Nutzenlehre Vershofens wegen der fehlenden empirischen Validierung nur eine deskriptive Bedeutung zugesprochen wird, steht sie dennoch in der Tradition eines integrativen Denkansatzes und erfährt deswegen an dieser Stelle ihre Bezugnahme. Vgl. zum letzteren Meyer, Paul W.: Der integrative Marketingansatz und seine Konsequenzen für das Marketing, a.a.O., S. 18 sowie als Zusammenfassung der über die Jahre angewachsenen Kritik an der Nutzenlehre Vershofens Feuerhake, Christian: Konzepte des Produktnutzens und verwandte Konstrukte in der Marketingtheorie, 22. Lehr- und Forschungsbericht des Instituts für Betriebsforschung, hrsg. v. Ursula Hansen, Hannover 1991, S. 47 ff.

382 Vgl. Koppelmann, Udo: Funktionenorientierter Erklärungsansatz der Markenpolitik, in: Handbuch Markenartikel – Anforderungen an die Markenpolitik aus Sicht von Wissenschaft und Praxis, hrsg. v. Manfred Bruhn, Stuttgart 1994, S. 225

Substitut für die Glaubwürdigkeit des Herstellers und seines Leistungsversprechens (Substitutsfunktion der Marke). Glaubwürdigkeit heißt dabei nichts anderes, als daß man einer Unternehmung „... Glauben und Vertrauen in bezug auf das, was sie sagt oder tut“[383] schenkt. Beide Funktionen sind natürlich interdependent; sie dienen gemeinsam dem Letztnachfrager zur Reduzierung seiner Unsicherheiten.[384]

Die Ansatzpunkte der informationsökonomischen Wertermittlung einer Marke und die damit verbundenen Wechselbeziehungen werden in der Abbildung 18 auf der folgenden Seite nochmals schematisch zusammengefaßt.

Zu guter Letzt bleibt noch festzuhalten, daß mit dieser auf die informationsökonomischen Funktionen abzielenden Charakterbestimmung der Marke zum einen der Forderung Rechnung getragen wird, einen derartigen Versuch „... aus ihrer Funktion im Marktprozeß abzuleiten.“[385] Zum anderen wird zugleich eine naheliegende Brücke zur Theorie der Informationsverarbeitung geschlagen, wo analoge Funktionen von sogenannten „Information Chunks“ erfüllt werden. Hierbei handelt es sich um Schlüsselinformationen, die als Indikatoren oder Substitute für andere Informationen stehen und damit den Informationsaufwand und die Informationsverarbeitung erleichtern.[386]

---

383 Thommen, Jean-Paul: Glaubwürdigkeit – Die Grundlage unternehmerischen Denkens und Handelns, Zürich 1996, S. 42. Glaubwürdigkeit in ihrer gesamten Bedeutung „... schafft für die Gesellschaft einen effektiven Wert, wie dies mit dem Wort «wirtschaften» ursprünglich gemeint war;“ ebenda, S. 43. Thommen erhebt Glaubwürdigkeit vor diesem Hintergrund „... zum obersten Leitmotiv und Beurteilungskriterium unternehmerischen Handelns;“ ebenda, S. 43 (Hervorhebungen im Original).

384 Vor einem anders gelagerten Hintergrund unterscheiden Weiber/Adler zwei wesentliche Strategien der Nachfrager zur Unsicherheitsreduktion gegenüber Austauschobjekten; und zwar zum einen die direkte Informationssuche und zum anderen die (indirekte) Informationssubstitution. Vgl. Weiber, Rolf; Adler, Jost: Der Einsatz von Unsicherheitsreduktionsstrategien im Kaufprozeß: Eine informationsökonomische Analyse, in: Kontrakte, Geschäftsbeziehungen, Netzwerke – Marketing und Neue Institutionenökonomik, hrsg. v. Klaus P. Kaas, ZfbF Sonderheft 35/95, Düsseldorf 1995, S. 66 ff.

385 Irmscher, Markus: Markenwertmanagement, a.a.O., S. 186. Selbst von dieser Forderung ausgehend, kommt Irmscher bei seinem Versuch, eine informationsökonomische Definition der Marke aufzustellen, nicht über Anlehnungen an etablierte markentechnikbezogene und juristische Definitionen hinaus. Vgl. ebenda, S. 187

386 Vgl. Kaas, Klaus P.; Busch, Anina: Inspektions-, Erfahrungs- und Vertrauenseigenschaften von Produkten – Theoretische Konzeption und empirische Validierung, in: Marketing ZFP, 18. Jg., Heft 4/1996, S. 245

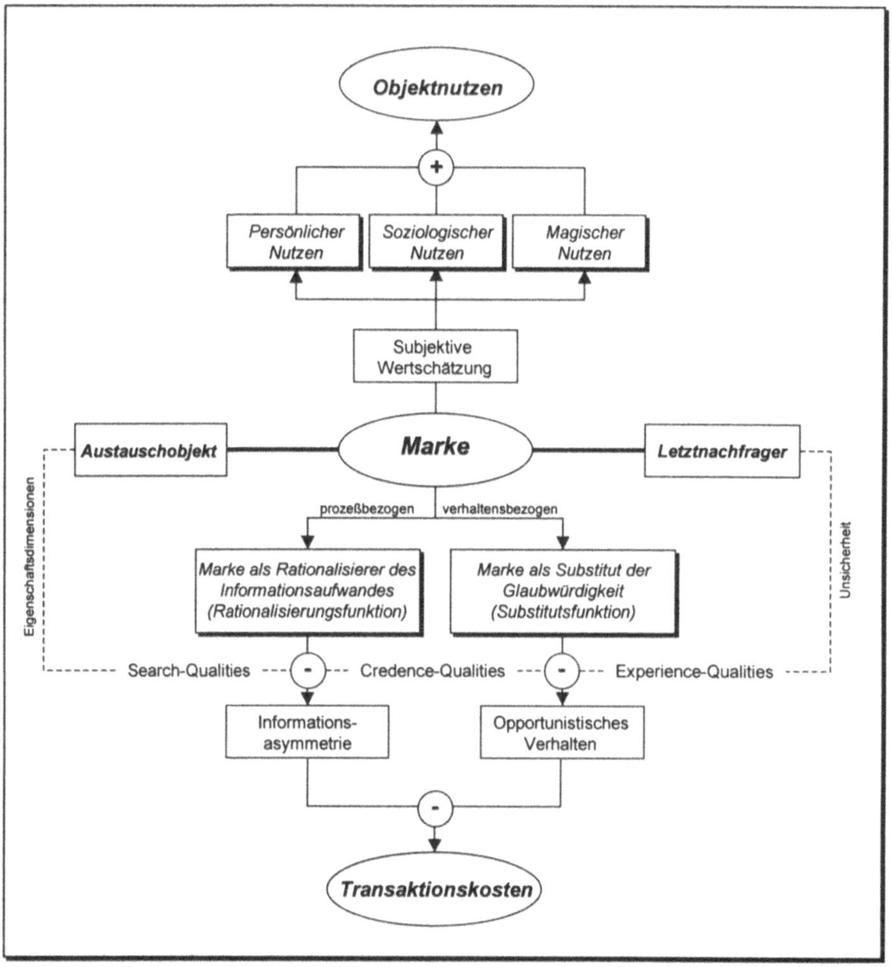

Abb. 18: Ansatzpunkte und Wechselbeziehungen der informationsökonomischen Wertermittlung einer Marke

4.2.2.2.2 Informationsökonomische Funktionen einer Marke zur Reduzierung der Transaktionskosten des Letztnachfragers

Zur weiteren Bestimmung des transaktionskostensenkenden Wirkungspotentials einer Marke bietet es sich an, die informationsökonomischen Funktionen anhand der der Marke zugeschriebenen konstitutiven Merkmale zu überprüfen. Hierzu wird – ohne dabei auf die merkmalsorientierten Definitionsansätze mit ihren jeweils unterschiedlichen Abgrenzungen und zum Teil einseitigen Denkmustern im einzelnen eingehen zu wollen – vereinfachend auf die wohl bekannteste merkmalsorientierte Definition für eine Herstellermarke im Konsumgüterbereich zurückgegriffen. In diesem Sinne ist die Definition von Mellerowicz zu verstehen, wenn er einen (industriellen, konsumtiven) Markenartikel definiert als „... die für den privaten Bedarf geschaffenen Fertigwaren, die in einem größeren Absatzraum unter einem besonderen, die Herkunft kennzeichnenden Merkmal (Marke) in einheitlicher Aufmachung, gleicher Menge sowie in gleichbleibender oder verbesserter Güte erhältlich sind und sich dadurch sowie durch die für sie betriebene Werbung die Anerkennung der beteiligten Wirtschaftskreise (Verbraucher, Händler und Hersteller) erworben haben (Verkehrsgeltung)."[387]

Ausgehend von dieser Definition lassen sich unterschiedliche Merkmale einer Marke ableiten, die jeweils für sich genommen mehr oder weniger direkt auf transaktionskostensenkende Wirkungspotentiale hinweisen (siehe nachfolgende Abbildung 19). Im einzelnen sind mit der *Markierung*, *Werbung* und *Ubiquität* jeweils drei Merkmale einer Marke herauszuheben, die bei einer informationsökonomischen Interpretation ihrer Wirkungsweisen eine rationalisierende Funktion für den Letztnachfrager und seines Informationsaufwandes erfüllen. Des weiteren können aus der Definition nochmals drei Merkmale heraus interpretiert werden, die in einer zum Teil derivativen Art und Weise vertrauensbildend auf den Letztnachfrager wirken. So sind als Äquivalente der „einheitlichen Aufmachung" der *Preis* und die *Werbung* zu nennen und stellvertretend für die „verbesserte Güte" stehen *Innovationstätigkeit* bzw. *F&E-Aufwendungen*. Voraussetzung allerdings hierfür ist eine mit diesen Merkmalen verbundene Reputation (allgemeine Anerkennung bzw. Verkehrsgeltung), die dem Letztnachfrager als Spiegelbild der Glaubwürdigkeit der Marke dient.

[387] Mellerowicz, Konrad: Markenartikel – Die ökonomischen Gesetze ihrer Preisbildung und Preisbindung, 2. Aufl., München u.a. 1963, S. 39

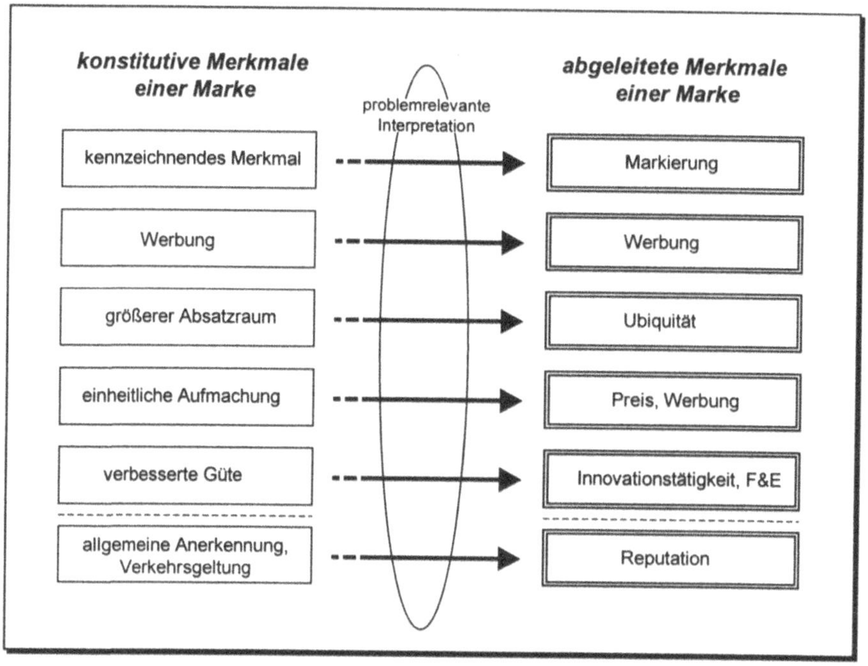

Abb. 19: Abgeleitete Merkmale einer Marke zur weiteren Untersuchung

Im weiteren werden diese aufgeführten Merkmale einer Marke hinsichtlich ihrer informationsökonomischen Bedeutung für den Letztnachfrager präzisiert. Dabei liegt zunächst der Fokus auf den Merkmalen, die den Informationsprozeß des Letztnachfragers bezüglich der Search-Qualities beeinflussen und damit die Rationalisierungsfunktion der Marke erklären. Anschließend wird auf die Merkmale einer Marke eingegangen, aus denen der Letztnachfrager ableiten kann, daß der Hersteller sich hinsichtlich der Credence- und Experience-Qualities nicht opportunistisch verhält, womit die Marke als Substitut der Glaubwürdigkeit erklärt werden soll.

4.2.2.2.2.1 Rationalisierungsfunktion der Marke

Markierung

Ohne Zweifel stellt die Markierung das bedeutsamste Merkmal für die Marke dar, denn mit ihr wird das Austauschobjekt aus der Anonymität herausgehoben und erfährt so eine zumindest äußere Individualität für den Letztnachfrager.[388] Die Markierung schafft damit die Voraussetzung, daß der Nachfrager beim Erstkauf die Marke überhaupt von anderen Austauschobjekten differenzieren und bei Folgekäufen auch wiedererkennen kann.[389] Insbesondere im Falle von Wiederkäufen können bereits gemachte Erfahrungen nur dann genutzt werden, wenn der Nachfrager seine Erfahrungen auch den jeweiligen Austauschobjekten zuordnen kann. Die Markierung dient dabei als eine Art Übertragungsmedium zwischen Erfahrung und Austauschobjekt, ohne Markierung des Austauschobjektes lassen sich Erfahrungen für folgende Transaktionen nicht instrumentalisieren. Insofern besteht ohne Markierung auch keine Notwendigkeit, Experience-Qualities für Folgekäufe zu berücksichtigen. Letztendlich stellt die Markierung somit die oberste Prämisse dar, daß zum einen der Nachfrager mit der Marke überhaupt einen Wert verbinden[390] und daß daraus abgeleitet zum anderen der Hersteller ein akquisitorisches Potential erzielen kann.

Werbung (im originären Sinn)

Die mit der Marke einhergehende Werbung hat vordergründig zunächst mit Glaubwürdigkeitsproblemen beim Letztnachfrager zu kämpfen, denn der Letztnachfrager weiß um die kommerzielle Motivation der Werbung und zweifelt deswegen nicht von ihm überprüfbare Werbebotschaften grundsätzlich an.[391] Dennoch hat die Werbung

---

388 Vgl. Dörtelmann, Thomas: Marke und Markenführung – Eine institutionentheoretische Analyse, Bochum 1997, S. 77; Dichtl, Erwin: Grundideen, Varianten und Funktionen der Markierung von Waren und Dienstleistungen, in: Marke und Markenartikel als Instrumente des Wettbewerbs, hrsg. v. Erwin Dichtl u. Walter Eggers, München 1992, S. 4

389 Vgl. Rüschen, Gerhard: Ziele und Funktionen des Markenartikels, in: Handbuch Markenartikel – Anforderungen an die Markenpolitik aus Sicht von Wissenschaft und Praxis, hrsg. v. Manfred Bruhn, Stuttgart 1994, S. 122 ff.; Matt, Dominique von: Markenpolitik in der schweizerischen Markenartikelindustrie, Bern u.a. 1988, S. 5

390 Vgl. Hüser, Annette: Institutionelle Regelungen und Marketinginstrumente zur Überwindung von Kaufbarrieren auf ökologischen Märkten, Arbeitspapier Nr. 3 des Forschungsprojektes „Marketing und ökonomische Theorie, Frankfurt am Main 1992, S. 9

391 Vgl. Kaas, Klaus P.: Langfristige Werbewirkung und Brand Equity, in: Werbeforschung und Praxis, Heft 3/1990, S. 50

unter informationsökonomischen Gesichtspunkten einen wertbegründenden Charakter, der abhängig von den Eigenschaftsdimensionen des Werbeobjektes entweder originärer oder derivativer Natur sein kann. Während die derivative Wirkung sich in erster Linie auf die der Credence- und Experience-Qualities und damit auf die Substitutsfunktion der Marke bezieht (hierzu später), beschränkt sich die originäre Wirkung ausschließlich auf die Search-Qualities.

Im Unterschied zu Credence- und Experience-Qualities treten bei Werbeaussagen zu den Search-Qualities keine Glaubwürdigkeitsprobleme auf. Die Nachfrager können die Werbeaussage zu den Search-Qualities qua deren Definition bereits vor der Kaufentscheidung relativ einfach überprüfen. Deswegen scheidet auch hier ein lohnenswertes opportunistisches Verhalten des werbungtreibenden Herstellers per se aus. Aus diesem Grund geht es bei der Werbung für Search-Qualities weniger um die Überzeugung der Nachfrager, als vielmehr um die Verbreitung der relevanten Informationen.[392] Vor diesem Hintergrund wirkt Werbung rationalisierend auf die Informationsbeschaffung, -auswertung und -interpretation des Nachfragers. Sowohl die Werbekontakte als auch -botschaften ermöglichen dem Letztnachfrager einen leichteren physischen sowie intellektuellen Zugang zu den Informationen über die Search-Qualities eines Austauschobjektes. Insofern unterstützt Werbung die „leistungsbezogene Informationssuche“[393] und trägt somit originär zur Wertschätzung einer Marke beim Letztnachfrager bei.

Ubiquität

Schließlich bietet die Ubiquität als ein weiteres Merkmal der Marke einen dritten Ansatzpunkt zur Rationalisierung des Informationsaufwandes,[394] denn eine flächendeckende Präsentation und Verfügbarkeit der Marken erleichtert die physische Inspektion des relevanten Austauschobjektes und senkt so die Suchkosten des Letztnachfragers.[395] Folglich empfiehlt sich bei Marken mit einem hohen Anteil an Search-

---

392 Vgl. Irmscher, Markus: Markenwertmanagement, a.a.O., S. 217

393 Adler, Jost: Informationsökonomische Fundierung von Austauschprozessen, a.a.O., S. 108

394 Ubiquität ist ein relatives Merkmal. Das Niveau der Ubiquität ist dabei abhängig von der (beabsichtigten) Exklusivität des Austauschobjektes, so daß man analog zum selektiven Vertrieb auch von selektiver Ubiquität sprechen kann.

395 Vgl. Kaas, Klaus P.: Marketing und Neue Institutionenlehre, a.a.O., S. 33

Qualities eine extensive Marktbearbeitung,[396] „... bei der die Distributionsdichte lediglich durch die Aufnahmebereitschaft der Händler determiniert wird."[397]

Es kann also festgehalten werden, daß die Marke mit ihren charakteristischen Merkmalen Markierung, Werbung und Ubiquität einen Transaktionskosten senkenden Effekt ausübt, indem sie den Informationsaufwand des Letztnachfragers in Bezug auf die Search-Qualities eines Austauschobjektes rationalisiert. Während dabei Werbung und Ubiquität jeweils auf die spezifischen Belange des Austauschobjektes und die speziellen Bedürfnisse des Nachfragers ausrichtet sind, ist die Markierung ein relatives Merkmal. Zum einen gilt, daß jedes Austauschobjekt in irgendeiner Weise stets eine Markierung enthält (man kann nicht nicht markieren, selbst die sogenannten „No-names“ haben eine Markierung). Zum anderen gilt, daß die informationsökonomische Güte der Markierung nur im Vergleich zu anderen Markierungen bewertet werden kann.

4.2.2.2.2.2 Substitutsfunktion der Marke

Nachdem im vorherigen Abschnitt das Augenmerk auf dem Informationsprozeß lag und damit auf die Search-Qualities ausgerichtet war, wird im weiteren auf die Besonderheiten von Credence- und Experience-Qualities eingegangen und somit die Marke hinsichtlich ihres Wirkungspotentials zur Bannung opportunistischen Verhaltens seitens des Herstellers analysiert. Schließlich hat der Letztnachfrager bei Credence- und Experience-Qualities weniger ein Informations- als vielmehr ein Vertrauensproblem bezüglich des Qualitätsversprechens des Herstellers. Der Letztnachfrager hat in diesem Fall auf vertrauenswürdige Signale des Herstellers zurückzugreifen, die einen Rückschluß auf die Erfüllung der versprochen Credence- und Expierence-Qualities erlauben. Diese Signale, die wiederum selbst in Form von Search-Qualities auftreten,[398]

---

396 Obwohl Irmscher in diesem Fall selbst eine „hohe physische Präsenz“ als logische Konsequenz ableitet, empfiehlt er dem Hersteller (widersprüchlicherweise) eine intensive Distribution. Vgl. Irmscher, Markus: Markenwertmanagement, a.a.O., S. 239

397 Eichmann, Karsten: Industrielles Marketing, in: Marketing-Systeme: Grundlagen des institutionalen Marketing, hrsg. v. Paul W. Meyer u. Anton Meyer, 2., überarb. Aufl., Stuttgart 1993, S. 39

398 Vgl. Weiber, Rolf; Adler, Jost: Der Einsatz von Unsicherheitsreduktionsstrategien im Kaufprozeß, a.a.O., S. 63 f.

vermitteln dem Letztnachfrager Vertrauen über nicht oder nur schwer überprüfbare Eigenschaften des Austauschobjektes.

Die Informationsökonomik unterscheidet in diesem Zusammenhang zwei grundsätzliche Arten von Signalen, von denen jeweils eine direkte oder indirekte Vertrauenswirkung ausgeht.[399] Zum einen handelt es sich dabei um formelle instutitionelle Arrangements, sogenannte Contingent Contracts, aus denen der Letztnachfrager in *direkter* Form Vertrauen schöpfen kann. Als Beispiel hierfür wäre eine Garantiebekundung des Herstellers zu nennen.[400] Zum anderen sind es informelle instutitionelle Arrangements des Herstellers, die als sogenannte Exogeneous Costly Signals eine *indirekte* vertrauensbildende Wirkung auf den Letztnachfrager ausüben. Der Letztnachfrager kann deswegen aus diesen Signalen Vertrauen ziehen, weil es sich unter wirtschaftlichen Gesichtspunkten nicht lohnen würde, wenn ein opportunistischer Hersteller versuchen sollte, diese exogen teuren Signale (fälschlicherweise) zu imitieren. Der Grund dafür liegt in der Natur der Exogeneous Costly Signals, da solche Signale nur gelten, wenn deren Kosten zur Bildung und Aussendung negativ mit der tatsächlichen Qualität des Austauschobjekts korrelieren.[401]

In unterschiedlich abgewandelter Form fungieren für den Letztnachfrager auch die Merkmale Preis, Werbung und Innovationstätigkeit einer Marke als eine Art Exogeneous Costly Signals, wenngleich diese Merkmale grundsätzlich für alle Hersteller unabhängig von deren Produktqualitäten zu den gleichen Kosten führen.[402] Dies stellt keinen Widerspruch in sich dar, denn der Kapitalwert dieser drei Merkmale ist nicht auf eine Einmaltransaktion, sondern auf eine Multitransaktion ausgerichtet,[403] so daß der

---

399 Vgl. Spence, Michael A.: Informational Aspects of Market Structure, a.a.O., S. 593 f.

400 Garantiegewährungen sind für einen opportunistischen Hersteller unwirtschaftlich, da der Ertragswert aus Garantieansprüchen den Maximalgewinn aus opportunistischem Verhalten übersteigt. So erteilt ein Hersteller nur Garantie, wenn er sich der Qualität seiner Produkte relativ sicher ist. Der Nachfrager kann daraus schließen, daß mögliche Garantieansprüche nicht gravierend und auch selten zu erwarten sind. Vgl. Kaas, Klaus P.: Marketing als Bewältigung von Informations- und Unsicherheitsproblemen im Markt, in: DBW, 50. Jg., Heft 4/1990, S. 545

401 „For a signal to be effective, it be unprofitable for sellers of low quality to imitate it. That is, high quality sellers must have lower costs for signaling activities,“ Spence, Michael A.: Informational Aspects of Market Structure, a.a.O., S. 592;

402 Vgl. Tolle, Elisabeth: Informationsökonomische Erkenntnisse für das Marketing bei Qualitätsunsicherheit der Konsumenten, in: ZfbF, 46. Jg., Heft 11/1994, S. 928

403 Vgl. ebenda, S. 934

Letztnachfrager bei getäuschtem Signaling den opportunistischen Hersteller im Falle von Wiederholungskäufen sanktionieren und dessen erschlichene Wohlfahrtsposition umgehend zerstören kann.[404] Verstärkend wirkt dabei, daß der Hersteller mit „ehrlichen“ Credence- und Experience-Qualities nicht nur mit einer höheren Wiederkaufsrate rechnen, sondern für seine Glaubwürdigkeit zudem eine Preisprämie verlangen kann.[405] Folglich bleibt die Summe, die ein opportunistischer Hersteller einmalig einspart, wenn er die Qualitätssignale nur vortäuscht, immer unter dem Gegenwartswert zukünftig zu erzielender Gewinne eines ehrlichen Herstellers.[406]

Preis

Selbst wenn der Hersteller – wie eben aufgezeigt – eine Preisprämie für seine Glaubwürdigkeit verlangen kann, ist jedoch aus Sicht des Letztnachfragers der Rückschluß von einem hohen Preis auf eine hohe Qualität aus zwei Gründen nur bedingt möglich. Erstens kann der Nachfrager den Zusammenhang zwischen dem Barwert der zukünftigen Gewinne und den Gewinnen aus opportunistischen Verhaltensweisen nur selten nachvollziehen.[407] Zweitens sind im Gegensatz zur Werbung und Innovationstätigkeit mit dem Preis selbst keine spezifischen Investitionen verbunden, die ein opportunistischer Hersteller als Sunk Costs abzuschreiben hat, weil er infolge seiner nicht eingehaltenen Qualitätszusagen einen Nachfrageverlust erleidet. Deswegen ist es auch für einen opportunistischen Hersteller ein Leichtes, die mit einem hohen Preis beabsichtigte Signalwirkung zu imitieren.[408]

---

404 Vgl. Irmscher, Markus: Markenwertmanagement, a.a.O., S. 174; Weiber, Rolf; Adler, Jost: Der Einsatz von Unsicherheitsreduktionsstrategien im Kaufprozeß, a.a.O., S. 69

405 Vgl. Dorenbeck, Bonifatius: Firmen- und Markenimage – Bilder, die der Verbraucher sich macht, in: Markenartikel, 47. Jg., Heft 3/1985, S. 133

406 Vgl. Klein, Benjamin; Leffler, Keith B.: The Role of Market Forces in Assuring Contractual Performances, in: Journal of Political Economy, 89. Jg., Heft 4/1981, S. 624

407 Aus diesem Grund kommt bei Adler der Preis nicht über die Rolle eines Hygienefaktors als Qualitätssignal hinaus. Vgl. Adler, Jost: Informationsökonomische Fundierung von Austauschprozessen, a.a.O., S. 116 f.

408 Vgl. Gerhard, Andrea: Die Unsicherheit des Konsumenten bei der Kaufentscheidung – Verhaltensweisen von Konsumenten und Anbietern, Gießen 1995, S. 192 ff.

Unter diesen Umständen kann die vertrauensbildende Wirkung eines hohen Preises nie isoliert greifen, sondern nur dann, „... wenn für den Nachfrager eine wahrnehmbare 'glaubwürdige Transaktionsumgebung' existiert,"[409] die letztendlich in der ***Reputation*** des Herstellers mündet. Sie kann als eine Art Extrapolation positiver Erfahrung verstanden werden, welche jedoch nicht notwendigerweise vom Nachfrager selbst gemacht werden muß[410] bzw. die „... durch Aggregation der Qualitätserwartung aller Konsumenten ..."[411] entsteht. Dabei darf die Reputation mit der Marke als solches nicht gleichgesetzt werden, auch wenn es vielerorts in volkswirtschaftlichen Interpretationen des Markenwesens erfolgt. Aus Sicht des Marketing verbindet der Letztnachfrager mit der Marke eine bestimmte Wertschätzung, die wiederum Ausdruck der Reputation einer Marke ist. Die Reputation ist somit nicht Merkmal einer Marke, sondern begründet letztlich die Marke. An dieser Stelle wird die Bedeutung der Reputation für die Marke insofern hervorgehoben, daß die Reputation die Schlüsselgröße darstellt, ohne die der Preis überhaupt nicht und die anderen beiden Merkmale – Werbung und Innovationstätigkeit – nur eingeschränkt vertrauensbildend wirken können.

Im Zusammenhang mit dem letztgenannten gehen von der Reputation des Herstellers zwei wesentliche Wirkungen aus. Zum einen überträgt der Letztnachfrager die Reputation in einem Parallelschluß auf die Glaubwürdigkeit von Credence-Qualities (Reputationstransfer), dem jedoch – wie oben gezeigt – eine Markierung vorausgehen muß.[412] Zum anderen wirkt die Reputation „... wie eine Geisel in der Gewalt des Kunden, deren Leben bei jedem Kauf erneut aufs Spiel gesetzt wird;"[413] denn der Hersteller muß jederzeit damit rechnen, daß sogenannte Expert Buyers Mißstände aufdecken, die die Reputation der Marke gefährden könnten.[414] Aus diesem Grund schürt die Reputation beim Letztnachfrager auch die Erwartung, daß der Hersteller für

409 Irmscher, Markus: Markenwertmanagement, a.a.O., S. 177

410 Vgl. Ungern-Sternberg, Thomas von; Weizsäcker, Carl-Christian von: Marktstruktur und Marktverhalten bei Qualitätsunsicherheit, in: Zeitschrift für Wirtschaft- und Sozialwissenschaft, 101. Jg., Heft 6/1981, S. 613

411 Ringbeck, Jürgen: Qualitäts- und Werbestrategien bei Qualitätsunsicherheit der Konsumenten, Wiesbaden 1986, S. 7

412 Vgl. Hüser, Annette: Institutionelle Regelungen und Marketinginstrumente, a.a.O., S. 9

413 Kaas, Klaus P.: Marketing als Bewältigung von Informations- und Unsicherheitsproblemen im Markt, a.a.O., S. 545

414 Vgl. Adler, Jost: Informationsökonomische Fundierung von Austauschprozessen, a.a.O., S. 134. Diese Rolle kann von Marktbeteiligten eingenommen werden, so zum Beispiel von Wettbewerbern, Opinion Leader (Verbraucherschutzverbände, Journalisten etc.) oder vom Staat.

beim Letztnachfrager auch die Erwartung, daß der Hersteller für eine Eigenschaft, die seine Reputation begründet, die notwendige Sorgfalt walten läßt, so daß zwischen Leistungsversprechen und -realisierung kein Dissens entsteht.[415]

Werbung (im derivativen Sinn)

Von der *Werbung* für Credence- und Experience-Qualities geht originär keine Glaubwürdigkeit aus. Dementsprechend niedrig beurteilt der Letztnachfrager auch den diesbezüglichen Informationswert der Werbung.[416] Erst im derivativen Verständnis wirkt Werbung vertrauensbildend auf den Letztnachfrager, da die Höhe der Werbeaufwendungen positiv mit der Produktqualität korreliert.[417] Werbeaufwendungen amortisieren sich nämlich in der Regel nicht nach der Einmaltransaktion, sondern erst nach mehrmaligen Transaktionen. Insofern rechnet sich Werbung für einen opportunistischen Hersteller nicht. Aus diesem Grund signalisieren hohe Werbeaufwendungen dem Letztnachfrager, daß der Hersteller die Zufriedenstellung seiner Kunden und damit deren Treue zum Produkt bzw. zu sich selbst im allgemeinen in seiner Planung antizipiert, so daß ein opportunistisches Verhalten des Herstellers ausgeschlossen werden kann.[418] Im Gegensatz zu den Search-Qualities sind für Credence- und Experience-Qualities somit weniger die Inhalte der Werbung, als vielmehr die Höhe der Werbeaufwendungen entscheidend, wenn es um die Glaubwürdigkeit des Herstellers geht;[419]

---

415 Vgl. Spremann, Klaus: Reputation, Garantie und Information, in: ZfB, 58. Jg., Heft 5/6, 1988, S. 619 f.

416 Vgl. Kaas, Klaus P.: Ansätze einer institutionenökonomischen Theorie des Konsumentenverhaltens, in: Konsumentenforschung – gewidmet Werner Kroeber-Riel zum 60. Geburtstag, hrsg. v. Forschungsgruppe Konsum und Verhalten, München 1994, S. 253

417 Vgl. Nelson, Phillip: Advertising as Information, in: The Journal of Political Economy, 82. Jg., 1974, S. 734. In einer späteren Untersuchung kommen Comanor/Wilson zu einem gegenteiligen Ergebnis. Tellis/Fornell lösen den Widerspruch auf, indem sie anknüpfend an Schmalensee die Korrelation in Abhängigkeit zu den Produktionskosten, der Werbeelastizität und der Stellung des Produktes im Produktlebenszyklus stellen. Vgl. Comanor, Willliam S.; Wilson, Thomas A.: The Effect of Advertising on Competition – A Survey, in: Journal of Economic Literature, 17. Jg., 1979, S. 457; Tellis, Gerald J.; Fornell, Claes: The Relationship between Advertising and Product Quality over the Product Life Cycle – A Contingency Theory, in: Journal of Marketing Research, 25. Jg., 1988, S. 66 ff.; Schmalensee, Richard: A Model of Advertising and Product Quality, in: Journal of Political Economy, 86. Jg., 1978, S. 485 ff. sowie vgl. die Gegenüberstellung der genannten Forschungsarbeiten bei Adler, Jost: Informationsökonomische Fundierung von Austauschprozessen, a.a.O., S. 121 ff.

418 Vgl. Nelson, Phillip: Advertising as Information, a.a.O., S. 732 f.

419 Vgl. Kaas, Klaus P.: Ansätze einer institutionenökonomischen Theorie des Konsumentenverhaltens, a.a.O., S. 252 f.

– oder wie es Klein/Leffler auf den Punkt bringen: „Werbung ... liefert dem Kunden wertvolle Informationen ... nämlich, daß das Unternehmen wirbt."[420]

Innovationstätigkeit

Neben dem Preis und den Werbeaufwendungen dient die hinter eine Marke stehende Innovationstätigkeit des Herstellers als ein weiteres Signal, das beim Letztnachfrager Vertrauen schafft. Hohe Aufwendungen in Forschung und Entwicklung sowie in die damit verbundenen Produktionstechnologien stehen im Gleichklang zur Natur der sogenannten Exogeneous Costly Signals. Selbst wenn die Innovationstätigkeit für den Letztnachfrager wenig transparent ist, verläuft ihre informationsökonomische Wirkungsweise analog zur Werbung.[421]

In Bezug auf die Credence- und Experience-Qualities bleibt festzuhalten, daß bestimmte Merkmale einer Marke einen vertrauensbildenden Einfluß auf den Letztnachfrager ausüben. Die Marke tritt somit für den Letztnachfrager in die Rolle eines Substituts zur Beurteilung der Glaubwürdigkeit des Herstellers. Allerdings bestimmt die Reputation, inwieweit die Marke diese Rolle tatsächlich ausfüllt. Damit offenbart sich jedoch für den Hersteller ein Dilemma, da die Reputation der Marke vielfach von der Glaubwürdigkeit abhängt, die von der Marke eigentlich aufgebaut werden soll. Zudem liegt der Verdacht einer Zirkelschlußargumentation nahe, da die Reputation dem Ausdruck der persönlichen Wertschätzung eines Letztnachfragers sehr nahe kommt. Dem ist allerdings entgegenzuhalten, daß die Reputation im Unterschied zur persönlichen Wertschätzung gegenüber dem Produkt losgelöst von der eigenen Nutzenpräferenz des Letztnachfragers beurteilt wird.

Insgesamt kann damit das Fazit gezogen werden, daß (ausgehend von einem wirkungsbezogenen Begriffsverständnis der Marke, wonach der Nachfrager selbst nach eigenem Ermessen bestimmt, welches Austauschobjekt für ihn den Status einer Marke einnimmt) der Wert einer Marke für den Nachfrager per se nur rein subjektiv und ohne konkretere Ergebnisse ermittelt werden kann. Dieser Umstand fällt bei der Beurteilung

---

[420] Klein, Benjamin; Leffler, Keith B.: The Role of Market Forces in Assuring Contractual Performances, a.a.O., S. 630

[421] Vgl. Berekoven, Ludwig: Von der Markierung zur Marke, in: Marke und Markenartikel als Instrumente des Wettbewerbs, hrsg. v. Erwin Dichtl u. Walter Eggers, München 1992, S. 38

des Objektnutzens einer Marke besonderes ins Gewicht. Dagegen kann in Bezug auf die Transaktionskosten eine eindeutigere Position bezogen werden, sofern sich eine diesbezügliche Wertbestimmung der Marke auf die Informationsökonomik bezieht. Dabei werden typische Merkmale einer Marke auf ihre informationsökonomischen Wirkungen hin überprüft. Im Ergebnis erfüllen bestimmte Merkmale der Marke für den Letztnachfrager zwei informationsökonomische Funktionen, nämlich zum einen die Funktion der Rationalisierung des Informationsaufwandes und zum anderen die Funktion des Substituts für die Glaubwürdigkeit des Herstellers.

Letztendlich leitet sich aus diesen beiden Funktionen der informationsökonomische Wert einer Marke ab, indem die Marke den Letztnachfrager dabei unterstützt, sowohl seine Informationsasymmetrie zu bewältigen als auch ein mögliches opportunistisches Verhalten des Herstellers zu bannen. Beides bewirkt eine Reduzierung der Transaktionskosten beim Letztnachfrager, wobei sich der informationsökonomische Wert einer Marke durch den Grad der Kostenreduzierung widerspiegelt. Allerdings resultiert hieraus nur zum Teil das akquisitorische Potential einer Marke, denn erst zuzüglich des Objektnutzens wird es vollständig erfaßt. Der Zusammenhang zwischen den Merkmalen einer Marke und deren informationsökonomische Wirkungsweise wird durch die Abbildung 20 auf der folgenden Seite nochmals im Überblick dargestellt.

Für den Hersteller greift jedoch eine isolierte Betrachtung des akquisitorischen Potentials zu kurz, um hieraus gleichzeitig eine Anspruchsgrundlage ableiten zu können, mit der er gegenüber dem Handel eine überdurchschnittliche indirekte systemimmanente Transaktionskostenersparnis ($TKE^{indirekt}$) einfordern kann. Erst wenn das akquisitorische Potential einer Marke dem Handel einen überdurchschnittlichen Nutzen stiftet, ist der Handel auch bereit, hierfür eine verhältnismäßig hohe systemimmanente Leistung zu erbringen. Damit erfährt die Erfassung des Markenpotentials eine zusätzliche inhaltliche wie auch zeitliche Dimension, wobei insbesondere die über die Zeit hin entstehenden dynamischen Wechselbeziehungen zwischen Letztnachfrager, Handel und Hersteller ins Gewicht fallen.

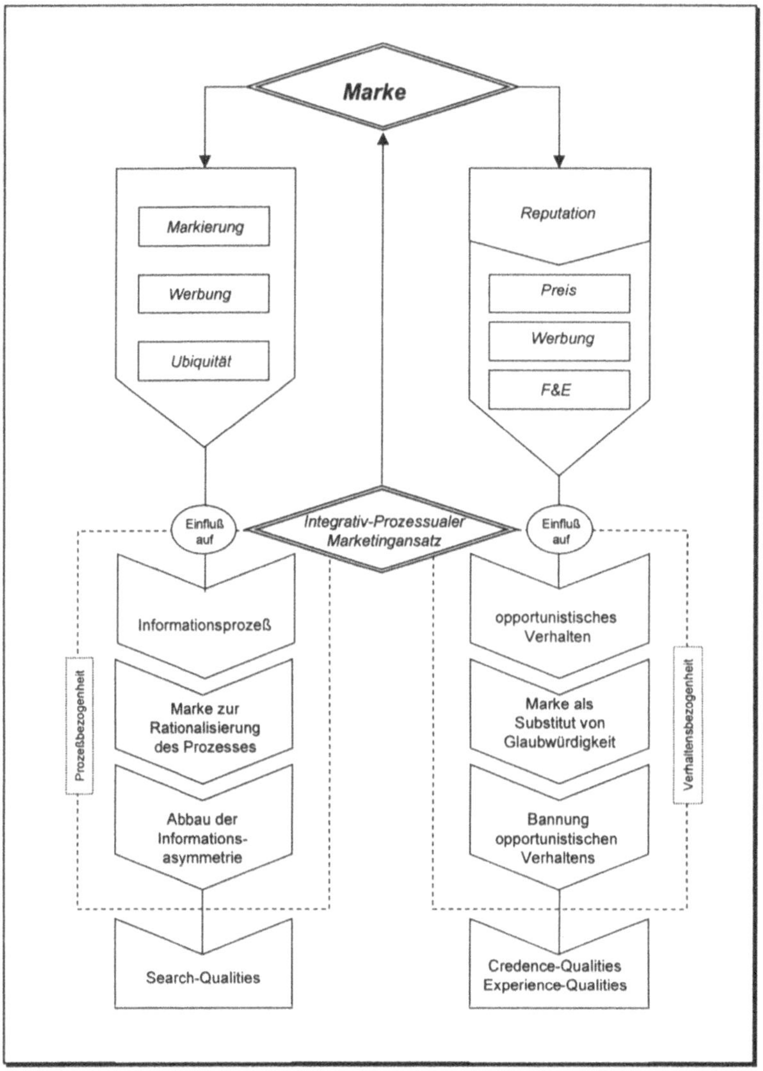

Abb. 20: Transaktionskostensenkende Wirkungsbeziehungen der Marke für den Letztnachfrager[422]

[422] Die Abbildung stellt nur eindimensional den Zusammenhang zwischen den Merkmalen einer Marke und deren informationsökonomischen Wirkungsweisen dar. Die gegenseitigen Interdependenzen werden an einer späteren Stelle, namentlich insbesondere im Abschnitt 4.2.3, aufgegriffen.

Für den Hersteller greift jedoch eine isolierte Betrachtung des akquisitorischen Potentials zu kurz, um hieraus gleichzeitig eine Anspruchsgrundlage ableiten zu können, mit der er gegenüber dem Handel eine überdurchschnittliche indirekte systemimmanente Transaktionskostenersparnis ($TKE^{indirekt}$) einfordern kann. Erst wenn das akquisitorische Potential einer Marke dem Handel einen überdurchschnittlichen Nutzen stiftet, ist der Handel auch bereit, hierfür eine verhältnismäßig hohe systemimmanente Leistung zu erbringen. Damit erfährt die Erfassung des Markenpotentials eine zusätzliche inhaltliche wie auch zeitliche Dimension, wobei insbesondere die über die Zeit hin entstehenden dynamischen Wechselbeziehungen zwischen Letztnachfrager, Handel und Hersteller ins Gewicht fallen.

4.2.2.3 Nutzenpotentiale der Marke für den Handel

Den Schlußausführungen des letzten Abschnitts zufolge gilt es, das akquisitorische Potential einer Marke auf ihren Nutzen für den Handel hin zu überprüfen. Dabei sind hinsichtlich der Stellung des Handels in der Marktkette als Zwischennachfrager/Zwischenanbieter zwei Ebenen der Beurteilung grundsätzlich denkbar. Zum einen stellt sich entsprechend dem bisherigen Kontext die Frage nach dem Nutzen der Marke für den Handel zur Bewältigung systemimmanenter Funktionen als Zwischenanbieter. Zum anderen steht die Frage zur Disposition, welche Bedeutung die Marke beispielsweise als Geisel des Handels in der Transaktionsbeziehung zum Hersteller hat (Handel als Zwischennachfrager).

Im letzteren Fall verbindet nicht nur der Letztnachfrager, sondern auch der Handel mit der Marke sowohl ein Zeichen für die spezifische Kompetenz des Herstellers[423] als auch einen Mechanismus zur Reduktion der eigenen Unsicherheit gegenüber dem Hersteller.[424] Dabei lassen sich die im vorangegangen Abschnitt auf den Letztnachfrager bezogenen generellen informationsökonomischen Wirkungsweisen der Marke vergleichbar auch auf die spezifischen Belange einer Hersteller-Handel-Beziehung über-

423 Vgl. Belz, Christian: Destruktives und konstruktives Marketing – Impulse für die Partnerschaft von Hersteller und Handel, in: Markenartikel, 50. Jg., Heft 10/1988, S. 472

424 Vgl. Gemünden, Hans-Georg: Wahrgenommenes Risiko und Informationsnachfrage, in: Marketing ZfP, 7. Jg., Heft 1/1985, S. 27 ff.

tragen. So dient die Marke ebenfalls dem Handel zur Reduktion des Informationsaufwandes und als Substitut für Glaubwürdigkeit im Rahmen einer Transaktionsbeziehung zum Hersteller. Dennoch begründen alleine diese Funktionen beim Handel keine Listung der Herstellerprodukte, geschweige denn eine überdurchschnittliche Gewährung von systemimmanenten Leistungen, aus denen der Hersteller Transaktionskostenersparnisse ($TKE^{indirekt}$) erzielen kann. Deswegen wird im weiteren auf diese Hersteller-Handel interne Wirkungsdimension der Marke, die eher als Teil des Image des Herstellers in seiner Eigenschaft als Geschäftspartner des Handels verstanden werden kann,[425] nur noch implizit eingegangen.

Im Zusammenhang mit der Bedeutung einer Marke für den Handel, geht von der Bezugsgröße, die der Handel mit der Unsicherheit gegenüber der Marke des Herstellers verbindet, eine zentrale Wirkung aus. Während sich der Letztnachfrager vor allem unsicher gegenüber den Verwendungseigenschaften eines Austauschobjektes zeigt, bezieht sich die Unsicherheit des Handels auf die Wiederverkaufseigenschaften des Austauschobjektes. Dabei bedingt die Interdependenz zwischen der Unsicherheit des Letztnachfragers und der des Handels, daß der Nutzen, den der Handel mit der Marke verbindet, von den informationsökonomischen Funktionen der Marke beim Letztnachfrager ausgeht. In diesem Zusammenhang ist zu beachten, daß der Handel nicht nur *unmittelbar passiv*, also ohne eigenes Zutun, einen Nutzen aus den informationsökonomischen Funktionen der Marke *hat*, sondern darüber hinaus auch *mittelbar aktiv*, also durch Instrumentalisierung der Funktionen, einen Nutzen hieraus *ziehen kann*. Insbesondere letzteres wirft dabei die Frage nach subsidiären und antagonistischen Wirkungszusammenhängen auf.

Der *unmittelbare Nutzen*, den der Handel von einer Marke hat, geht im wesentlichen auf die Rationalisierungsfunktion der Marke beim Letztnachfrager zurück. Dabei partizipiert der Handel direkt, ohne eigenes Zutun, an der mit der Marke verbundenen Rationalisierung des Informationsaufwandes beim Letztnachfrager. Um so mehr die Marke respektive die von ihren Merkmalen ausgehenden Wirkungen das Informationsdefizit bzw. die Informationsasymmetrie des Letztnachfragers eigenständig beseiti-

[425] Vgl. Franke, Nikolaus: Das Image des Herstellers im Handel – Theoretische Konzeption eines allgemeinen Modells und kausalanalytische Überprüfung im Taschenbuchmarkt, in: Marketing ZFP, 19. Jg., Heft 4/1997, S. 210

gen, desto weniger muß der Handel mit eigenen Ressourcen zur Information und Anbahnung der Transaktion mit dem Letztnachfrager beitragen.[426]

Vor diesem Hintergrund ist verständlich, daß gerade die Aktivitäten des Herstellers, die im Zusammenhang mit der Rationalisierungsfunktion der Marke einen Nachfragesog (Consumer-Pull) erzeugen, den entscheidenden Ausschlag für den Erfolg einer Marke im Handel geben.[427] Im besonderen bei weniger erklärungsbedürftigen Produkten kann sich die Kommunikations- und Informationsfunktion des Handels auf ein Minimum reduzieren, unter Umständen soweit, daß dem Handel selbst „... eine wichtige ökonomische Grundlage seiner Entstehung ...“[428] entzogen wird. Die Marke ist dabei gewissermaßen selbstverkäuflich[429] – eine Eigenschaft, die, insbesondere vor dem Hintergrund der aktuellen Bemühungen der Hersteller via Internet oder sonstiger Neuer Medien den Handel in der Marktkette auszuschalten, an Bedeutung gewinnt.

Im Zusammenhang mit der Substitutsfunktion der Marke wurde betont, daß für den Hersteller der Wiederkauf seiner Marke durch den Letztnachfrager (Markenbindung) von großer Bedeutung ist, damit sich seine markenspezifischen Investitionen amortisieren. Der damit verbundene Wiederholungskaufmechanismus[430] hat allerdings nicht zwangsläufig auch einen spezifischen Nutzen für den Handel zur Folge, es sei denn, der Wiederholungskauf erfolgt in seinem Outlet. In diesem Zusammenhang konnte festgestellt werden, daß gerade Letztnachfrager, die besondere Treue zur Marke entwickelt haben, auch zu einer hohen Einkaufstättentreue neigen.[431] Folglich käme für den Handel „das Auslisten einer starken Marke ... gewissermaßen dem Auslisten eines einkaufsstättenloyalen Kunden gleich.“[432] Eine hohe Frequenz dieser Wiederholungs-

---

426 Vgl. Hansen, Ursula: Absatz- und Beschaffungsmarketing des Handels, a.a.O., S. 224; Meffert, Heribert; Bruhn, Manfred: Markenstrategien im Wettbewerb – Empirische Untersuchung zur Akzeptanz von Hersteller-, Handels- und Gattungsmarken (No Names), Wiesbaden 1984, S. 29 f.

427 Vgl. Feige, Stephan: Strategien für handelsorientierte Markenführung, in: Markenartikel, 58. Jg., Heft 7/1996, S. 318

428 Picot, Arnold: Transaktionskosten im Handel, a.a.O., S. 10

429 Vgl. Pepels, Werner: Einführung in die Denkhaltung und Aktivitätenbereiche des Marketing, Regensburg 1991, S. 24 f.

430 Vgl. Irmscher, Markus: Markenwertmanagement, a.a.O., S. 174

431 Vgl. Twardawa, Wolfgang: Share of Customer – Der langfristige Erfolgsfaktor, in: Markenartikel, 60. Jg., Heft 3/1998, S. 30

432 ebenda, S. 36

käufe des Letztnachfragers ist insbesondere für den Lebensmitteleinzelhandel von existentieller Bedeutung, denn aufgrund des Selbstbedienungskonzeptes stellt die Verkaufsfläche den größten Kostenblock dar, so daß die (Flächen-)Produktivität des Handels maßgeblich von der Umschlagsgeschwindigkeit seines Sortimentes bestimmt wird.[433] Eine „schnell drehende" Marke reduziert somit nicht nur die Kosten, sondern steigert zugleich auch die Erlöse des Handels. Die Marke fungiert dementsprechend für den Handel in einer Doppelrolle als Kostenstraffer und Erlösbringer.

Selbst die Ubiquität als drittes Merkmal zur Rationalisierung des Informationsaufwandes stiftet dem Handel Nutzen, auch wenn sie per se den horizontalen Wettbewerb des Handels maßgeblich verstärkt. Der Nutzen der Ubiquität basiert darauf, daß „... die bloße Verfügbarkeit eines Produktes in den Regalen vieler Absatzmittler ... trotz fehlender kommunikativer Maßnahmen bereits absatzstimulierend wirken"[434] kann. Dieser Wirkungszusammenhang geht auf den Transfer zurück, den der Letztnachfrager zwischen der Marke und dem Outlet des Handels zieht. Dabei impliziert der Letztnachfager, daß dem Handel seine eigene Reputation zu wichtig ist, als daß er Produkte in sein Sortiment aufnimmt, die nicht seinen eigenen Qualitätsansprüchen genügen.[435] Für den Letztnachfrager ist demnach die Präsenz eines Produktes im Handel ein Signal für die Qualität des Produktes. Zweifelsohne kann dieser Transfer-Effekt vom Handel selbst noch verstärkt werden, indem beispielsweise die Art und Weise der Plazierung des Produktes im Warenträger als auch der Standort des Warenträgers sowohl den Informationsaufwand sowie die Qualitätseinschätzung des Letztnachfragers beeinflussen.

Der letztgenannte Aspekt des Imagetransfers zeigt bereits eine Option auf, wie der Handel *mittelbar*, aktiv einen Nutzen aus der Marke ziehen bzw. verstärken kann. Ansatzpunkte hierfür ergeben sich insbesondere aus der Substitutsfunktion der Marke und der mit ihr im Zusammenhang stehenden Reputation. Dabei kann der Handel eine Marke mit hoher Reputation zur eigenen Betriebsstättenprofilierung nutzen, indem er

---

433 Vgl. zur Flächenproduktivität im deutschen Einzelhandel Mattmüller, Roland: Marketingstrategien des Handels und staatliche Restriktionen, a.a.O., S. 69 ff.

434 Irmscher, Markus: Markenwertmanagement, a.a.O., S. 242

435 Vgl. Ungern-Sternberg, Thomas von; Weizsäcker, Carl-Christian von: Marktstruktur und Marktverhalten bei Qualitätsunsicherheit, a.a.O., S. 623 f.

entweder mit subsidiären oder mit antagonistischen Maßnahmen auf die Marke einwirkt.

Im subsidiären Wirkungszusammenhang tätigt der Handel eigene spezifische Investitionen in die Marke des Herstellers, um sich damit von seinen Konkurrenten abzuheben. Allerdings ist hierbei zu abstrahieren, daß diese spezifischen Investitionen sich in der Regel nicht nur auf eine Marke bzw. auf einen Hersteller beziehen und – falls doch – dann nicht auf Freiwilligkeit, sondern auf einer Verpflichtung des Handels im Rahmen eines Vertriebsbindungssystems mit dem Hersteller basieren. Dennoch sind die subsidiären Maßnahmen des Handels als generelle Option denkbar, beispielsweise indem der Handel in attraktive Geschäftsausstattungen, Ladenbaukonzepte oder in qualifiziertes Verkaufspersonal investiert. Hieraus erwächst für den Handel nicht nur die Möglichkeit, seine eigene Reputation gegenüber dem Letztnachfrager zu stärken, sondern auch ein Potential, sich gegenüber seiner Konkurrenz zu profilieren und dadurch eine Markteintrittsbarriere aufzubauen (Stärkung der horizontalen Wettbewerbsposition).[436] In Bezug auf den Letztnachfrager dienen solche Investitionen des Handels wiederum als Substitut für die Glaubwürdigkeit der Credence- und Experience-Qualities des Herstellerproduktes.

Ebenso wie die Maßnahmen, die subsidiär auf die Marke einwirken, haben die antagonistischen Aktivitäten des Handels zum Ziel, die Kauffrequenz und die Kundenbindung zu erhöhen.[437] Dabei instrumentalisiert der Handel sowohl die Reputation im gesamten als auch die mit der Marke verbundene Preisprämie im besonderen zu seinem Nutzen. Gerade die Preisprämie bietet dem Handel zwei Ansatzpunkte zur Nutzenstiftung. Zum einen kann der Handel über den höheren Preis einer Marke selbst eine höhere Handelsspanne erzielen, weswegen die Preisprämie auch zu einem großen Teil für den Gewinn des Handels verantwortlich ist.[438] Zum anderen hat der Handel aufgrund der Preisprämie auch die Möglichkeit, eine spezifische Preiskompetenz gegen-

---

436 Vgl. Schmidt, Ingo; Elßer, Stefan: Die Rolle des Markenartikels, a.a.O., S. 66

437 Vgl. Rüschen, Gerhard: Ziele und Funktionen des Markenartikels, a.a.O., S. 125 f.

438 Vgl. Schmidt, Manfred: Jetzt müssen die Marken aufrüsten, in: Markenartikel, 60. Jg., Heft 1/1998, S. 16 f; Zentes, Joachim; Ihrig, Falk: Bedeutung der Markenpolitik für das vertikale Marketing, in: Markenartikel, 57. Jg., Heft 1/1995, S. 19

über dem Letztnachfrager aufzubauen und sich auf diesem Weg von seinen Wettbewerbern abzuheben (komparativer Konkurrenzvorteil).[439]

Als Plattform für den Aufbau einer spezifischen Preiskompetenz greift der Handel vor allem auf Marken mit hoher Kauffrequenz sowie mit einem relativ hohen preispolitischen, quasi-monopolistischen Spielraum[440] zurück, um seine eigene Leistungsfähigkeit im Sinne von günstiger Preis-Leistungsrelation gegenüber dem Letztnachfrager unter Beweis zu stellen. Dabei verzichtet der Handel bewußt auf die Durchsetzung der Preisprämie einer Marke, um über sogenannte Lockvogelangebote den Eindruck zu erwecken, ein insgesamt preisgünstiger Händler zu sein.[441]

Hierfür muß die Preisprämie einer Marke jedoch zwei Voraussetzungen erfüllen. Zum einen muß sie über die unverbindliche Preisempfehlung des Herstellers auch zum Ausdruck kommen und zum anderen muß diese Preisempfehlung wiederum auch auf Akzeptanz beim Letztnachfrager stoßen, d.h. der Letztnachfrager wäre ohne weiteres bereit, den vom Hersteller empfohlenen Preis zu zahlen. An dieser Zahlungsbereitschaft setzt dann die Preiskompetenz des Handels an, indem ein niedrigerer Preis gewissermaßen einen Spareffekt beim Letztnachfrager bewirkt.

Aus informationsökonomischer Sicht nutzt in diesem Fall der Handel die Unmöglichkeit des Letztnachfragers, alle Händler hinsichtlich ihrer Preisattraktivität beurteilen zu können. Daher wirkt die vom Handel an den Letztnachfrager kommunizierte Botschaft „starke Marke zum günstigen Preis" wie ein Substitut für die Preiswürdigkeit des Händlers. Als Pfand für die Glaubwürdigkeit des niedrigen Preises setzt der Handel die Reputation der Herstellermarke ein, so daß hier der Transfer-Effekt der Reputation

---

[439] Vgl. Tietz, Bruno: Marketing, 3., überarb. u. erw. Aufl., Düsseldorf 1993, S. 510; Pepels, Werner: Marketing als Markenmanagement, in: GfK Jahrbuch der Absatz- und Verbrauchsforschung, 36. Jg., Heft 4/1990, S. 435

[440] Vgl. Bauer, Hans H.; Huber, Frank: Der Wert der Marke, Arbeitspapier Nr. 120 des Instituts für Marketing der Universität Mannheim, Mannheim 1997, S. 13; Henning-Bodewig, Frauke; Kur, Annette: Marke und Verbraucher – Funktionen der Marke in der Marktwirtschaft, Bd. 1, Weinheim 1988, S. 51 f.

[441] Vgl. Rüschen, Gerhard: Die Marke – unser Wertvollstes Gut: Der Markenartikel als Instrument der Verkaufsförderung, in: Markenartikel, 48. Jg., Heft 6/1986, S. 212; Sommer, Horst: Handelskonzentration und Markenpolitik – Programmierter Konflikt oder Chance zum gemeinsamen Erfolg?, in: Markenartikel, 47. Jg., Heft 1/1985, S. 4. Zur Preisstrategie des Händlers vgl. Mattmüller, Roland: Handels-Marketing, a.a.O., S. 111 ff.

in umgekehrter Richtung greift.[442] Darüber hinaus bedient sich der Handel auch der Informationsasymmetrie des Letztnachfragers in Bezug auf den preispolitischen Spielraum einer Marke, indem der Handel dem Letztnachfrager mit einem Verkaufspreis unter der unverbindlichen Preisempfehlung des Herstellers eine gewisse „Opferbereitschaft" signalisiert. Dadurch verliert allerdings der Preis selbst den Status eines Substituts für die Glaubwürdigkeit der Credence- und Experience-Qualities des Herstellerproduktes.

Zusammenfassend betrachtet bietet die Marke dem Handel ein dreifaches Nutzenpotential, das sich hinsichtlich einer Instrumentalisierung durch den Handel noch einmal in eine aktive und passive Dimension unterteilen läßt. So stiftet die Marke auf der einen Seite dem Handel zweimalig Nutzen, ohne daß der Handel selbst aktiv auf die Marke einwirkt. Zum einen kann der Handel mit Hilfe der Marke eigene Ressourcen zur Information und Anbahnung des Letztnachfragers (Consumer-Pull) einsparen und zum anderen kann der Handel über den Wiederkaufmechanismus und die Preisprämie der Marke höhere Erlöse bzw. eine größere Handelsspanne erzielen. Auf der anderen Seite bedient sich der Handel der Marke als Steigbügel, um aus der Reputation der Marke einen Nutzen zu ziehen. Die dabei unternommenen Aktivitäten des Handels können so ausgerichtet sein, daß der Reputationstransfer entweder über ein positives Verstärken oder durch negatives Unterlaufen markenspezifischer Merkmale erfolgt. Letztendlich spiegelt sich der Nutzen der Marke aus Sicht der Informationsökonomik in einem Funktionentripel aus Kostenstraffer, Erlösbringer und Reputationsmedium wider (siehe Abbildung 21 auf der folgende Seite).

[442] Vgl. Irmscher, Markus: Markenwertmanagement, a.a.O., S. 242

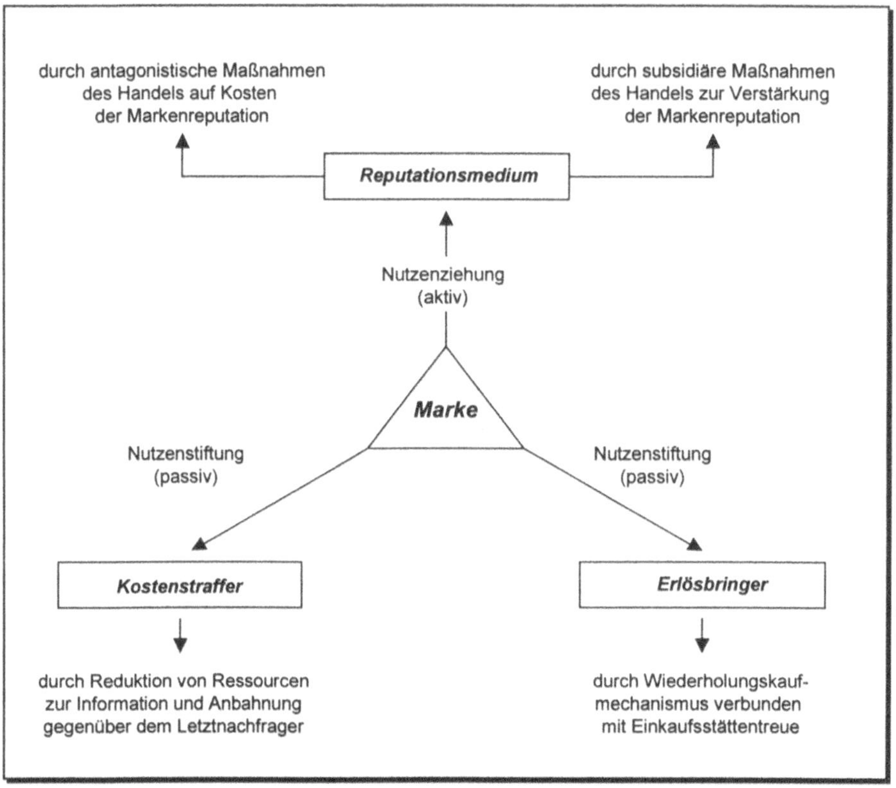

Abb. 21: Informationsökonomisches Funktionentripel der Marke für den Handel

4.2.3 Drittes Zwischenergebnis: Abschließende Implikationen und ein Prüfschema zur ex ante Einschätzung des Transaktionswertes von Hersteller-Handel-Beziehungen

Wie im Abschnitt zuvor deutlich wurde, bietet die Marke dem Handel vielschichtige Möglichkeiten zur Nutzenstiftung, die dem Hersteller wiederum als Grundlage dafür dienen, daß er vom Handel überdurchschnittliche systemimmanente Leistungen und somit Transaktionskostenersparnisse ($TKE^{indirekt}$) erwarten kann. Allerdings beinhaltet das Nutzenpotential, das die Marke dem Handel bringt, unter anderem auch, daß sich der Handel auf Kosten der Marke beim Letztnachfrager profilieren kann.[443] Dieser antagonistische Wirkungszusammenhang gefährdet nicht nur die Marke des Herstellers im speziellen, sondern belastet auch die Transaktionsbeziehung zum Handel im gesamten.

Von der Marke geht dementsprechend ein janusköpfiger Effekt aus, indem sie einerseits für den Hersteller die $TKE^{indirekt}$ positiv beeinflußt und anderseits gleichzeitig negativ auf die direkten Transaktionskosten zum Handel (TK^{direkt}) einwirkt. Dieser Effekt verstärkt sich insbesondere bei Marken mit hoher Reputation und einer ausgeprägten Substitutsfunktion für den Letztnachfrager, da diese im besonderen Maße den Nährboden für opportunistisches Verhalten des Handels bereiten. Der Grund hierfür liegt in der ambivalenten Wirkungsweise der Reputation für den Hersteller. Um so mehr nämlich eine Marke über die Reputation das Potential hat, $TKE^{indirekt}$ einerseits zu erlangen, desto größer ist anderseits der Spielraum für den Handel, auf Kosten der Markenreputation Eigenprofilierung zu erzielen und um so mehr steigen daraufhin für den Hersteller die TK^{direkt}, um gerade diese Eigenprofilierung des Handels zu unterbinden.

Aufgrund dieser Wirkungskette und der darin offenkundigen Relevanz der Marke auf die direkten systemimmanenten Transaktionskosten sind die Transaktionsdimensionen nach Williamson – namentlich hier die Faktorspezifität – um den Kostenaspekt der Marke zu erweitern. Es bietet sich an, neben den oben bereits erläuterten vier Formen der Spezifität noch eine fünfte Form einzuführen, die an dieser Stelle als Markenspezifität bezeichnet wird.[444] Unter dieser Form der Spezifität werden diejenigen Investitionen für die Markenreputation verstanden, die der Hersteller als Sunk Costs abzuschreiben hat, sobald der Handel aus Opportunismus antagonistische Aktivitäten durchführt.

443 Ganz abgesehen davon, daß der Handel einen Nutzen aus der Marke auch dadurch erzielt, daß er sich der Marke als eine Art Wehrinstrument bedient, um sich im eigenen Wettbewerbsumfeld abzuheben bzw. zu behaupten.

444 Bewußt wird in diesem Zusammenhang nicht auf die Bezeichnungen „markenspezifisches Kapital“, „Brand Name Capital“ oder „Brand Name Assets“ zurückgegriffen, denn diese stehen stellvertretend für spezifische Investitionen in die Markenbildung, die irreversibel sind, wenn die Marke vom Markt genommen wird, weil das eingesetzte Markenkapital woanders keine oder nur geringe Wirkungen erzielen bzw. Rendite erwirtschaften kann. Vgl. Klein, Benjamin; Crawford, Robert G.; Alchian, Armen A.: Vertical Integration, Appropriable Rents, and the Competitive Contracting Process, a.a.O., S. 321; Klein, Benjamin; Leffler, Keith B.: The Role of Market Forces in Assuring Contractual Performances, a.a.O., S. 626 f.

Für den Hersteller stellt demnach das Eigeninteresse bzw. das opportunistische Verhalten des Handels – sei es zur Profilierung oder zur Kostenreduktion – ein beträchtliches Unsicherheitspotential dar, das sich über den gesamten Transaktionsprozeß erstreckt. Dabei wird der Hersteller – wie bereits an anderer Stelle hergeleitet – in der Vorbereitungsphase mit Hidden Characteristics und in der Realisierungsphase mit Hidden Intentions und Hidden Actions von Seiten des Handels konfrontiert.[445]

Im Zusammenhang mit Hidden Characteristics besteht für den Hersteller die Gefahr, daß er im Vorfeld der Transaktionsbeziehung vom Handel bezüglich seiner spezifischen Fähigkeiten getäuscht wird, so daß auf den Hersteller Transaktionskosten zukommen, um die Adverse Selection zu kompensieren. Beispielsweise kann der Hersteller nur bedingt einschätzen, ob der Händler tatsächlich die Beratungskompetenz hat oder die Ressourcen einbringt, um die Marke entsprechend ihrer Reputation adäquat zu präsentieren und zu verkaufen. Insbesondere bei Verbundgruppen im Handel kann der Hersteller nur bedingt von dem globalen Leistungsversprechen der Zentrale auf die individuelle Leistung des einzelnen Anschlußbetriebes schließen.[446]

Wie bei den Hidden Characteristics nimmt die Reputation der Marke auch bei Hidden Intentions und Hidden Actions Schaden, wenn der Letztnachfrager von der Leistung des Handels auf die Qualität der Marke schließt (Imagetransfer von der Betriebsstätte auf die Marke). Ansatzpunkte hierfür entstehen beispielsweise bei einer für den Letztnachfrager offenkundig unqualifizierten Beratungsleistung des Handels, die nicht nur die Unsicherheit des Letztnachfragers bestärkt, sondern auch dem Image eines Produktes schaden würde. Gleiches gilt bei einem Unter- bzw. Überbestand an Waren, wobei letzteres für den Letztnachfrager eine unzureichende Frische oder Aktualität der Ware bedingen würde. Darüber hinaus droht dem Hersteller aus dem Bevorratungsverhalten des Handels im Zusammenhang mit gemeinsam verabredeten Verkaufsförderungsaktionen Gefahr von Opportunismus. Hierbei handelt es sich um eine besondere Form

[445] Vgl. hierzu Abschnitt 4.1.2.2.1

[446] Vgl. Mattmüller, Roland: Zur Wettbewerbsschwäche von Verbundgruppen im Handel – eine institutionenökonomische Analyse der Beziehung zwischen Zentrale und Anschlußbetrieben, in: GfK Jahrbuch der Absatz- und Verbrauchsforschung, 43. Jg., Heft 4/1997, S. 391 ff.

von Hidden Action,[447] indem sich der Handel mit Ware zu Aktionspreisen bevorratet, um diese nach Ablauf der Aktion entweder zum marktüblichen Preis (Kostenreduktionseffekt) oder weiterhin zum Aktionspreis (Reputationseffekt) zu verkaufen.[448]

In allen Fällen ist es dem Hersteller nur bedingt – zum Teil nur unter prohibitiv hohen Kosten – möglich, einen ausreichenden Kenntnisstand über die Leistung bzw. das Verhalten des Handels zu erlangen. Dabei kann der Hersteller sich zwar noch bestimmte Informationen, beispielsweise über Regalbestückungen, Beratungs- und Verkaufsleistungen sowie Aktionswochen, von seinem eigenen Außendienst oder von externen Marktforschungsinstituten erhoffen, jedoch hat er keinen Einblick auf die Lager- und Bestandsplanung des Handels. Selbst aus seiner eigenen Buchhaltung über Auftragseingänge und Fakturen kann der Hersteller nur begrenzt Rückschlüsse auf das Verhalten des Handels ziehen, da auf dessen Abverkäufe sowohl Spill- als auch Carry-over-Effects einwirken. Zudem ist es dem Hersteller in der Regel nicht möglich, den Weg seiner Waren im handelseigenen Distributionssystem zu verfolgen. „So werden Produkte zu Aktionsrabatten eingekauft und an andere Regionen, Vertriebsschienen oder Händler, die zu schlechteren Bedingungen einkaufen, weitergegeben."[449]

Aus diesen abschließenden Implikationen bezüglich der Marke und ihrer Wirkungsweise auf die Transaktionsbeziehung zwischen Hersteller und Handel wird deutlich, daß bei den hier entwickelten Einflußgrößen auf die Bestimmungsfaktoren des Transaktionswertes keine eindeutige Trennschärfe vorliegt. Vielmehr zeigen die letzten Ausführungen, daß bestimmte Einflußgrößen interdependent zueinander stehen. Vor diesem Hintergrund ist die vorgenommene formal getrennte Herleitung in Einflußgrößen, die einerseits auf die direkten Transaktionskosten (TK^{direkt}) und anderseits auf die indirekten Transaktionskostenersparnisse ($TKE^{indirekt}$) einwirken, auch zu abstrahieren. Diese Vorgehensweise diente vornehmlich dazu, inhaltlich zum einen einzelne Ein-

447 Vgl. Litzinger, Dieter: Die Gewinnung der Kooperation des Handels bei Verkaufsförderungsmaßnahmen von Herstellern, in: Kontrakte, Geschäftsbeziehungen, Netzwerke – Marketing und Neue Institutionenökonomik, hrsg. v. Klaus P. Kaas, ZfbF-Sonderheft 35/95, Düsseldorf 1995, S. 273 und die dort zitierten Publikationen.

448 Eine Verkaufsförderungsaktion von Hersteller und Handel geht zwar naturgemäß über die Systemimmanenz einer Transaktionsbeziehung zwischen Hersteller und Handel hinaus, soll aber hier das Spektrum eines möglichen opportunistischen Verhaltens des Handels aufzeigen.

449 Litzinger, Dieter: Die Gewinnung der Kooperation des Handels bei Verkaufsförderungsmaßnahmen von Herstellern, a.a.O., S. 273

flußgrößen jeweils zu identifizieren und hinsichtlich ihrer isolierten Wirkung auf die TK^{direkt} bzw. $TKE^{indirekt}$ erklären zu können und formal zum anderen eine überschaubare sowie nachvollziehbare Argumentationskette aufzuspannen.

Der grundlegende Zusammenhang zwischen den einzelnen Einflußgrößen und damit deren Bedeutung für die Bestimmungsfaktoren des Transaktionswertes, wird allerdings erst dann deutlich, wenn die isolierte Sichtweise aufgebrochen wird und die getrennt voneinander entwickelten Ergebnisse miteinander verknüpft werden. Hieraus erfährt die Betrachtung eine vielschichtigere Perspektive, aus der sich im Ergebnis ein Wirkungszusammenhang einstellt, der der Natur der TK^{direkt} bzw. $TKE^{indirekt}$ am nächsten kommt.

In diesen Kontext ist das nachfolgende Prüfschema (Abbildung 22) einzuordnen, das dem Hersteller zur ex ante Einschätzung der TK^{direkt} bzw. $TKE^{indirekt}$ im einzelnen und daraus folgend des Transaktionswertes einer Beziehung zum Handel im gesamten dient. Dabei zeigen einzelne Prüfschritte dem Hersteller auf,

- welche informationsökonomische Bedeutung (Funktion) die eigene Marke für den Letztnachfrager hat,
- in welcher Funktion die Marke mit ihren spezifischen Merkmalen dem Handel dient und somit
- in welcher Rolle sich der Hersteller gegenüber dem Handel positionieren kann und schließlich
- wo der Hersteller mit Ansatzpunkten für opportunistisches Verhalten des Handels rechnen muß.

Im Ergebnis des Prüfvorganges ist demnach für den Hersteller ablesbar, inwieweit die TK^{direkt} und $TKE^{indirekt}$ in einer Transaktionsbeziehung zum Handel ausgeprägt sind und welcher Wirkungszusammenhang den jeweiligen Ausprägungen vorausgeht. Somit hat das Prüfschema für den Hersteller nicht nur eine Dokumentationsfunktion des gegenwärtigen Transaktionswertes, sondern zugleich auch eine Lenkungsfunktion für einen anzustrebenden Transaktionswert. Ein wesentlicher Verwendungszweck des

Prüfschemas liegt deshalb auch in seinem Mechanismus, durch eine ex ante gerichtete Lesart auf einen transaktionswert-orientierten Umgang mit dem Handel hinzuwirken.

Neben der anwendungsbezogenen Verwertbarkeit bereichert das Prüfschema zudem auch die institutionenökonomische Analyse von Hersteller-Handel-Beziehungen, indem der Prüfvorgang nicht auf eine bestimmte Theorie der Neuen Institutionenökonomik beschränkt bleibt. Vielmehr spiegeln sowohl der generelle Aufbau als auch die einzelnen Prüfschritte das problemspezifische Spektrum der zu Beginn der Arbeit aufgeführten Theorien der Neuen Institutionenökonomik wider. So erfährt das Prüfschema seinen wissenschaftlichen Mehrwert insbesondere dadurch, daß die herausgearbeiteten Einflußgrößen nicht durch eine monomisch-getrennte, sondern durch eine pluralistisch-verknüpfende Interpretation der Verhaltensannahmen und Untersuchungsvariablen der relevanten Theorien der Neuen Institutionenökonomik belegt wurden.[450]

In seinem grundsätzlichen Aufbau orientiert sich das Prüfschema an dem Verständnis des Integrativ-Prozessualen Marketingansatzes, so daß der Prüfvorgang des Herstellers aus einer Outside-Inside-Perspektive erfolgt. Diese Perspektive bedingt, daß die ausschließlich herstellerbezogenen Einflußgrößen auf die TK^{direkt} und mit ihnen insbesondere die Markenspezifität nur in impliziter Form berücksichtigt werden, indem sie in die Beurteilung der jeweiligen Prüfkriterien mit einfließen.

Vor diesem Hintergrund beginnt der Prüfprozeß für den Hersteller aus der Perspektive des Letztnachfragers, wo nach dem Erfüllungsgrad der informationsökonomischen Funktionen einer Marke gefragt wird. Dabei bleibt der individuelle Objektzusatznutzen der Marke wegen der dazugehörigen verhaltenswissenschaftlichen Bezugnahme außerhalb der Betrachtung. Den Integrationsgedanken fortsetzend nimmt der Hersteller im Anschluß an die Perspektive des Letztnachfrager die des Handels ein. Dabei gilt es, zu prüfen, welchen Nutzen der Handel aus den informationsökonomischen Funktionen der Marke hat (passiv) oder aus ihnen ziehen kann (aktiv). Erst danach bezieht der Hersteller die institutionenökonomischen Wirkungen der Nutzenstiftung einer Marke vom Letztnachfrager über den Handel auf sich selbst und leitet hieraus den Transaktionswert ab.

[450] Siehe hierzu Abschnitt 2.2.2 sowie insbesondere Tabelle 1 auf S. 62

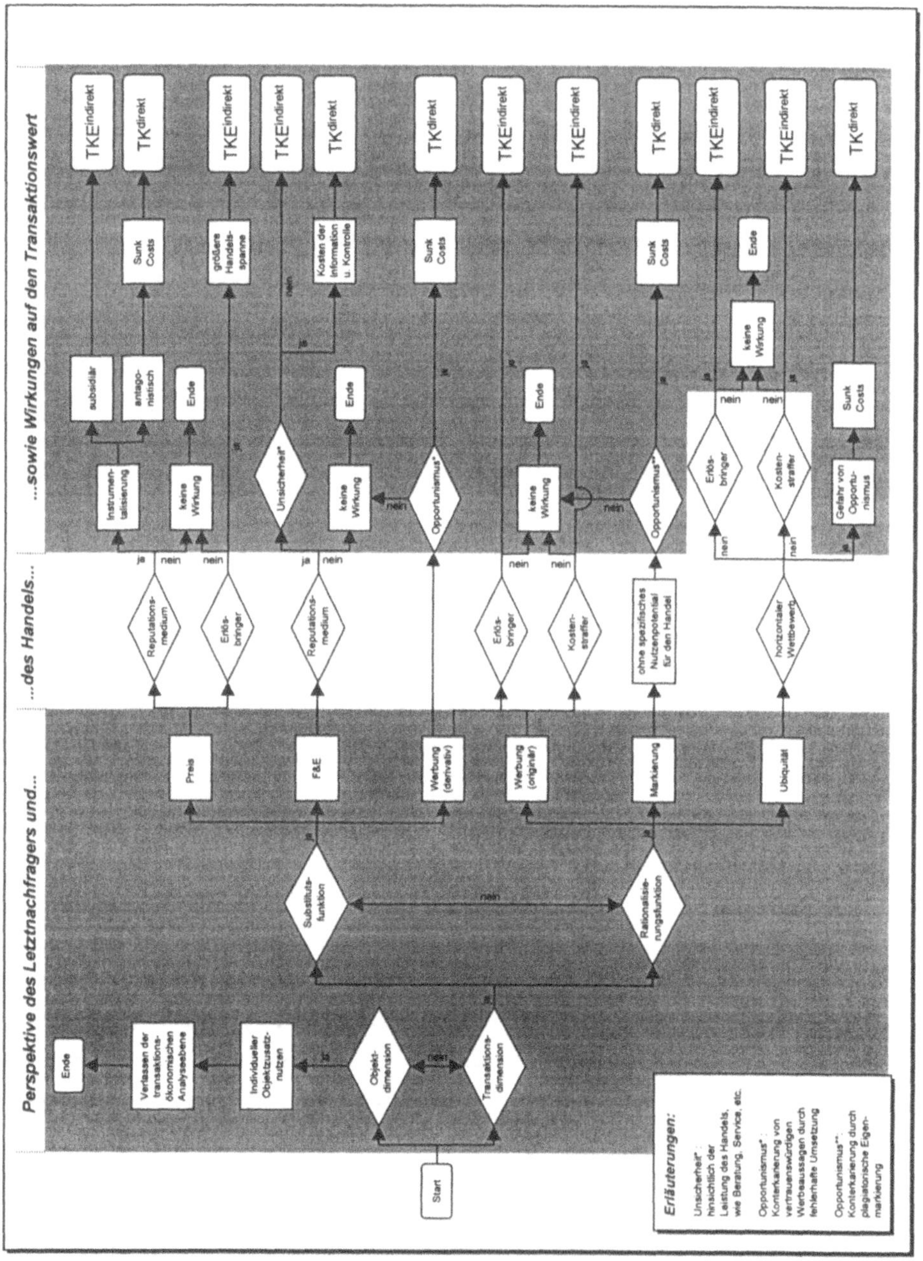

Abb. 22: Prüfschema zur ex ante Erfassung des Transaktionswertes

5. Deduktionen aus dem Transaktionswert für Gestaltungsoptionen der Hersteller-Handel-Beziehung anhand des Markt-Hierarchie-Paradigmas

Auf Basis des im dritten Kapitel aufgestellten nomologischen Hypothesenrahmens widmete sich das vorstehende vierte Kapitel der Entwicklung von Antecedenzbedingungen der Transaktionsbeziehung zwischen Hersteller und Handel. Dabei wurde im Zusammenhang mit den Bestimmungsgründen einer Transaktionsbeziehung zunächst der Transaktionswert als Effizienzkriterium eingeführt. Darauf aufbauend galt es anschließend nach den Größen zu fragen, die Einfluß auf die Bestimmungsfaktoren des Transaktionswertes nehmen. Im Ergebnis des vierten Kapitels konnte somit ein Prüfschema aufgestellt werden, daß sowohl die Wirkungszusammenhänge der Einflußgrößen auf die Bestimmungsfaktoren des Transaktionswertes im besonderen aufzeigt als auch die Wesensmerkmale der systemimmanenten Antecedenzbedingungen im allgemeinen abträgt.

Vor diesem Hintergrund stellt sich für das nun folgende Kapitel die Frage, welche Schlußfolgerungen der Hersteller aus einem bestimmten Transaktionswert zu ziehen hat, wenn er vor der grundsätzlichen Entscheidung steht, sein Verhältnis zum Handel über eine bestimmte Koordinationsform im Sinne eines Vertragsverhältnisses zu definieren. Im Kern geht es bei dieser Fragestellung also um die Deduktion von Handlungsempfehlungen auf Basis eines konkreten Transaktionswertes, um hieraus den Weg möglicher Gestaltungsoptionen von Transaktionsbeziehungen zwischen Hersteller und Handel aufzuzeigen.

Als Ausgangspunkt gilt es dabei zunächst einmal, die vier möglichen Extremfälle von Transaktionswerten zu unterscheiden, die sich durch Saldierung von TK^{direkt} und $TKE^{indirekt}$ ergeben. Aus dieser Fallunterscheidung sind dann, in Anlehnung an das – um die Hybridform erweiterte – Markt-Hierarchie-Paradigma der Transaktionskostentheorie,[451] generelle Gestaltungsoptionen von Transaktionsbeziehungen zwischen Hersteller und Handel abzuleiten. Die nachfolgende Abbildung gibt die möglichen vier Fälle an Transaktionswerten wieder.

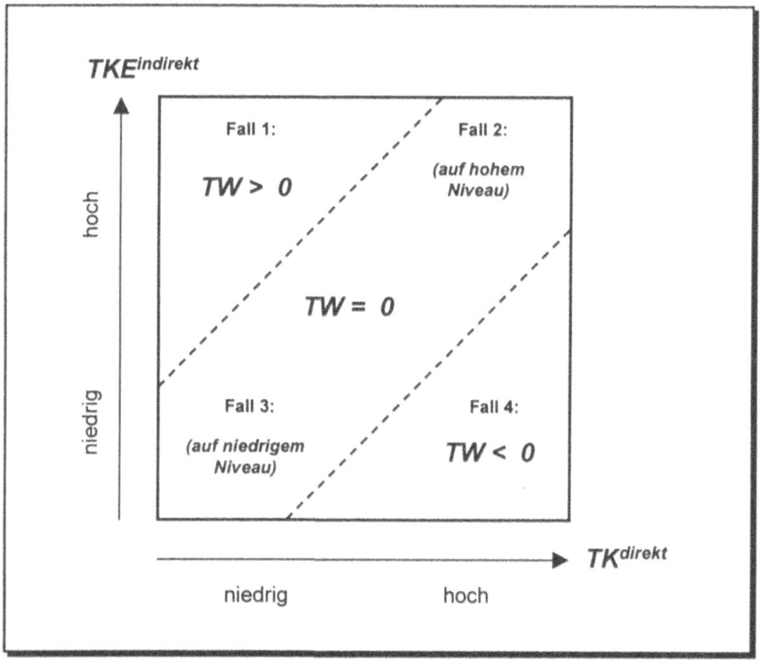

Abb. 23: Fallunterscheidung möglicher Transaktionswerte

[451] Vgl. Williamson, Oliver E.: Markets and Hierarchie, a.a.O., S. 20 ff.; derselbe: Die ökonomischen Institutionen des Kapitalismus, a.a.O., S. 75 ff. Eine auf die wesentlichen Aussagen beschränkte Zusammenfassung des Markt-Hierarchie-Paradigmas bringen Picot/Dietl. Vgl. Picot, Arnold; Dietl, Helmut: Transaktionskostentheorie, a.a.O., S. 178 ff.

5.1 Positiver Transaktionswert – Fall 1

Zweifelsohne die unstrittigste Handlungsempfehlung ist von dem Fall abzuleiten, daß der Hersteller im Rahmen der Transaktionsbeziehung mit dem Handel nur geringe TK^{direkt} aufwenden muß, um im Vergleich dazu im weitaus größeren Maße $TKE^{indirekt}$ zu erzielen. Bei dieser für den Hersteller positiven Konstellation bedarf die Koordination der Transaktionsbeziehung mit dem Handel keiner großen Anstrengungen, denn in Anlehnung an das Markt-Hierarchie-Paradigma erfolgt in diesem Fall die effizienteste Verhaltenssteuerung des Handels rein über den Markt mittels des Preismechanismus. In diesem Sinne reicht es dem Hersteller, wenn er seine Transaktionsbeziehung mit dem Handel auf Basis des sogenannten klassischen Vertrages gründet. Hier werden Leistung und Gegenleistung ex ante bis zum Ende der Vertragsdauer festgelegt oder bei offenen bzw. strittigen Punkten durch das allgemeine Vertragsrecht – in Deutschland insbesondere durch das Zivilrecht – geregelt.[452]

Dem positiven Transaktionswert geht die Bedingung voraus, daß der Hersteller mit seinem Angebot nicht nur dem Handel einen überdurchschnittlichen Nutzen stiftet, sondern darüber hinaus auch vom Handel nur rudimentär opportunistisches Verhalten fürchten muß. Letzteres impliziert für die Hersteller-Handel-Beziehung zwei Prämissen, von denen mindestens eine erfüllt sein muß:

(1) Das Angebot des Herstellers darf dem Handel trotz seines hohen akquisitorischen Potentials kaum Anknüpfungspunkte für Opportunismus bieten.

(2) Für den Fall, daß doch Opportunismusgefahr vom Handel ausgeht, müßte ein diesbezügliches Verhalten unmittelbar kausal jene kontraproduktive Wirkung für den Handel zur Folge haben, die seine Transaktionsbeziehung zum Letztnachfrager gefährdet. Bei dieser Prämisse ist die Marke des Herstellers so ausgerichtet, daß sie den Handel im Sinne eines Self-Enforcing Agreements zu konformem

[452] Vgl. zum Spektrum möglicher Vertragstypen Macneil, Ian R. The Many Futures of Contracts, a.a.O., S. 738 ff. die Gegensatzpaare von Verträgen bei Richter, Rudolf; Furubotn, Eirik G.: Neue Institutionenökonomik, a.a.O., S. 159

Sinne eines Self-Enforcing Agreements zu konformem Verhalten zwingt.[453]

Wie dem letzten Satz bereits implizit zu entnehmen ist, zielen beide Prämissen jeweils auf eine unterschiedliche Position der Herstellermarke im informationsökonomischen Funktionentripel ab. Die erste Prämisse liegt insbesondere dann vor, wenn der Hersteller mit seiner Marke gegenüber dem Handel eher als Kostenstraffer und/oder Erlösbringer auftritt, als daß er dem Handel als Reputationsmedium Nutzen stiftet.[454] In dieser Position hat der Hersteller – wie dem Prüfschema zu entnehmen ist – nur dann mit opportunistischem Verhalten zu rechnen, wenn der horizontale Wettbewerb des Handels durch die Ubiquität der Marke verschärft wird.

Die zweite Prämisse greift genau die entgegengesetzte Position des Herstellers im Funktionentripel des Handels auf. Hier dient die Marke dem Handel verstärkt als Reputationsmedium und weniger als Kostenstraffer bzw. Erlösbringer. Allerdings ist diese Position mit der Einschränkung verbunden, daß der Handel nur bei subsidiärer Instrumentalisierung der Reputation hieraus einen eigenen Nutzen erzielen kann. Damit restringiert auch die zweite Prämisse zumindest indirekt das Merkmal der Ubiquität, indem ein niedriger Distributionsgrad der Marke (Distributionsgrad zweiter Ordnung im Sinne von stark intensiver bis exklusiver Distribution)[455] Voraussetzung ist, daß der Handel einen Nutzen in Form eines Imagetransfers (Quasi-Rente) erzielen kann und sich somit subsidiär verhält. Diesen Imagetransfers würde sich der Handel über kurz oder lang selbst berauben, wenn er opportunistisch handeln bzw. die Marke antagonistisch instrumentalisieren würde.

---

[453] In Bezug auf die Ressourcen-Abhängigkeitstheorie wäre die Marke für den Handel eine Art Motivational Investment und würde demnach eine gewisse Abhängigkeit des Handels gegenüber dem Hersteller dokumentieren.

[454] Siehe Abschnitt 4.2.3

[455] Vgl. die begriffliche Abgrenzung der Distributionskennzahlen, insbesondere von Distributionsdichte und -grad erster und zweiter Ordnung bei Ahlert, Dieter: Distributionspolitik, a.a.O., S. 10 u. 199 f.

Bewußt wird in diesem Zusammenhang die Möglichkeit aus der Betrachtung ausgeschlossen, daß der Hersteller über Sanktionsgewalt konformes Verhalten des Handels durchsetzen oder besser *erzwingen* kann. Eine solche Verhaltenssteuerung basiert im wesentlichen auf einem Machtpotential des Herstellers, bestimmte Bestrafungsaktionen, wie Belieferungsverzögerung oder -auschluß gegenüber dem Handel durchführen zu können (Coercive Power).[456] Dementsprechend steht die Sanktionsgewalt nicht im Einklang mit dem hier entwickelten dyadischen Verständnis zwischen Hersteller und Handel sowie insbesondere zu dem daraus folgenden Integrationsgedanken („Handel als Kunde des Herstellers"). Darüber hinaus entspräche die Vorstellung, der Hersteller könne über Sanktionen den Handel zu konformem Verhalten zwingen, einer Verkennung des gegenwärtigen Status quo der generellen Kräfteverteilung zwischen Hersteller und Handel, so wie es zu Beginn der Arbeit aufgezeigt wurde.

Es bleibt somit festzuhalten, daß für den Hersteller eine Markt-Lösung als Gestaltungsoption der Transaktionsbeziehung mit dem Handel nur in Frage kommt, wenn er mit seiner Marke genügend Potential hat, einen positiven Transaktionswert zu erzielen und dabei gleichzeitig mindestens eine der beiden genannten Prämissen langfristig und auch in sich stabil erfüllen kann.

---

[456] Neben der sogenannten Bestrafungsmacht werden zurückgehend auf French/Raven noch vier weitere Machtgrundlagen unterschieden und zwar Reward-, Legitimate-, Identification- und Expert-Power. Vgl. French, John R. P.; Raven, Bertram: The Base of Social Power, in: Studies of Social Power, hrsg. v. Dorwin Cartwrigt, Ann Arbor 1959, S. 155 ff.

5.2 Indifferenter Transaktionswert

5.2.1 Hohes Niveau – Fall 2

Die Kombination hohe TK^{direkt} zu hohen $TKE^{indirekt}$ steht für den besonderen Fall, daß die Marke des Herstellers dem Handel zwar einen großen Nutzen stiftet, dies aber zugleich Ursache dafür ist, daß der Hersteller für eine Transaktionsbeziehung mit dem Handel relativ hohe Transaktionskosten aufwenden muß. Demnach ist das akquisitorische Potential der Marke sowohl ursächlich für die $TKE^{indirekt}$ als auch für die TK^{direkt}. Diese sich gegenseitig neutralisierende Interdependenz zwischen Kosten- und Nutzenfaktoren geht dann aus einer Hersteller-Handel-Beziehung hervor, wenn die Marke des Herstellers dem Handel eindimensional vor allem als Reputationsmedium dient. Allerdings – im Unterschied zum Fall 1 – erzielt hier die Marke eine nutzenstiftende Wirkung für den Handel nicht mehr durch eine subsidiäre Instrumentalisierung der Reputation, sondern erst, wenn diese durch antagonistische Maßnahmen konterkariert wird (beispielsweise über Lockvogelangebote). Dementsprechend sind die relativ hohen Transaktionskosten darauf zurückzuführen, daß der Hersteller entweder die Folgen opportunistischen Verhaltens kompensieren (Sunk Costs) oder aufwendige Kontroll- und Schutzmechanismen betreiben muß.

Generell würden sich dem Hersteller analog zur formalen Struktur des Transaktionswertes zwei Ansatzpunkte anbieten, den ursprünglich indifferenten Transaktionswert in einen positiven umzuwandeln, nämlich indem er versucht, eine Reduzierung der TK^{direkt} und/oder eine Steigerung der $TKE^{indirekt}$ herbeizuführen. Da allerdings das Niveau an $TKE^{indirekt}$ bereits sehr hoch ist, ist davon auszugehen, daß das Handelsunternehmen den Spielraum maximaler *systemimmanenter* Leistungserbringung bereits voll ausgeschöpft hat. Insofern stößt auch der Hersteller an die Grenzen, über weitere Maßnahmen dem Handel erhöhte $TKE^{indirekt}$ abzuringen, so daß ihm nur die Möglichkeit bleibt, auf eine Reduzierung der Transaktionskosten hinzuwirken.

Es ist deshalb nach einer Gestaltungsoption zu suchen, die es dem Hersteller ermöglicht, die Opportunismusgefahr des Handels zu bannen, ohne daß es für ihn dadurch zu einer Mehrbelastung für den Transaktionswert kommt und bei der er auch weiterhin die relativ hohen $TKE^{indirekt}$ abschöpfen kann. Für diese an eine Gestaltungsoption gebundenen Restriktionen leitet sich aus dem Markt-Hierarchie-Paradigma eine Koordinationsform für die Hersteller-Handel-Beziehung ab, die als Hybride zwischen den Extremlösungen Markt und Hierarchie fungiert und einem relationalen Vertragsverhältnis gleichkommt.[457]

Dieses relationale Vertragsverhältnis kann wiederum auf Basis des Transaktionswertgedankens und mit dem dazugehörigen dyadischen Verständnis zwischen Hersteller und Handel eine *direkte* und eine *indirekte* Wirkungsdimension aufweisen, um für den Hersteller im Endeffekt eine Reduzierung der TK^{direkt} herbeizuführen. Während relationale Verträge mit direkter Wirkungsdimension ohne Umschweife auf die Reduzierung der Transaktionskosten abzielen, versuchen relationale Verträge mit indirekter Wirkungsdimension über die „Hintertür der Nutzenstiftung", zuerst den Goodwill des Handels zu gewinnen, um anschließend hieraus indirekt eine Reduzierung der Transaktionskosten zu bewirken.

Folglich sind relationale Verträge mit direkter Wirkungsdimension so ausgerichtet, daß sie für den Hersteller eine Gestaltungsoption darstellen, mit der er unmittelbar das Verhalten des Handels in die gewünschte Richtung lenken kann. Dementsprechend erhebt diese Form von relationalen Verträgen die Reduzierung der Opportunismusgefahr auch explizit zum Vertragsgegenstand, womit sie in der Tradition der vertraglichen Vertriebssysteme stehen.[458]

Im Gegensatz dazu greifen relationale Verträge mit indirekter Wirkungsdimension die Reduzierung der Opportunismusgefahr und somit auch die der Transaktionskosten nur implizit auf. Bei dieser Form relationaler Verträge verfolgt der Hersteller vielmehr die Absicht, dem Handel zusätzlich zum Reputationsnutzen einen weiteren Nutzen zu stiften und ihm somit einen Anreiz zu geben, sich konform zu verhalten. Grundlage hierfür ist eine Verhaltensabstimmung zwischen Hersteller und Handel, woraus die Marke

---

[457] Relationale Verträge sind nach Williamson dann vorteilhaft, wenn einerseits wegen der fundamentalen Transformation von Hersteller und Handel Kontinuität angestrebt wird, die gegenüber der Markt-Lösung höhere Kosten für die Errichtung und Aufrechterhaltung des relationalen Vertragsverhältnisses rechtfertigt sowie Vorteile bei der Abwehr opportunistischen Verhaltens bietet. Andererseits sind relationale Verträge einer Hierarchie-Lösung vorzuziehen, wenn sie dieser in Bezug auf Leistungsanreize und Verwirklichung von Kostendegressionseffekten überlegen sind. Vgl. Williamson, Oliver E.: Die ökonomischen Institutionen des Kapitalismus, a.a.O., S. 85 ff.

[458] Vgl. Ahlert, Dieter; Schröder, Hendrik: Rechtliche Grundlagen des Marketing, 2., völlig überarb. Aufl., Stuttgart u.a. 1996, S. 386

für den Handel nicht nur als Reputationsmedium, sondern auch als Erlösbringer und Kostenstraffer hervorgeht. Da diese erweiterte Nutzenstiftung jedoch für den Hersteller nicht ohne Aufwand zu erzielen ist – was isoliert betrachtet einen Anstieg der TK^{direkt} bedeuten würde – ist es zwingend, daß der Hersteller selber mit Hilfe dieser Verhaltensabstimmung seine eigenen Transaktionskosten mit dem Handel senken kann. Somit sollte von dieser Form relationaler Verträge im Ergebnis eine zweifache Wirkung ausgehen, nämlich daß der Hersteller auf der einen Seite eine erhöhte Nutzenstiftung beim Handel erzielt, die auf der anderen Seite bei ihm zugleich eine Reduzierung der TK^{direkt} bewirkt. Dieses Win-Win-Ergebnis eines relationalen Vertragsverhältnisses zwischen Hersteller und Handel – „... d.h. beide Transaktionspartner stellen sich durch veränderte Transaktionskomponenten besser als vorher“[459] – spiegelt sich im Verständnis des Efficient Consumer Response wider.

Sowohl auf die vertraglichen Vertriebssysteme bekannter Art als auch auf das Efficient Consumer Response wird nachfolgend vertiefend Bezug genommen. Dabei steht allerdings nicht deren grundsätzliche Deskription im Vordergrund,[460] sondern die Erklärung ihrer Problemrelevanz als Gestaltungsoption einer Hersteller-Handel-Beziehung, die einen indifferenten Transaktionswert auf hohem Niveau aufweist.

5.2.1.1 Vertragliche Vertriebssysteme

Die konventionellste Option, das opportunistische Verhalten des Handels zu bannen und damit die Transaktionskosten zu senken, stellen die sogenannten vertraglichen Vertriebssysteme zwischen Hersteller und Handel dar. Die dabei grundsätzlich denkbaren Vertragsverhältnisse werden in einen Raum eingeordnet, der von den Dimensionen Bindungs- und Zentralisierungsgrad aufgespannt wird. Je höher die beiden Dimensionen ausgeprägt sind, desto mehr schmelzen Hersteller und Handel über eine

459 Laurent, Monika: Vertikale Kooperationen zwischen Industrie und Handel, a.a.O., S. 109

460 Vertragliche Vertriebssysteme werden gemeinhin als institutionale Formen der vertikalen Kooperation verstanden. Wenn allerdings eine Kooperation zwischen Hersteller und Handel auch tatsächlich den Geist einer Kooperation erfüllt, dann ist es Efficient Consumer Response und nicht – wie noch zu zeigen ist – eine Form von vertraglichem Vertriebssystem.

gegenseitige Verhaltensabstimmung zu einem „einstufigen System“ zusammen.[461] Ihr Spektrum reicht demnach von Rahmenverträgen über Ausschließlichkeitsbindungen bis hin zu Systemen mit exklusiver Bindung, wie Vertragshändler- oder Franchisesysteme.[462]

Ohne im einzelnen den Facettenreichtum und damit die verschiedensten Charaktere nachzeichnen zu wollen,[463] sind an dieser Stelle zumindest die Ursachen zu hinterfragen, die einer Reduzierung opportunistischen Verhaltens und damit auch einer Reduzierung von Transaktionskosten bei vertraglichen Vertriebssystemen vorausgehen. Schließlich behält das Handelsunternehmen trotz vollständiger Verhaltensabstimmung auch bei vertraglichen Vertriebssystemen seine rechtliche Selbständigkeit bei,[464] so daß im Rahmen eines zweifachen Eigentumsüberganges die Verfügungsgewalt an der Ware – und damit auch ein gewisser Opportunitätsspielraum – immer noch beim Händler liegt.[465]

---

461 Dieser Systematisierungsansatz vertraglicher Vertriebssysteme geht auf Ahlert und Grossekettler zurück und hat sich zumindest in der deutschsprachigen Marketingforschung ohne Widerspruch etabliert. Vgl. Grossekettler, Heinz: Die volkswirtschaftliche Problematik von Vertriebskooperationen: Zur wettbewerbspolitischen Problematik von Vertriebsbindungs-, Alleinvertriebs-, Vertragshändler- und Franchisesystemen, in: Zeitschrift für das gesamte Genossenschaftswesen, 28. Jg., 1978, S. 326 ff.; Ahlert, Dieter: Absatzkanalstrategien des Konsumgüterherstellers auf der Grundlage Vertraglicher Vertriebssysteme mit dem Handel, in: Vertragliche Vertriebssysteme zwischen Industrie und Handel, Wiesbaden 1981, S. 73 ff sowie derselbe: Vertikale Kooperationsstrategien im Vertrieb, in: ZfB, 52. Jg., 1982, S. 76. In einer jüngeren Publikation von Ahlert wird der Zentralisierungsgrad durch den Autonomiegrad ersetzt, ohne daß sich dadurch etwas an der inhaltlichen Struktur der Systematisierung von vertraglichen Vertriebssystemen ändert. Vgl. Ahlert, Dieter: Vertikales Marketing im Wandel, a.a.O., S. 145 ff.

462 Vgl. Müller-Hagedorn, Lothar: Zur Erklärung der Vielfalt und Dynamik der Vertriebsformen, in: ZfbF, 42. Jg., Heft 6/1990, S. 451 ff.

463 Vgl. hierzu in Ergänzung zur bereits in diesem Zusammenhang zitierten Literatur beispielsweise Brauer, Urban: Die vertikale Kooperation als Absatzwegestrategie für Herstellerunternehmen dargestellt am Beispiel der Konsumgüterhersteller, München 1989, S. 82 ff. sowie Eggers, Christofer: Vertikale Vertriebssysteme für Markenartikel, Konstanz 1990, S. 29 ff.

464 Vertragliche Regelungen zwischen Hersteller und Handel, in denen der Händler die Ware im Namen und auf Rechnung des Herstellers (Agentursystem) oder aber im eigenen Namen für fremde Rechnung (Kommissionssystem) verkauft, entsprechen Formen des Absatzes im geschlossenen Markt und stellen daher keine Hybrid-, sondern eine Hierarchie-Lösung dar. Vgl. Eichmann, Karsten: Industrielles Marketing, in: Marketing-Systeme: Grundlagen des institutionalen Marketing, hrsg. v. Paul W. Meyer u. Anton Meyer, 2., überarb. Aufl., Stuttgart 1993, S. 34

465 Der zweifache Eigentumsübergang ist *das* konstitutive Merkmal des selbständigen Handelsunternehmens. Vgl. Mattmüller, Roland: Marketingstrategien des Handels und staatliche Restriktionen, a.a.O., S. 37

Der Hauptgrund für die reduzierte Opportunismusgefahr besteht in der qualitativen oder in der qualitativ-quantitativen Selektion von Händlern.[466] Das selektieren von Handelsunternehmen ist Wesensbestandteil eines vertraglichen Vertriebssystems und hat zum Ziel, daß bestimmte Handelsunternehmen definitiv von der Belieferung der Ware durch den Hersteller oder auch durch Dritte ausgeschlossen werden.[467] Dabei ist in diesem Zusammenhang allerdings zwischen Prozeß und Ergebnis der Selektion zu differenzieren, denn der Selektionsprozeß selbst verursacht zunächst einmal beim Hersteller höhere Transaktionskosten. Erst das Ergebnis erfolgreicher Selektion führt dazu (oder sollte dazu führen), daß sich für den Hersteller der Durchführungs- und Kontrollaufwand und somit die Kosten der Transaktionsbeziehung mit dem Handel reduzieren.

Selbst wenn für den Hersteller mittels Selektion die Möglichkeit besteht, bereits im Vorfeld jene Händler auszuschließen, die seiner Meinung nach offensichtlich zu Opportunismus neigen, besteht dennoch keine Sicherheit, daß von den ausgewählten Händlern keine Opportunismusgefahr mehr ausgeht. Erst der mit der Selektion verbundene exklusivere Charakter der Transaktionsbeziehung schafft die Grundlage, daß der Händler sich weniger oder gar nicht opportunistisch verhält; denn einhergehend mit der Exklusivität wandelt sich die Marke des Herstellers von einem Reputationsmedium antagonistischer Prägung zu einem Reputationsmedium, daß nur bei subsidiärer Instrumentalisierung dem Handel Nutzen stiftet.

---

466 Eine Selektion ausschließlich nach quantitativen Kriterien verstößt gegen Art. 85, Abs. 1 EGV und erhält nur unter strengsten Voraussetzungen eine Einzelfreistellung nach Art. 85, Abs. 3 EGV. Eine qualitative Selektion ist nur zulässig, wenn objektive Kriterien der Selektion vorliegen (Diskriminierungsverbot, § 26, Abs. 2 GWB) oder durch Gruppenfreistellung gemäß Art. 85, Abs. 3 EGV. Infolgedessen ist eine quantitative Selektion nur in Verbindung mit einer Selektion nach objektiv qualitativen Kriterien rechtens. Vgl. zu den rechtlichen Restriktionen bei vertraglichen Vertriebssystemen Bieri-Gut, Marianne: Rechtsprobleme beim Absatz auf grauen Märkten: Die Durchsetzbarkeit von Selektivvertriebsverträgen gegenüber Dritten, Zürich 1994, S. 36 ff.

467 Vgl. Ahlert, Dieter: Absatzkanalstrategien des Konsumgüterherstellers auf Grundlage Vertraglicher Vertriebssysteme mit dem Handel, in: Vertragliche Vertriebssysteme zwischen Industrie und Handel: Grundzüge einer betriebswirtschaftlichen, rechtlichen und volkswirtschaftlichen Beurteilung, hrsg. v. Dieter Ahlert, Wiesbaden 1981, S. 77

Allerdings hat der Hersteller mit Zunahme des Bindungs- und Zentralisierungsgrades (zum Beispiel im Falle eines Alleinvertriebs- oder Franchisesystems) ein anders gelagertes Risiko zu tragen. So reduziert sich in diesem Fall auf der einen Seite zwar für den Hersteller die Wahrscheinlichkeit, daß opportunistisches Verhalten seitens der ausgewählten Handelsunternehmen auftritt; auf der anderen Seite jedoch hat der Hersteller eine größere Verlustdimension an eigener Quasi-Rente einzukalkulieren, sobald sich ein selektierter Händler opportunistisch verhält. Der Grund hierfür liegt in der Korrelation, daß sich mit Zunahme der Spezifität des Absatzweges analog dazu auch die Abhängigkeit des Herstellers vom alleinvertriebsberechtigten Händler vergrößert. Dadurch kann der Hersteller opportunistisches Verhalten seitens des Handels ungleich schwerer ausgleichen, so daß es für ihn zu einer erhöhten Verlustdimension kommt. Einen Ausgleich für diese Abhängigkeit und damit auch einen Schutz gegen die hohe Verlustdimension an Quasi-Rente, die zugleich beim Hersteller keine Transaktionskosten verursachen, unter Umständen sogar den Transaktionswert zum Handel steigern, bieten spezifische Investitionen, die der Hersteller dem Handel abverlangt, um an die Bezugsberechtigung für die Waren zu kommen (beispielsweise Einstiegsgebühren in das Vertriebssystem oder Investitionen in Geschäftsräume und -ausstattungen).[468] Spätestens durch diese spezifischen Investitionen stehen sich Hersteller und Handel als bilaterales Monopol[469] gegenüber, so daß sich auch für den Handel mit zunehmender Spezifität der Warenversorgung die Abhängigkeit vom Hersteller erhöht, allerdings nicht zwangsläufig mit gleicher Gewichtung der Konsequenzen.[470]

468 Ein anderer Schutzmechanismus – mit dem allerdings spezifische Transaktionskosten verbunden wären – ergäbe sich, wenn der Hersteller Verfügungsrechte an den für die systemspezifische Leistungserstellung des Handels relevanten Inputfaktoren hat, so daß zum Beispiel der Händler seine Verkaufsräume vom Hersteller pachten muß.

469 Vgl. Kaas, Klaus P.; Gegenmantel, Rolf: Ökonomische Determinanten der Macht auf dem Lebensmittelmarkt, a.a.O., S. 886

470 Die unterschiedliche Relevanz der Abhängigkeit rührt daher, daß das Handelsunternehmen auch als Alleinvertriebsberechtigter durchaus von anderen Herstellern beliefert werden kann und somit opportunistisches Verhalten eines bestimmten Herstellers bzw. die Kündigung eines Vertragsverhältnisses mit dem Hersteller kompensieren kann. Selbst im Falle des Franchising kann der Händler leichter einen Franchisekontrakt kündigen und gegebenenfalls unter einem neuen Namen und mit einem anderen Konzept erneut einen Versuch starten, als daß der Hersteller analog hierzu als Franchisegeber seinen durch den opportunistischen Händler ruinierten Ruf mit einem neuen Absatzpartner wieder aufzubauen vermag.

Im Zusammenhang mit der Selektion von verhaltenskonformen Handelsunternehmen wird jedoch deutlich, daß der Hersteller mit den vertraglichen Vertriebssystemen immer noch eine konservative Einschätzung der Rollenverteilung zwischen sich und dem Handel vornimmt. Hierbei weist der Hersteller zumindest implizit dem Handel die Rolle des Erfüllungsgehilfen zu, und sieht sich selbst in der Position des dominanten, den Handel beherrschenden Marketingführers.[471] Den vertraglichen Vertriebssystemen bekannter Art liegt darüber hinaus eine Interpretation der Hersteller-Handel-Beziehung zugrunde, die sich auf eine herstellerorientierte Inside-Outside-Perspektive beschränkt und somit eindimensional auf die Interessenlage des Herstellers abgestimmt ist. Dementsprechend einseitig ist auch die Wirkungsdimension von vertraglichen Vertriebssystemen auf die direkte Reduktion der TK^{direkt} ausgerichtet.

Vor diesem Hintergrund bleibt als Fazit festzuhalten, daß vertragliche Vertriebssysteme bekannter Art zwar eine Gestaltungsoption darstellen, um einen indifferenten Transaktionswert in einen positiven umzuwandeln, allerdings geht dieses mit einem zum Teil überholten Rollenverständnis zwischen Hersteller und Handel einher. Insofern erscheint diese Option nur für den Hersteller empfehlenswert, wenn sein Angebot die notwendige Tragfähigkeit für eine dominante Verhaltensabstimmung gegenüber dem Handel hat. Ansonsten besteht die Gefahr, daß die Marke des Herstellers die oben beschriebene Wandlung zu einem Reputationsmedium mit subsidiärer Instrumentalisierung nicht vollzieht. Für den Fall, daß die Marke diese Tragfähigkeit nicht aufweist, wäre für den Hersteller ein relationales Vertragsverhältnis im Sinne des Efficient Consumer Response eine weitere Alternative.

5.2.1.2 Efficient Consumer Response

Wie bereits an obiger Stelle hergeleitet, stellt Efficient Consumer Response (ECR) ein relationales Vertragsverhältnis zwischen Hersteller und Handel dar, das im Gegensatz zu den vertraglichen Vertriebssystemen nicht direkt darauf abzielt, Opportunismus seitens des Handels zu vermeiden. Vielmehr nimmt ECR in dem hier vorliegenden Kontext eine Brückenkopffunktion für den Hersteller ein, um über eine erhöhte Nutzenstif-

---

[471] Zum Begriff des Marketingführers vgl. Kümpers, Ursula A.: Marketingführerschaft, a.a.O., S. 20

tung den Goodwill des Handel zu gewinnen und um daraus folgend die TK^{direkt} zu senken. Insofern geht von ECR eine gemeinsame Nutzenmehrung für Hersteller und Handel[472] aus. Ausgangspunkt hierfür ist eine Verhaltensabstimmung zwischen Hersteller und Handel,[473] um die Effizienz der Transaktionsprozesse in der Marktkette – d.h. vom Hersteller über den Handel zum Letztnachfrager – zu erhöhen. Zu diesem Zweck setzen Hersteller und Handel aufeinander abgestimmte „... ganzheitliche integrierte Steuerungs- und Rationalisierungskonzepte der Waren- und Informationsprozesse ..."[474] ein, die darauf ausgerichtet sind, die Reibungsverluste der arbeitsteiligen Erfüllung und Optimierung von Produktion und Distribution zu eliminieren.

Selbst wenn das Thema ECR sowohl in der Theorie als auch in der Praxis eine uneinheitliche Terminologie und – je nach Blickrichtung von Hersteller und Handel – eine spezifische Handhabung erfährt,[475] steht dennoch als kleinster gemeinsamer Nenner hinter der Idee des ECR ein dyadisches Verständnis der Transaktionsbeziehung zwischen Hersteller und Handel, das dem hier postulierten Integrations- wie auch Prozeßgedanken im vollen Umfang Rechnung trägt. Im Gegensatz zu den vertraglichen Vertriebssystemen hat der Hersteller beim Konzept des ECR nicht mehr allein seine Interessen im Blick, sondern über eine Outside-Inside-Perspektive auch die des Handels.

---

472 „... So steht das von ECR postulierte kooperative Miteinander unter dem Motto 'Dein Nutzen ist Voraussetzung für meinen Nutzen'." Heydt, Andreas von der: Efficient Consumer Response – So einfach und doch so schwer, in: Handbuch Efficient Consumer Response: Konzepte, Erfahrungen, Herausforderungen, hrsg. v. Andreas von der Heydt, München 1999, S. 4

473 Im Gegensatz zu den vertraglichen Vertriebssystemen, die – wie aufgezeigt – eindeutig vom Hersteller dominiert werden, handelt es sich beim ECR-Konzept um eine zumindest nach außen hin vorgegebene gleichberechtigte Verhaltensabstimmung zwischen Hersteller und Handel. Mit dieser Feststellung soll jedoch an dieser Stelle nicht die Diskussion um die Rollenzuordnung von Category Captain und Category Consultant eröffnet werden.

474 Tietz, Bruno: Efficient Consumer Response (ECR), in WiSt, 24. Jg., Heft 10/1995, S. 529

475 Vgl. für die unterschiedlichen begrifflichen wie auch konzeptionellen Auffassungen von ECR die Übersicht bei Hahne, Henric: Category Management aus Herstellersicht: Ein Konzept des Vertikalen Marketing und dessen organisatorische Implikationen, Lohmar u. Köln 1998, S. 6. Für die Vielfalt des anwendungsbezogenen Verständnis von ECR spricht die Feststellung von Hallier, „... daß augenblicklich jegliche Aktivität ECR ist ... ." Hallier, Bernd: Wird ECR zum Club der Großen, in: Handbuch Efficient Consumer Response: Konzepte, Erfahrungen, Herausforderungen, hrsg. v. Andreas von der Heydt, München 1999, S. 56. Generell sieht Töpfer in der ECR-Diskussion „... eine Diskrepanz zwischen praktischer Bedeutung und theoretischer Durchdringung ..., [denn] ... die Wissenschaft hat sich erst nach der Praxis mit dieser Themenstellung intensiv befaßt." Töpfer, Armin: Das ECR-Konzept als Anforderung an Theorie und Praxis, in: Handbuch Efficient Consumer Response: Konzepte, Erfahrungen, Herausforderungen, hrsg. v. Andreas von der Heydt, München 1999, S. 363 f.

Allerdings ist ECR nichts originär Neues, sondern vereint Elemente bereits bekannter Managementtechniken – wie Direkte Produktrentabilität, Business Process Reengineering, Just-in-Time-Distribution oder Space Management – und überträgt diese direkt auf den Transaktionsprozeß zwischen Hersteller und Handel.[476] Hieraus entstehen die in der Literatur meist als vier Basisstrategien[477] gekennzeichneten Teilfunktionen des ECR, die jedoch besser als Module verstanden werden sollten (siehe nachfolgende Abbildung), da sie auch isoliert voneinander umsetzungsfähig und nutzenbringend sind.[478] Als verbindendes Kernstück der Module dient Category Management in Form einer „... funktionsübergreifenden Betrachtung von Warengruppen als strategische Geschäftsfelder ... .“[479]

Die Bezeichnung der einzelnen Module ist bereits Programm,[480] so daß die Anwendung von ECR allgemein betrachtet darauf abzielt, die Kosten auf der Logistikebene (Supply-Side) zu reduzieren und die Erlöse auf der Marketingebene (Demand-Side) zu

476 Vgl. Heydt, Andreas von der: Efficient Consumer Response (ECR): Basisstrategien und Grundtechniken, zentrale Erfolgsfaktoren sowie globaler Implementierungsplan, Frankfurt am Main u.a. 1997, S. 53

477 Vgl. neben der bereits in diesem Zusammenhang zitierten Literatur beispielsweise Ehrl, Alexander: Efficient Consumer Response: Auswirkungen auf die Beziehungen zwischen Hersteller und Handel, München 1997, S. 7 f., Specht, Günter: Distributionsmanagement, a.a.O., S. 254 f. Letztendlich geht die Idee der Basisstrategien zurück auf die Veröffentlichung der Kurt Salomon Associates: Efficient Consumer Response. Enhancing Consumer Value in the Grocery Industry. The Research Department Food Marketing Institute, Washington 1993.

478 Vgl. Heinemann, Gerrit: Kooperative Effizienzstrategien im Absatzkanal: Was der Handel bei ECR bedenken sollte, in: Thexis, 14. Jg., Heft 4/1997, S. 40

479 Hahne, Henric: Category Management, in: DBW, 55. Jg., Heft 6/1995, S. 799. Eine Warengruppe stellt eine Bündelung von Produkten dar, die sich dadurch kennzeichnen, daß sie hinsichtlich des Nachfrage- und Verwendungsverhalten des Letztnachfragers eine Homogenität im Sinne von Verbundwirkungen aufweisen (Substitutions- und Komplementärbeziehungen). Somit definiert sich eine Warengruppe nicht nur durch die Produkte eines Herstellers, sondern berücksichtigt sämtliche Produkte aller Hersteller sowie auch die eigenen Produkte des Handels. Aus diesem Grund handelt es sich bei ECR nicht nur um eine bilaterale Verhaltensabstimmung zwischen Hersteller und Handel, sondern mündet letztlich in einem Netzwerk aus verschiedenen Herstellern und (in letzter Konsequenz) auch aus verschiedenen Handelsunternehmen. Als Beleg hierfür sei an den organisatorischen Aufbau des ECR Europe Executive Board verwiesen; vgl. hierzu die zusammenfassende Beschreibung bei Kalmbach, Ulf: ECR Europe und ECR Deutschland – Ein Überblick, in: Handbuch Efficient Consumer Response: Konzepte, Erfahrungen, Herausforderungen, hrsg. v. Andreas von der Heydt, München 1999, S. 27 f. Die weitere Untersuchung behält jedoch aus Gründen der Stringenz den bilateralen Fokus bei.

480 Auf eine explizite Beschreibung der einzelnen Module und ihrer Funktionsweise wird an dieser Stelle verzichtet und statt dessen auf die umfassenden Darstellungen in der bereits in diesem Zusammenhang zitierten Literatur verwiesen.

steigern. Jedoch genauso grundsätzlich, wie die Anwendung von ECR positive Effekte bei Hersteller und Handel bewirken sollte, sind der Aufbau und die Umsetzung von ECR und seinen Modulen zunächst einmal selbst mit Aufwand und Kosten verbunden. Insofern ist hinsichtlich der Wirkungen auf den Transaktionswert analog zu den vertraglichen Vertriebssystemen zwischen dem Ergebnis und dem Betreiben von ECR zu unterscheiden.

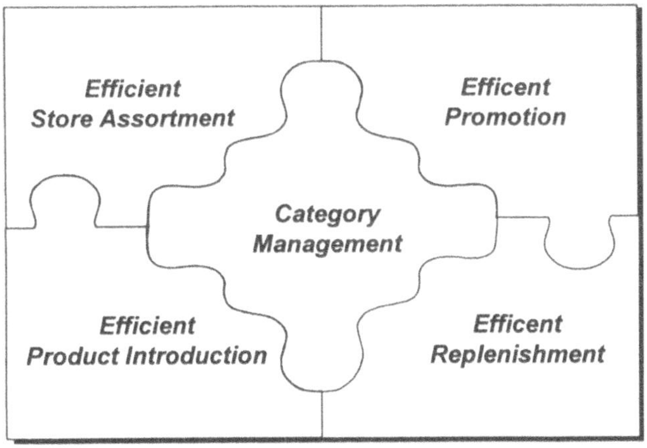

Abb. 24: ECR-Module

In diesem Zusammenhang bestätigen empirische Befunde und veröffentlichte Erfahrungsberichte einzelner Unternehmen unisono, daß die spezifischen Aufwendungen (Transaktionskosten) bei der Umsetzung von ECR auf der Supply-Side durch die dabei im Endeffekt erzielte Kostenreduzierung mehr als kompensiert werden. Dagegen scheint die Quantifizierung des Erlöseffektes auf der Demand-Side ungleich schwerer zu sein.[481] Ein wesentlicher Grund hierfür liegt darin, daß die Umsetzung von ECR auf

---

481 Vgl. hierzu beispielsweise die zitierten Studien bei Swoboda, Bernhard: Wertschöpfungspartnerschaften in der Konsumgüterwirtschaft, a.a.O., S. 451; Töpfer, Armin: Efficient Consumer Response – Bessere Zusammenarbeit zwischen Hersteller und Handel, in: Handelsforschung 1995/96, Jahrbuch der Forschungsstelle für den Handel Berlin (FfH) e.V., hrsg. v. Volker Trommsdorf, Wiesbaden 1995, S. 187 ff. und die zierten Erfahrungen aus der Praxis bei Möhlenbruch, Dirk: Kundenorientierung durch Category Management – Kritische Analyse eines Kooperationsmodells zwischen Industrie und Handel, in: Handelsforschung 1997/98, Jahrbuch der Forschungsstelle für den Handel Berlin (FfH) e.V., hrsg. v. Volker Trommsdorf, Wiesbaden 1997, S. 122 f.

der Marketingebene eher von einer Art „Touch-Quality" bestimmt wird,[482] indem sie beispielsweise eine grundsätzliche Kompetenzübertragung zwischen Hersteller und Handel voraussetzt. Dabei hat der Hersteller seine vertikale Kompetenz dem Handel und umgekehrt, der Handel dem Hersteller seine horizontale Kompetenz, preiszugeben,[483] was zwangsläufig einem möglichen opportunistischen Verhalten des einen gegenüber dem anderen Tür und Tor öffnet.[484]

Erschwerend kommt hinzu, daß darüber hinaus eventuelle Erlöseffekte aufgrund bestimmter Maßnahmen im Rahmen von ECR sich nicht eindeutig operationalisieren lassen, denn solche Effekte liegen nicht allein unter dem Einfluß von ECR. Vielmehr werden Erlöseffekte auf der Demand-Side grundsätzlich durch eine Vielzahl endogener und exogener Faktoren beeinflußt, wie einerseits durch *alle* Aktivitäten des Absatzmarketing und andererseits durch Einflüsse aus dem jeweiligen Umfeld.[485]

Demgegenüber stellen die Maßnahmen auf der Supply-Side eher eine Art „Tech-Quality" dar, denn in diesem Bereich basiert ECR im großen und ganzen auf einem Einsatz von technokratischen Maßnahmen zur Logistikoptimierung.[486] Die hierbei er-

---

482 Die Unterscheidung in Touch- und wie später folgend in Tech-Quality ist der Terminologie des Dienstleistungsmarketing entlehnt, wo diese beiden Begriffe für die zwei grundsätzlichen Kategorien an Indikatoren stehen, um Dienstleistungsqualität zu erfassen: Touch-Quality das Wie und Tech-Quality das Was an Dienstleistung. Vgl. Meyer, Anton: Dienstleistungs-Marketing, in: Marketing-Systeme: Grundlagen des institutionalen Marketing, hrsg. v. Paul W. Meyer u. Anton Meyer, 2., überarb. Aufl., Stuttgart 1993, S. 187 sowie Meyer, Anton; Mattmüller, Roland: Qualität von Dienstleistungen: Entwurf eines praxisorientierten Qualitätsmodells, in: Marketing ZFP, 9. Jg., Heft 3/1987, S. 191 ff. Da ECR in dem vorliegenden Kontext eine Art Service darstellt, die der Hersteller dem Handel erbringt, damit dieser eine höhere Nutzenstiftung aus der gegenseitigen Transaktionsbeziehung erfährt, wird hier die Analogie zum Dienstleistungsmarketing geknüpft. Dabei sollen die beiden Begriffe stellvertretend einerseits für die personenbezogene Dimension (Touch-Quality) und andererseits für die technokratische Dimension (Tech-Quality) von ECR stehen.

483 Vgl. Speer, Franz: Kompetenz als Erfolgsstrategie – Warengruppenmanagement: Kooperation zwischen Handel und Industrie unerläßlich, in: Dynamik im Handel, Heft 6/1994, S. 12

484 Um unter anderem eine größere Transparenz zwischen Hersteller und Handel zu schaffen, werden bei Klein/Lachhammer die konventionellen funktionenorientierten Organisationsstrukturen im Rahmen von ECR durch sogenannte Cross-Function-Teams ersetzt. Vgl. Klein, Henner, Lachhammer, Johann: ECR: Die Aufgaben des Beziehungs-Managements, in: Absatzwirtschaft, 38. Jg., Heft 2/1996, S. 62

485 Siehe Abb. 6: Integrationsfaktoren und -beziehungen im Marketing des Herstellers

486 Zu nennen sind in diesem Zusammenhang beispielsweise Electronic Data Interchange, Computer Assisted Ordering, DPR-Analysen, Activity Based Costing, Data Warehousing, Cross-Docking und dergleichen mehr.

zielte Kostenreduzierung geht somit verstärkt auf nachweisbare Rationalisierungseffekte im Supply Chain zurück, die Hersteller und Handel zunächst einmal jeweils getrennt voneinander selbst erwirtschaften und deren Umlegung auf die Transaktionsbeziehung im gesamten bestenfalls in Jahresgesprächen zur Disposition steht.[487]

Die bisherigen Ausführungen verdeutlichen, daß Hersteller wie Handel aus ECR-Maßnahmen, die die Supply-Side betreffen, trotz der dazugehörigen Aufwendungen einen Netto-Nutzen erzielen können. Allerdings verpflichtet dieser Netto-Nutzen den Handel noch nicht dazu, auf opportunistisches Verhalten auf der Demand-Side zu verzichten. Hier bedarf es aus Sicht des Herstellers weiterer Anstrengungen bzw. Überzeugungsarbeit gegenüber dem Handel. Vor diesem Hintergrund und bei der gegenwärtigen Machtverteilung zwischen Hersteller und Handel läuft es bei der Umsetzung von ECR letztendlich darauf hinaus, daß der Hersteller bezüglich der Maßnahmen auf der Demand-Side bewußt auf seine direkten Erlöseffekte verzichtet, um diese dem Handel zu überlassen, wenn dieser auf opportunistisches Verhalten sowohl in der Transaktionsbeziehung im allgemeinen als auch im Rahmen von ECR im besonderen verzichten würde.

Im Endeffekt – und auch nur so sollte das (eigentlich gegen jegliches kaufmännische Grundverständnis verstoßende) Win-Win-Ergebnis[488] von ECR verstanden werden – zeichnet sich für den Hersteller folgender, vereinfacht dargestellter zweiseitiger Wirkungszusammenhang ab:

Auf der einen Seite egalisieren sich für den Hersteller die durch ECR eingesparten Transaktionskosten auf der Supply-Side durch die erhöhten Aufwendungen der Durchführung von ECR auf Demand-Side. Denn es ist unter den gegenwärtigen Bedingungen davon auszugehen, daß der Hersteller die nur schwer zu quantifizierenden und

---

487 Dagegen treten u.a. aufgrund der eingeschränkten Operationlisierbarkeit regelmäßig Probleme auf, die Erlöse aus der Demand-Side zwischen Hersteller und Handel „gerecht" zu verteilen. Vgl. Schobert, Frank: Procter & Gamble's „Neuer Weg", in: Marketing Journal, Heft 4/1996, S. 264 ff.

488 Verfechter von ECR sprechen sogar von einem „Win-Win-Win-Ergebnis", denn schließlich – der Name ECR sagt es schon – sollten sich alle Maßnahmen am Letztnachfrager ausrichten, was diesem letztlich zum Nutzen gereicht. Bei soviel Lobpreisung sei an dieser Stelle die ketzerische Frage erlaubt, an wem sollte sich den sonst ein Anbieter ausrichten, wenn nicht am Kunden, sei es der Zwischen- oder Letztnachfrager?

deshalb auch nicht eindeutig zwischen ihm und dem Handel zuzuordnenden Erlöseffekte aus der Demand-Side über kurz oder lang an den Handel abgeben muß, um ihn zu einem aus Sicht des Herstellers ECR konformen Verhalten zu bewegen.[489] Auf der anderen Seite jedoch bewirken die vom Hersteller betriebenen Aufwendungen auf der Demand-Side, daß der Handel sein opportunistisches Verhalten ablegt, um auch hier in den Genuß eines Netto-Nutzens zu kommen.

Folglich bleibt festzuhalten, daß ECR im *direkten* Wirkungszusammenhang für den Hersteller nur einem Null-Summen-Spiel gleichkommt. Allerdings bezogen auf die gesamte Transaktionsbeziehung mit dem Handel – also in einem *indirekten* Wirkungszusammenhang – trägt ECR dazu bei, daß der Hersteller durch die abgefederte Opportunismusgefahr seitens des Handels eine Reduzierung der TK^{direkt} erfährt. Somit sichert sich der Handel über ECR sowohl auf der Supply- als auch auf der Demand-Side einen Netto-Nutzen, während der Hersteller hieraus die Möglichkeit schöpft, seine generellen TK^{direkt} zum Handel zu reduzieren.

5.2.2 Niedriges Niveau – Fall 3

Ein indifferenter Transaktionswert auf niedrigem Niveau erscheint zunächst einmal paradox. Schließlich besagen auf der einen Seite niedrige $TKE^{indirekt}$, daß die Marke des Herstellers dem Handel keinen überdurchschnittlichen Nutzen stiftet, weder als Erlösbringer bzw. Kostenstraffer noch als Reputationsmedium. Aufgrund dieser verhältnismäßig profillosen Position gegenüber dem Handel müßte sich eigentlich der Hersteller in einem aufreibenden horizontalen Wettbewerb um die Gunst des Handels befinden, der ihm eine kostenintensive Ausgestaltung der Transaktionsbeziehung mit dem Handel abverlangt. Dem ist allerdings nicht so, denn auf der anderen Seite stehen den niedrigen $TKE^{indirekt}$ ebenso niedrige TK^{direkt} gegenüber, so daß davon auszugehen ist, daß der Hersteller die Transaktionsbeziehung mit dem Handel ohne größeren Aufwand gestalten und steuern kann.

---

[489] Für diese pessimistische Einschätzung spricht zumindest der seit Jahren vollzogene Verlauf der Nachfragemachtspirale des Handels; vgl. Abschnitt 1.1.2.

In diesem Fall der Konstellation von $TKE^{indirekt}$ und TK^{direkt} stellt sich somit die Frage, was den Hersteller bzw. sein Produkt auszeichnet, wenn sie schon keine besondere Position im informationsökonomischen Funktionentripel[490] einnehmen, aber dennoch scheinbar mühelos eine Transaktionsbeziehung mit dem Handel ermöglichen. Die Antwort hierauf verlangt nach einer besonderen Bedingungslage des Herstellers. Sie ist dadurch gekennzeichnet, daß der Hersteller gemeinsam mit seinen Wettbewerbern als kleinerer, für den Handel relativ bedeutungsloser Lieferant auftritt. Dabei stiftet nicht das einzelne Produkt des Herstellers, sondern erst die gesamte Warengruppe dem Handel Nutzen.

Eine solche Bedingungslage ist typisch für die Wettbewerbsstruktur eines Nischenanbieters, dessen Produkt bzw. Marke alleine für den Handel keine besondere Funktion oder Bedeutung hat. Erst in Verbindung mit Produkten anderer Nischenanbieter erringt das einzelne Produkt beim Handel einen gewissen Stellenwert,[491] indem es Bestandteil einer Warengruppe ist, mit der sich der Handel in seinem horizontalen Wettbewerb profilieren kann.[492] Somit sind in diesem Fall die Wirkungszusammenhänge des Funktionentripels von der einzelnen Herstellermarke auf die gesamte Warengruppe zu übertragen. Ausschlaggebend für die Position des einzelnen Produktes ist demnach nicht mehr allein die Funktionserfüllung als Kostenstraffer, Erlösbringer oder Reputationsmedium, sondern die Verbundwirkung zu anderen Produkten der Warengruppe.

Allerdings erklärt die Verbundwirkung innerhalb einer Nische allein noch nicht hinreichend genug, warum der Hersteller in diesem Fall nur mit einem geringen Aufwand für die Gestaltung der Transaktionsbeziehung mit dem Handel rechnen muß. Hierzu bedarf es darüber hinaus noch einer weiteren Bedingung, die jedoch in unmittelbarem

[490] Siehe Abbildung 21, S. 186

[491] Die Nische und die Beschränkung auf Nischenanbieter ist konstitutive Voraussetzung für die hier beschriebene Konstellation. Sollte auch ein „Universalanbieter" mit einem bestimmten Objektprogramm die Nische besetzen wollen, wird dieser aufgrund seiner Größe unmittelbar die Spielregeln in der Nische neu bestimmen und dabei für ihn problemlos (weil Quersubventionierung) dem Handel höhere Konditionen und dergleichen mehr gewähren. Der horizontale Wettbewerb in der Nische würde sich somit verschärfen und zu höhere Transaktionskosten führen. Vgl. hierzu die Voraussetzungen für eine transaktionsökonomisch günstige Bedingungslage für Nischenanbieter bei Kotler, Philip; Bliemel, Friedhelm: Marketing-Management, a.a.O., S. 625 f.

[492] Beispiele für den Lebensmittelhandel wären Produkte aus ökologischem Anbau oder aus der heimischen Region; für den Drogeriebereich wären Produkte denkbar, die frei von chemischen Zusätzen sind oder ohne Tierversuche auskommen.

Zusammenhang zu der beschriebenen Wettbewerbsstruktur eines Nischenanbieters steht, daß nämlich der einzelne Hersteller generell gesehen eine nur relativ geringe Bedeutung für den Handel hat. Für diesen steht dann der Aufwand, verschiedene Nischenanbieter mit austauschbarem Objektprogramm zu selektieren und hinsichtlich ihres individuellen Entgegenkommens zu bewerten, nur bedingt im Verhältnis zu deren genereller Bedeutung für das Handelsunternehmen. Schließlich spielt der einzelne (selektierte) Nischenanbieter in dem hier vorliegenden Kontext kaum eine Rolle für den Handel, sondern erfährt erst mit der Integration in eine bestimmte Warengruppe eine Bedeutung.

Vor diesem Hintergrund erfährt nicht nur das Konzept des Efficient Consumer Response im gesamten, sondern auch die hierzu begleitende Diskussion, ob einzelne Maßnahmen im Rahmen von ECR „... den Mittelstand an die Wand drücken,“[493] einen erweiterten Blickwinkel. So wird der einzelne Nischenanbieter im „Konzert der Großen“ zwar einerseits unbestreitbare Probleme haben, eine bilaterale Verhaltensabstimmung mit dem Handel im Sinne von ECR zu erzielen. Andererseits gehen gerade von ECR und speziell von Efficient Assortment Impulse aus, die dem Nischenanbieter im vorliegenden Fall einen positiven Transaktionswert ermöglichen. Dabei gehen zunächst einmal die Nischenanbieter untereinander ein relationales Vertragsverhältnis ein, um für den Handel eine effiziente Warengruppe zu gestalten. Das Ergebnis kann dann im Rahmen einer multilateralen Verhaltensabstimmung zwischen den Nischenanbietern und dem Handel umgesetzt werden.

Somit kann letztendlich auch im Falle eines indifferenten Transaktionswertes mit einem niedrigen Niveau als Handlungsempfehlung festgehalten werden, daß für den relevanten Hersteller zwar ECR nicht im gesamten, dafür aber bereits in der Umsetzung eines Moduls (Efficient Assortment) eine positive Veränderung des Transaktionswertes herbeiführt.

---

[493] Hallier, Bernd: Wird ECR zum Club der Großen, a.a.O., S. 56

5.3 Negativer Transaktionswert – Fall 4

Im Falle eines Transaktionswertes kleiner Null können die $TKE^{indirekt}$, die der Hersteller bei der Einschaltung des Handels einerseits erzielt, die TK^{direkt} nicht kompensieren, die der Hersteller andererseits für die Transaktionsbeziehung aufbringen muß. Dabei ist aufgrund des niedrigen Niveaus der $TKE^{indirekt}$ davon auszugehen, daß die Produkte des Herstellers für den Handel von keinem spezifischen Nutzen sind, so daß dieser auch nicht bereit ist, überdurchschnittliche systemimmanente Leistungen zu erbringen. Das bedeutet zwar auf der einen Seite, daß der Hersteller nur geringe Transaktionskosten zur Verhinderung eines möglichen opportunistischen Verhaltens des Handels veranschlagen muß, denn hierfür besteht seitens des Handels keine Motivationsgrundlage. Auf der anderen Seite hat der Hersteller allerdings erhöhte Transaktionskosten für die Inanspruchnahme der Leistung des Handels aufzuwenden, damit der Handel seine Produkte überhaupt listet. Der Hersteller „erkauft" sich gewissermaßen die systemimmanente Leistung des Handels durch einen relativ niedrigen Lieferanten-Nettopreis und/oder durch die Gewährung überdurchschnittlicher Konditionen.[494]

Unter diesen Bedingungen und bei einer reinen Ceteris-paribus-Betrachtung, erscheint die Transaktionsbeziehung zum Handel für den Hersteller wenig sinnvoll, zumal die Transaktionskosten bei wiederholten Transaktionsprozessen nicht abnehmen, sondern eher steigen werden (Nachfragemachtspirale). Darüber hinaus ist der Hersteller permanenten Auslistungsgefahren ausgesetzt, da seine Leistungs- bzw. Nutzenerbringung für den Handel austauschbar ist. In diesem Falle würde sich bei strenger Auslegung des Markt-Hierarchie-Paradigmas eine Umgehung des Handels sowie anderer unternehmensfremder Marktmittler auf allen Distributionsstufen und somit eine Hierarchie-Lösung in Form herstellereigener Distributionsorgane aufdrängen.[495]

Charakteristisches Merkmal herstellereigener Distributionsorgane ist die vollständige Einbehaltung aller Property Rights an einem Austauschobjekt zwischen Produktion und Konsumtion durch den Hersteller. Dadurch hat der Hersteller sowohl Eigentum an den für die Erfüllung der Distributionsfunktionen notwendigen Inputfaktoren als auch

---

494 Siehe hierzu Abschnitt 4.1.2.2.2

495 Als Überblick für mögliche Distributionsorgane im Direktabsatz vgl. Eichmann, Karsten: Industrielles Marketing, in: Marketing-Systeme: Grundlagen des institutionalen Marketing, hrsg. v. Paul W. Meyer u. Anton Meyer, 2., überarb. Aufl., Stuttgart 1993, S. 34 ff.

an dem daraus erzielten Output (Vertriebsspanne).[496] Der Hersteller hat somit Investitionen zum Aufbau und Erhalt eigener Distributionsorgane zu tätigen, die in einem komparativen Vergleich zu denen eines mehrstufigen Absatzsystems weitaus spezifischer und so auch für den Hersteller von größerem Risiko sind.

Der Umstand der spezifischen Investitionen beinhaltet zwar auf der einen Seite, daß der Hersteller aufgrund deren vertrauensbildender Wirkung durchaus mit einem Nachfrageschub rechnen kann, so wie es im analogen Zusammenhang auch bei der Marke nachgewiesen wurde. Auf der anderen Seite jedoch können sich die hohen spezifischen Investitionen in ein eigenes Absatzsystem nur dann amortisieren, wenn die eigenen Produkte ein entsprechendes Nachfragepotential erzielen. Letzteres bedingt, daß der Hersteller über ein Angebot an Produkten verfügen muß, das mindestens zwei Anforderungen zu erfüllen hat. Erstens – als quantitative Anforderung – hat das Angebot des Herstellers dem Letztnachfrager eine befriedigende additive und alternative Auswahl an Produkten zu bieten (äquivalent zum Sortiment des Handels). Zweitens – als qualitative Anforderung – sollten die Produkte dem Letztnachfrager eine Motivation (Begründung) für das Aufsuchen des herstellereigenen Distributionsorgans liefern (äquivalent zum akquisitorischen Potential).

Allerdings ist dem niedrigen Niveau der $TKE^{indirekt}$ zu entnehmen, daß der Hersteller bzw. seine Produkte dem Handel weder als Reputationsmedium noch als Kostenstraffer oder Erlösbringer sonderlich dienlich sind. Es ist deswegen auch hieraus der Schluß zu ziehen, daß die Produkte den quantitativen sowie qualitativen Anforderungen nicht in einem ausreichenden Maße gerecht werden, um ein eigenes Absatzsystem aufzubauen. Infolgedessen befindet sich der Hersteller mit seiner Angebotsleistung bei ausschließlicher Bezugnahme auf das Markt-Hierarchie-Paradigma in einem transaktionsökonomischen Dilemma, denn einerseits drücken ihn steigende TK^{direkt} im Umgang mit dem Handel, anderseits fehlt ihm das notwendige Potential, um den Handel auszuschalten und einen eigenen Distributionsweg einzuschlagen.[497]

---

[496] Vgl. Fischer, Marc: Make-or-Buy-Entscheidungen im Marketing, a.a.O., S. 212

[497] In diesem Zusammenhang sind auch die Bemühungen der Hersteller einzuordnen, neben dem Absatzweg über den Handel eigene Distributionsorgane, beispielsweise über Internet und sonstige Neuen Medien oder über Factory Outlets, aufzubauen.

Vor diesem Hintergrund bietet der Ansatz des Transaktionswertes dem Hersteller eine erweiterte Lösungsperspektive. So wäre es auf den ersten Blick denkbar, daß der Hersteller in ein Trading-up seiner Marke investiert, um hieraus für den Handel eine Nutzenstiftung in Form eines Reputationsmediums zu generieren. Allerdings birgt diese Lösungsalternative auf den zweiten Blick das Risiko, daß der Handel über eine antagonistische Instrumentalisierung die gesamten Bemühungen des Herstellers zum Trading-up konterkariert. Insofern ist diese Alternative, die letztlich darauf abzielt, die $TKE^{indirekt}$ zu steigern, nur unter starkem Vorbehalt zu empfehlen.

Ein anderer Lösungsschritt würde sich analog zur Struktur des Transaktionswertes aus der Reduzierung der TK^{direkt} abzeichnen. Da allerdings in diesem Fall (wie bereits aufgezeigt), daß Produkt des Herstellers selbst keine Potentiale aufweist, um mit eigener Kraft gegen das relativ hohe Niveau der Transaktionskosten anzukämpfen, hat der Hersteller nach einer vom Produkt unabhängigeren Lösung zu suchen. Als Ansatzpunkt hierfür bietet sich eine Verhaltensabstimmung zwischen Hersteller und Handel an, die darauf abzielt, mögliche Ineffizienzen in der Warenversorgung zu bereinigen. Somit nutzen Hersteller und Handel – wie oben bereits hergeleitet – jene Potentiale des Efficient Consumer Response, die auf der Supply-Side zum großen Teil unabhängig vom Produkt Einsparungen ermöglichen.[498] Diese Einsparungseffekte könnte dann der Hersteller nutzen, um das hohe Niveau an TK^{direkt} zu kompensieren.

Aus dem Ansatz des Transaktionswertes würde sich somit in diesem Fall eine Gestaltungsoption für die Hersteller-Handel-Beziehung abzeichnen, die nicht unbedingt konform mit einer strengen Auslegung des Markt-Hierarchie-Paradigmas geht. Statt einer Hierarchie-Lösung würde sich hier nunmehr eine Hybrid-Lösung empfehlen, die letztendlich auf ein relationales Vertragsverhältnis zwischen Herstelle und Handel hinausläuft.

---

[498] Maßnahmen, die im Rahmen des ECR die Demand-Side betreffen, scheiden in diesem Zusammenhang aus, weil ihr Wirkungspotential naturgemäß abhängig vom akquisitorischen Potential des Produktes ist, was in diesem Fall ja relativ gering ist.

Als Zusammenfassung der hier abgeleiteten Handlungsempfehlungen für eine Transaktionsbeziehung des Herstellers mit dem Handel soll die nachfolgende Abbildung 25 nochmals die möglichen Gestaltungsoptionen auf Basis eines bestimmten Transaktionswertes im Überblick darstellen.

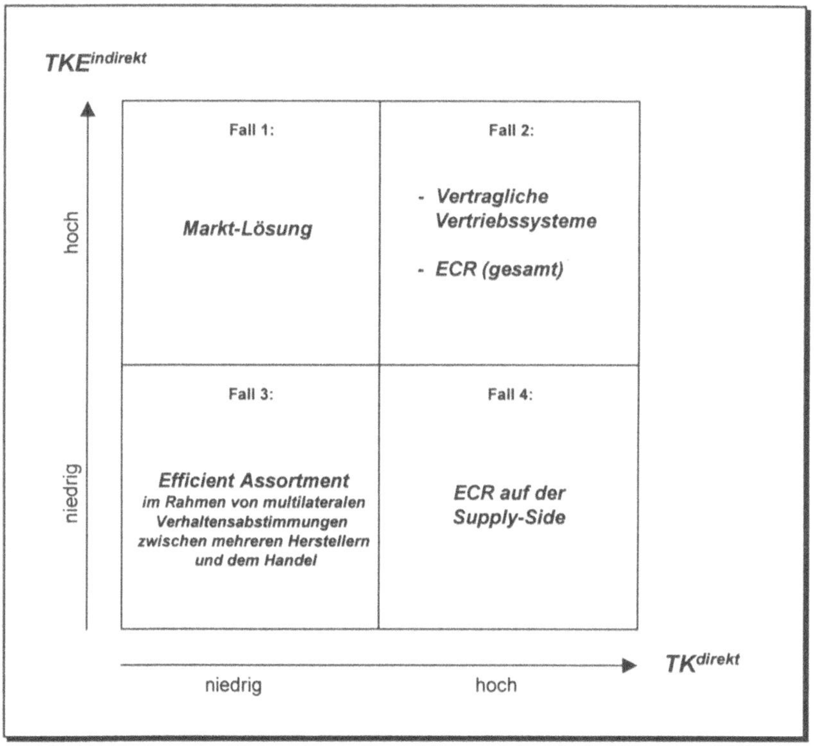

Abb. 25: Gestaltungsoptionen der Transaktionsbeziehung zwischen Hersteller und Handel auf Basis eines bestimmten Transaktionswertes

6. Schlußbetrachtung und Quintessenz

Ausgehend von dem gegenwärtigen Kräfteverhältnis zwischen Hersteller und Handel war die vorliegende Untersuchung von der *Problemstellung* geleitet, dem Hersteller einen neuen Denkansatz im Verständnis zum Handel aufzuzeigen. Dieser sollte grundsätzlich über die Grenzen des systemimmanenten vertikalen Konkurrenzdenkens zwischen Hersteller und Handel hinausgehen und sich somit auch von deren klassischen Rollen- und Konfliktbildern lösen. In diesem Sinne stand die Untersuchung vor der Aufgabe, dem Hersteller eine Perspektive zu eröffnen, mit der er seine Transaktionsbeziehung mit dem Handel frei von „ideologischem Ballast" bewerten und gestalten kann.

Vor diesem Hintergrund galt es als *zentrales Erkenntnisziel* der vorliegenden Arbeit, eine Theorie der Transaktionsbeziehung zwischen Hersteller und Handel zu entwickeln, die eine Antwort auf die Frage gibt,

- inwieweit der Transaktionswert als Effizienzkriterium die Denk- und Handlungsweise des Herstellers im Umgang mit dem Handel bestimmt,
- welche Faktoren dabei den Rahmen bilden,
- welche Einflußgrößen mit welcher Wirkung dahinter stehen und
- welche Ursachen sowie Begründungen dem ganzen vorausgehen.

Damit verfolgte zwar die Untersuchung auf der einen Seite eine pluralistische und modifiziert utilitaristische Ausrichtung, wodurch sich jedoch auf der anderen Seite die Explikationsleistung vielfach auf Tendenzaussagen beschränken mußte. Aus diesem Grund wurde für die vorliegende Arbeit eine theoretisch-deduktive Argumentationsform verwendet, die den Aussagen eine nachvollziehbare Qualität gibt, da jene unter Bezugnahme auf die zugrunde gelegte Modellwelt für jedermann überprüfbar sind. Als Modellwelt diente schwerpunktmäßig die Neuen Institutionenökonomik.

Die *Argumentationsfolge* der Untersuchung stützte sich im wesentlichen auf die deduktiv-nomologische Methode nach Hempel/Oppenheim. Somit galt es zunächst einen nomologischen Hypothesenrahmen zu erstellen, der im weiteren als Basis diente, um systemimmanente Antecedenzbedingungen der Transaktionsbeziehung zwischen Hersteller und Handel zu entwickeln. In diesem Zusammenhang wurde der Transaktionswert als übergreifendes Effizienzkriterium zur Bestimmung und Beurteilung von Transaktionsbeziehungen eingeführt.

Darauf aufbauend lag anschließend der Fokus auf den systemimmanenten Bestimmungsgründen, die der Hersteller einer Transaktionsbeziehung mit dem Handel voranstellt. Dabei gelang es in einem ersten Schritt, über die Bestimmungsfaktoren des Transaktionswertes die originären systemimmanenten Antecedenzbedingungen der Transaktionsbeziehung zwischen Hersteller und Handel herauszuarbeiten und deren Bedeutung zu erklären. Um neben den daraus gewonnenen aufklärenden auch steuernde Aussagen über die Transaktionsbeziehung zwischen Hersteller und Handel machen zu können, wurde in einem zweiten Schritt nach den Größen gefragt, die Einfluß auf die Bestimmungsfaktoren des Transaktionswertes ausüben. Daraufhin konnte im Ergebnis ein Prüfschema entwickelt werden, daß zum einen die Wesensmerkmale der systemimmanenten Antecedenzbedingungen im allgemeinen abträgt und dabei zum anderen hinsichtlich der Bestimmungsfaktoren des Transaktionswertes auch die Begründungs- und Wirkungszusammenhänge der Einflußgrößen im besonderen aufzeigt. Abschließend galt es, Deduktionen aus dem entworfenen Explanans aufzustellen. Hierzu wurden Handlungsempfehlungen gemacht, die dem Hersteller den Weg weisen sollen, auf Basis eines konkreten Transaktionswertes die Transaktionsbeziehung mit dem Handel zu gestalten.

Der im Rahmen der Untersuchung erzielte *Erkenntnisgewinn* kann unter Hinweis auf die bereits vorgelegten drei Zwischenergebnisse wie folgt zusammengefaßt werden:

(1) Die Transaktionsbeziehung des Herstellers mit dem Handel beruht grundsätzlich auf einer dyadischen Interpretation der Interessenlagen beider Parteien. Hierin begründet sich die Forderung, daß der Hersteller Integrationsleistungen in Bezug auf die Belange des Handels zu erbringen hat, worauf es für den Hersteller einer prozessualen Betrachtung von Transaktionen bzw. Transaktionsprozessen bedarf.

Dieses veränderte Denkmuster spiegelt sich in Form des Integrativ-Prozessualen Marketingansatzes wider.

(2) Die Postulate des dyadischen Verständnisses und der Integrationserfordernisse zwischen Hersteller und Handel erweitern die Auslegung der Transaktionskostentheorie um die Berücksichtigung von Nutzenkalkülen. Als Konsequenz hieraus leitet sich der Transaktionswert als Effizienzkriterium von Transaktionsprozessen bzw. -beziehungen ab, der sich aus dem Saldo von Transaktionskosten und Transaktionsnutzen definiert.

(3) Aus Sicht des Herstellers hat der Transaktionswert nicht nur die direkten Kosten-Nutzen-Kalküle einer Hersteller-Handel-Beziehung zu berücksichtigen, sondern muß darüber hinaus auch die indirekte Beziehungskonstellation zwischen Hersteller und Letztnachfrager einbeziehen. Nach Aggregation der formalen Struktur des Transaktionswertes bestimmen die systemimmanenten indirekten Transaktionskostenersparnisse ($TKE^{indirekt}$) als Nutzenfaktor einerseits und die systemimmanenten direkten Transaktionskosten (TK^{direkt}) als Kostenfaktor andererseits die Transaktionsbeziehung des Herstellers mit dem Handel.

(4) Sowohl die $TKE^{indirekt}$ als auch die TK^{direkt} werden durch jeweils zwei Determinanten bestimmt, so ist der Transaktionswert der Hersteller-Handel-Beziehung gleich:

$$\sum_{i=0}^{n} \{ TKE_i^{indirekte} (\text{Koordinationsersparnisse; Ressourcenersparnisse}) \\ - TK_i^{direkt} (\text{Kosten der Koordination; Kosten der Leistungsinanspruchnahme}) \}$$

(5) Die Höhe der $TKE^{indirekt}$ ist davon abhängig, inwieweit die Marke des Herstellers dem Handel Nutzen stiftet. Dieses Nutzenpotential stellt sich für den Handel in Form eines informationsökonomischen Funktionentripel dar, wonach die Marke dem Handel als Kostenstraffer, Erlösbringer und/oder als Reputationsmedium dient. Dabei geht von der Marke ein janusköpfiger Effekt aus, indem sie dem Handel besonders dann von Nutzen ist, wenn sich dieser auf Kosten der Marke beim Letztnachfrager profilieren kann. Die Marke ist somit für den Hersteller die entscheidende Größe, die einerseits die $TKE^{indirekt}$ positiv beeinflußt und andererseits auf die TK^{direkt} negativ einwirkt. Dieser Effekt verstärkt sich mit zunehmen-

der Markenspezifität, so daß letztendlich zwischen den kosten- und nutzenrelevanten Einflußgrößen auf die Bestimmungsfaktoren des Transaktionswertes eine Interdependenz vorliegt.

(6) Zur ex ante Einschätzung der TK^{direkt} bzw. $TKE^{indirekt}$ im einzelnen und des daraus folgenden Transaktionswertes im besonderen dient aus Sicht des Herstellers ein Prüfschema. Es hat für den Hersteller neben einer Dokumentationsfunktion des gegenwärtigen Transaktionswertes auch eine Lenkungsfunktion für einen anzustrebenden Transaktionswert.

(7) Indem das Prüfschema auf einen transaktionswertorientierten Umgang mit dem Handel hinwirkt, können hieraus grundsätzliche Gestaltungsoptionen der Transaktionsbeziehung des Herstellers mit dem Handel abgeleitet werden. Dabei ergeben sich unter Bezugnahme des Transaktionswertansatzes in den Handlungsempfehlungen durchaus Abweichungen im Vergleich zur klassischen Auslegung des Markt-Hierarchie-Paradigmas, womit jedoch das gegenwärtige Kräfteverhältnis zwischen Hersteller und Handel realitätsnäher abgebildet wird.[499]

Diese hier im Überblick skizzierten Erkenntnisse der vorliegenden Untersuchung bieten im wesentlichen folgende, beispielhaft aufgeführte Ansatzpunkte zur Umsetzung und Anwendung:

Für den Entscheidungsträger beim Hersteller ...

... zur Analyse der gegenwärtigen und zukünftigen Position beim Handel unter Verwendung des Transaktionswertes;

... zur Identifikation von Ansatzpunkten der Nutzenstiftung für den Handel und von Lösungswegen aus der Nachfragemachtspirale des Handels;

... zur proaktiven Gestaltung und Steuerung der Transaktionsbeziehung mit dem Handel und im Umgang mit opportunistischem Verhalten des Handels;

... zur Argumentationshilfe gegenüber dem Handel bei der Durchsetzung von allgemein wertschaffenden Maßnahmen im Absatzkanal.

---

[499] Somit hat sich der Kreis zur eingangs aufgeführten Problemstellung geschlossen.

Für die Marketingwissenschaft ...

... zur theoretischen Fundierung eines integrativen und prozessualen Marketingverständnisses;

... zur Fortschreibung der Verknüpfungspotentiale zwischen Neuer Institutionenökonomik und Marketing;

... zur Erweiterung der transaktionsökonomischen Kostenbezogenheit um Nutzenkalküle;

... zur Verbesserung des theoretischen Reifegrades von Hersteller-Handel-Beziehungen.

Mit diesem Ergebnis ordnet sich die nun abschließende Arbeit in die Reihe der Grundlagenforschung ein, die den Blick zur Entwicklung von etablierten Denkmustern öffnet und dabei zugleich die Motivation für weitergehende Untersuchungen der empirischen Validierung von Detailfragen liefert.

Literaturverzeichnis

Adler, Jost (1996):
Informationsökonomische Fundierung von Austauschprozessen im Marketing, Arbeitspapier zur Marketingtheorie Nr. 3, hrsg. v. R. Weiber, 2. Auflage, Trier 1996

Adler, Jost (1996):
Informationsökonomische Fundierung von Austauschprozessen: Eine nachfrageorientierte Analyse, Wiesbaden 1996

Ahlert, Dieter (1981):
Absatzkanalstrategien des Konsumgüterherstellers auf der Grundlage Vertraglicher Vertriebssysteme mit dem Handel, in: Vertragliche Vertriebssysteme zwischen Industrie und Handel, Wiesbaden 1981, S. 43-98

Ahlert, Dieter (1981):
Absatzkanalstrategien des Konsumgüterherstellers auf Grundlage Vertraglicher Vertriebssysteme mit dem Handel, in: Vertragliche Vertriebssysteme zwischen Industrie und Handel: Grundzüge einer betriebswirtschaftlichen, rechtlichen und volkswirtschaftlichen Beurteilung, hrsg. v. Dieter Ahlert, Wiesbaden 1981, S. 43-98

Ahlert, Dieter (1981):
Probleme und wechselseitige Abhängigkeiten einer betriebswirtschaftlichen, rechtlichen und volkswirtschaftlichen Beurteilung Vertraglicher Vertriebssysteme: Eine Einführung des Herausgebers, in: Vertragliche Vertriebssysteme zwischen Industrie und Handel: Grundzüge einer betriebswirtschaftlichen, rechtlichen und volkswirtschaftlichen Beurteilung, hrsg. v. Dieter Ahlert, Wiesbaden 1981, S. 15-39

Ahlert, Dieter (1982):
Vertikale Kooperationsstrategien im Vertrieb, in: ZfB, 52. Jg., 1982, S. 63-93

Ahlert, Dieter (1996):
Distributionspolitik: Das Management des Absatzkanals, 3. Aufl., Stuttgart, Jena 1996

Ahlert, Dieter (1997):
Vertikales Marketing im Wandel – Zur Frage des Restrukturierungsbedarf vertikaler Marketingkonzeptionen in Theorie und Praxis, in: Marktorientierte Unternehmensführung: Reflexionen – Denkanstöße – Perspektiven, hrsg. v. Manfred Bruhn u. Hartwig Steffenhagen, Wiesbaden 1997, S. 141-157

Ahlert, Dieter; Bergmann, Gustav; Schröder, Hendrik; Wellmann, Thomas (1988):
Machtkonzentration und Dynamische Marktbeherrschung im Handel, Münster 1988

Ahlert, Dieter; Schröder, Hendrik (1996):
Rechtliche Grundlagen des Marketing, 2., völlig überarb. Aufl., Stuttgart u.a. 1996

Akerlof, George A. (1970):
The Market for 'Lemons'. Quality Uncertainty and the Market Mechanism, in: Quarterly Journal of Economics, Jg. 84, 1970, S. 488-500

Albach, Horst (1980):
Vertrauen in der ökonomischen Theorie, in: ZgS/JITE, 136. Jg., 1980, S. 2-11

Alchian, Armen A.; Woodward, Susan (1988):
The Firm is Dead: Long Live the Firm. A Review of Oliver E. Williamson's The Economic Institutions of Capitalism, in: Journal of Economics Literature, 26. Jg., 1988, S. 65-79

Alderson, Wroe (1957):
Marketing Behaviour and Executive Action: A Functionalist Approach to Marketing Theory, Homewood 1957

Aldrich, Howard E. (1976):
Resource Dependence and Interorganizational Relations: Local Employment Service Offices and Social Services Sector Organizations, in: Administration and Society, 7. Jg., Heft 4/1976, S. 419-454

Aldrich, Howard E. (1979):
Organization and Environment, Englewood Cliffs 1979

Altmann, Ferdinand W. (1996):
Stabilität vertraglicher Kooperationsverhältnisse im Franchising. Eine institutionenökonomische Analyse, Frankfurt am Main 1996

Anderson, Erin (1985):
The Salesperson as Outside Agent or Employee. A Transaction Cost Analysis, in: Marketing Science, 4. Jg., Heft 3/1985, S. 234-254

Anderson, Erin; Schmittlein, David, C. (1985):
Integration of the Sales Force. An Empirical Examination, in: Rand Journal of Economics, 15. Jg., Heft 3/1984, S. 385-395

Anderson, Erin; Weitz, Barton A. (1986):
Make-or-Buy Decicions; Vertical Integration and Marketing Productivity, in: Sloan Management Review, 37. Jg., Heft 1/1986, S. 3-19

Anderson, Erin; Weitz, Barton A. (1989):
Determinats of Continuity in Conventional Industrial Channel Dyads, in: Marketing Science, 8. Jg., Heft 4/1989, S. 310-323

Anderson, James; Narus, James (1984):
A Model of Distributor`s Perspective of Distributor and Manufacturer Working Partnerships, in: Journal of Marketing, 48. Jg., Heft 4/1984, S. 62-74

Anderson, James; Narus, James (1990):
A Model of Distributor Firm and Manufacturer Firm Working Partnerships, in: Journal of Marketing, 54. Jg., Heft 1/1990, S. 42-58

Anderson, Paul F. (1982):
Marketing, Strategic Planning and the Theory of the Firm, in: Journal of Marketing, 46. Jg., Spring/1982, S. 15-26

Arbeitskreis „Das Unternehmen im Markt“ (1995):
Vertikale Geschäftsbeziehungen zwischen Industrie und Handel, in: Kontrakte, Geschäftsbeziehungen, Netzwerke. Marketing und Neue Institutionenökonomik, hrsg. v. Klaus P. Kaas, ZfbF Sonderheft 35/95, Düsseldorf 1995, S. 179-203

Arndt, Johan (1985):
On Making Marketing Science More Scientific: Role of Orientations, Paradigms, Metaphors, and Puzzel Solving, in: Journal of Marketing, 49. Jg., Summer/1985, S. 11-23

Arrow, Kenneth J. (1969):
The Organization of Economic Activity: Issues Pertinent to the Choice of Market versus Nonmarket Allocation, in: The Analysis and Evaluation of Public Expenditure: The PBB-System, Joint Economic Committee, 91. Congress, first Session, Bd. 1, Washington 1969, S. 47-64

Artle, Roland; Berglund, Sture (1959):
A Note on Manufacturers Choice Distribution Channels, in: Management Science, 5. Jg.; 1959, S. 460-471

Bagozzi, Richard P. (1986):
Principles of Marketing Management, Chicago u.a. 1986

Balderston, Frederick E. (1958):
Communication Networks in Intermediate Markets, in: Management Science, 4. Jg., 1958, S. 154- 171

Baligh, Helmy H.; Richartz, Leon E. (1964):
An Analysis of Vertical Market Structures, in: Management Science, 10. Jg., 1964, S. 667-689

Baligh, Helmy H.; Richartz, Leon E. (1967):
Vertical Market Structures, Boston 1967

Barth, Klaus (1993):
Betriebswirtschaftslehre des Handels, 2., überarb. und wesentlich erw. Aufl., Wiesbaden 1993

Bauer, Hans H. (1995):
Marktliche Einzeltransaktion und Geschäftsbeziehung sowie Sach- und Dienstleistung als jeweils eigenständige Erkenntnisobjekte?, in: Marketing ZFP, 17. Jg., Heft 1/1995, S. 44-47

Bauer, Hans H.; Huber, Frank (1997):
Der Wert der Marke, Arbeitspapier Nr. 120 des Instituts für Marketing der Universität Mannheim, Mannheim 1997

Baur, Cornelius (1990):
Make-or-Buy-Entscheidungen in einem Unternehmen der Automobilindustrie, Empirische Analyse und Gestaltung der Fertigungstiefe aus transaktionskostentheoretischer Sicht, München 1990

Behrens, Arne (1992):
Jahresgespräche und andere Formen der Interaktion im Absatzkanal: Eine Explorationsstudie, Duisburg 1992

Beinlich, Georg (1995):
Geschäftsbeziehungen: Ein integrativer Überblick auf Basis der politischen Ökonomie, Arbeitspapier Nr. 5 zur Marketingtheorie der Universität Trier, hrsg. v. Rolf Weiber, Trier 1995

Bekmeier, Sigrid (1995):
Markenwert, in: Handwörterbuch des Marketing, hrsg. v. Bruno Tietz; Richard Köhler u. Joachim Zentes, 2., vollst. überarb. Aufl., Stuttgart 1995, Sp. 1459-1471

Belz, Christian (1988):
Destruktives und konstruktives Marketing – Impulse für die Partnerschaft von Hersteller und Handel, in: Markenartikel, 50. Jg., Heft 10/1988, S. 472-479

Berekoven, Ludwig (1990):
Erfolgreiches Einzelhandelsmarketing: Grundlagen und Entscheidungshilfen, München 1990

Berekoven, Ludwig (1992):
Von der Markierung zur Marke, in: Marke und Markenartikel als Instrumente des Wettbewerbs, hrsg. v. Erwin Dichtl u. Walter Eggers, München 1992, S. 25-46

Berger, Mark; Dutta, Shantanu; Walker, Orville C. (1992):
Agency Realtionships in Marketing: A Review of the Implications and Applications of Agency and Related Theories, in: Journal of Marketing, 56. Jg., Juli 1992, S. 1-24

Bergmann, Gustav (1988):
Strategisches Absatzkanalmanagement in Märkten mit hoher Nachfragemacht des Handels: Eine Bestandsaufnahme mit Beispielen aus der Möbelindustrie, Frankfurt am Main 1988

Bieri-Gut, Marianne (1994):
Rechtsprobleme beim Absatz auf grauen Märkten: Die Durchsetzbarkeit von Selektivvertriebsverträgen gegenüber Dritten, Zürich 1994

Blommen, Daniel (1997):
Interorganisationale Macht und Abhängigkeit im Absatzkanal: Determinanten und Wirkungen, Aachen 1997

Böbel, Ingo (1988):
Eigentum, Eigentumsrechte und institutioneller Wandel, Berlin u.a. 1988

Bodenstein, Gerhard; Spiller, Achim; Zühlsdorf, Anke (1992):
Absatzkanalmanagement in der Konsumgüterindustrie: Eine Analyse aus interaktionstheoretischer Sicht, Diskussionsbeitrag des Fachbereichs Wirtschaftswissenschaften der Universität – Gesamthochschule – Duisburg, Duisburg 1992

Bogaschewsky, Ronald (1995):
Vertikale Kooperationen – Erklärungsansätze der Transaktionskostentheorie und des Beziehungsmarketing, in: ZfbF-Sonderheft 35/95, Düsseldorf 1995, S. 159-177

Böger, Richard (1990):
Konditionenspreizung der Hersteller gegenüber dem Lebensmittelhandel, Göttingen 1990

Bonus, Holger; Weiland, Raimund. (1995):
Die Welt der Institutionen, in: Beiträge zur angewandten Mikroökonomik, hrsg. v. Gustav Dieckheuer, Berlin u.a. 1995, S. 29-52

Bössmann Eva (1981):
Weshalb gibt es Unternehmungen? Der Erklärungsansatz von Ronald H. Coase, in: ZgS/JITE, 137. Jg., 1981, S. 667-674

Bössmann, Eva (1982):
Volkswirtschaftliche Probleme der Transaktionskosten, in: ZgS/JITE, 138. Jg., 1982, S. 664-679

Bössmann, Eva (1983):
Unternehmungen, Märkte, Transaktionskosten: Die Koordination ökonomischer Aktivitäten, in: WiSt, 12. Jg., Heft 3/1983, S. 105-111

Brand, Dieter (1990):
Der Transaktionskostenansatz in der betriebswirtschaftlichen Organisationstheorie: Stand und Weiterentwicklung der theoretischen Diskussion sowie Ansätze zur Messung des Einflusses kognitiver und motivationaler Persönlichkeitsmerkmale auf das transaktionskostenrelevante Informationsverhalten, Frankfurt am Main u.a. 1990

Brauer, Urban (1989):
Die vertikale Kooperation als Absatzwegestrategie für Herstellerunternehmen dargestellt am Beispiel der Konsumgüterhersteller, München 1989

Brauer, Wolfgang (1996):
Die Betriebsform des stationären Einzelhandels als Marke, München 1996

Brown, James R.; Lusch, Robert F.; Nicholson, Carolyn Y. (1995):
Power and Relationship Commitment: Their Impact on Marketing Channel Member Performance, in: Journal of Retailing, 71. Jg., Winter/1995, S. 363-392

Bruhn, Manfred (1994):
Begriffsabgrenzungen und Erscheinungsformen von Marken, in: Handbuch Markenartikel, hrsg. v. Manfred Bruhn, Stuttgart 1994, S. 3-41

Bruhn, Manfred (1995):
Markenstrategien, in: Handwörterbuch des Marketing, hrsg. v. Bruno Tietz; Richard Köhler u. Joachim Zentes, 2., vollst. überarb. Aufl., Stuttgart 1995, Sp. 1445-1459

Bruhn, Manfred; Bunge, Bettina (1996):
Beziehungsmarketing als integrativer Ansatz der Marketingwissenschaft, in: Die Unternehmung, 50. Jg., Heft 3/1996, S. 171-194

Buchanan, Lauranne (1992):
Vertical Trade Relationships: The Role of Dependence and Symmetry in Attaining Organizational Goals, in: Journal of Marketing Research, 19. Jg. February/1992, S. 65-75

Buddeberg, Hans (1959):
Betriebslehre des Binnenhandels, Wiesbaden 1959

Bunk, Burkhardt (1996):
Handel und Markenartikelindustrie: In Wertschöpfung vereint?, in: asw, Heft 7/1996, S. 30-37

Burghold, Johannes A. (1996):
Absatzrealisierung, in: Integrierte Marketingfunktionen, hrsg. v. Paul W. Meyer, 4. Aufl., Stuttgart u.a. 1996, S. 172-195

Cadotte, Ernest; Stern, Louis (1979):
A Process Modell of Interorganizational Relations in Marketing Channels, in: Research in Marketing, hrsg. v. Jagdish Sheth, 2. Bd., Greenwich 1979, S. 127-158

Carmichael, H. Lorne (1989):
Self-Enforcing Contracts, Shirking, and Life Cycle Incentives, in: Journal of Economic Perspectives, Heft 3/1989, S. 65-83

Chalmers, Alan F. (1994):
Wege der Wissenschaft: Einführung in die Wissenschaftstheorie, 3. Aufl., Berlin u.a. 1994

Coase, Ronald H. (1937):
The Nature of the Firm, in: Economica, 4. Jg., 1937, S. 386-405

Coase, Ronald H. (1960):
The Problem of Social Cost, in: The Journal of Law and Economics, 3. Jg., October 1960, S. 1-44

Comanor, Willliam S.; Wilson, Thomas A. (1979):
The Effect of Advertising on Competition – A Survey, in: Journal of Economic Literature, 17. Jg., 1979, S. 453-476

Commons, John R. (1931):
Institutional Economics, in: The American Economic Review, Vol. 21/1931, S. 648-657

Commons, John R. (1934):
Institutional Economics, Madison 1934

Crocker, Keith J. (1983):
Vertical Integration and the Strategic Use of Private Information, in: Bell Journal of Economics, 14. Jg., 1983, S. 236-248

Darby, Michael R.; Karni, Edi (1973):
Free Competition and the Optimal Amount of Fraud, in: The Journal of Law and Economics, 16. Jg.,1973, S. 67-88

Demsetz, Harold (1967):
Toward a Theory of Property Rights, in: American Economic Review, 57. Jg., 1967, S. 347-359

Dichtl, Erwin (1983):
Marketing auf Abwegen?, in: zfbf, 35. Jg., Heft 11/12/1983, S. 1066-1074

Dichtl, Erwin (1998):
Neue Herausforderungen für Theorie und Praxis des Marketing, in: Marketing ZFP, Heft 1/1998, S. 47-54

Dichtl, Erwin (1992):
Grundideen, Varianten und Funktionen der Markierung von Waren und Dienstleistungen, in: Marke und Markenartikel als Instrumente des Wettbewerbs, hrsg. v. Erwin Dichtl u. Walter Eggers, München 1992, S. 1-23

Dichtl, Erwin; Hardock, Petra; Ohlwein, Martin; Schellhase, Ralf (1997):
Die Zufriedenheit des Lebensmitteleinzelhandels als Anliegen von Markenartikelunternehmen, in: DBW, 57. Jg., Heft 4/1997, S. 490-505

Diller, Hermann (1991):
Entwicklungstrends und Forschungsfelder der Marketingorganisation, in: Marketing ZFP, 13. Jg., Heft 3/1991, S. 156-163

Diller, Hermann (1997):
Beziehungsmanagement, in: DBW, 57. Jg., Heft 4/1997, S. 572-575

Diller, Hermann; Kusterer, Marion (1988):
Beziehungsmanagement: Theoretische Grundlagen und explorative Befunde, in: Marketing ZFP, 10. Jg., Heft 3/1988, S. 211-220

Dorenbeck, Bonifatius (1985):
Firmen- und Markenimage – Bilder, die der Verbraucher sich macht, in: Markenartikel, 47. Jg., Heft 3/1985, S. 132-133

Dorow, Wolfgang; Weiermair, Klaus (1984):
Markt versus Unternehmung: Anmerkungen zu methodischen und inhaltlichen Problemen des Transaktionskostenansatzes, in: Betriebswirtschaftslehre und Nationalökonomie: Wissenschaftstheoretische Standortbestimmungen und Perspektiven, hrsg. v. Günther Schanz, Wiesbaden 1984

Dörtelmann, Thomas (1997):
Marke und Markenführung – Eine institutionentheoretische Analyse, Bochum 1997

Eberlein, Gerald L. (1974):
Zum epitheoretischen Programm der Sozialwissenschaften, in: Forschungslogik der Sozialwissenschaften, hrsg. v. Gerald L. Eberlein u. Werner Kroeber-Riel, Düsseldorf 1974, S. 111-130

Ebers, Mark; Gotsch, Wilfried (1995):
Institutionenökonomische Theorien der Organisation, in: Organisationstheorien, hrsg. v. Alfred Kieser, 2. Aufl., Stuttgart u.a. 1995, S. 193-242

Edgeworth, Francis Y. (1881):
Mathematical Psychis: An Essay on the Application of Mathematics to the Moral Sciences, London 1881, New York 1979

Eggers, Christofer (1990):
Vertikale Vertriebssysteme für Markenartikel, Konstanz 1990

EHI (1998):
Handel aktuell '98, Köln 1998

Ehrl, Alexander (1997):
Efficient Consumer Response: Auswirkungen auf die Beziehungen zwischen Hersteller und Handel, München 1997

Eichmann, Karsten (1993):
Industrielles Marketing, in: Marketing-Systeme: Grundlagen des institutionalen Marketing, hrsg. v. Paul W. Meyer u. Anton Meyer, 2., überarb. Aufl., Stuttgart 1993, S. 13-76

El-Ansary, Adel (1975):
Determinants of Power-Dependence in the Distribution Channel, in: Journal of Retailing, 51. Jg., Summer/1975, S. 59-74

Emerson, Richard (1962):
Power-Dependence Relations, in: American Sociological Review, 27. Jg., Heft 1/1962, S. 31-41

Engelhardt, Tobias-Markus (1990):
Partnerschafts-Systeme mit dem Fachhandel als Konzept des vertikalen Marketing: Dargestellt am Beispiel der Unterhaltungselektronik-Branche in der Bundesrepublik Deutschland, St. Gallen 1990

Engelhardt, Werner H. (1997):
Das Marketing in der Betriebswirtschaftslehre: Eine paradigmatische Betrachtung, in: Marktorientierte Unternehmensführung: Reflexionen – Denkanstöße – Perspektiven, Heribert Meffert zum 60. Geburtstag, hrsg. v. Manfred Bruhn u. Hartwig Steffenhagen, Wiesbaden 1997, S. 5-17

Engelhardt, Werner Hans; Freiling Jörg; Reckenfelderbäumer, Martin (1995):
Die Bedeutung der Integrativität für das Marketing: Ein Überblick anhand ausgewählter theoretischer und anwendungsbezogener Aspekte, in: Marketing ZFP, Heft 1/1995, S. 48-53

Engelhardt, Werner Hans; Freiling, Jörg (1995):
Integrativität als Brücke zwischen Einzeltransaktion und Geschäftsbeziehung, in: Marketing ZFP, 17. Jg., Heft 1/1995, S. 37-43

Engelhardt, Werner Hans; Kleinaltenkamp, Michael; Reckenfelderbäumer, M. (1993):
Leistungsbündel als Absatzobjekte, in: ZfbF, 45. Jg., 1993, S. 395-426

Falk, Bernd; Wolf, Jakob (1992):
Handelsbetriebslehre, 11., völlig überarb. u. erw. Aufl., Landsberg am Lech 1992

Feige, Stephan (1996):
Strategien für handelsorientierte Markenführung, in: Markenartikel, 58. Jg., Heft 7/1996, S. 316-322

Fischer, Marc (1992):
Make-or-Buy-Entscheidungen im Marketing: Neue Institutionenlehre und Distributionspolitik, Wiesbaden 1992

Francis, Arthur; Turk, Jeremy; William, Paul (Hrsg.) (1983):
Power, Efficiency and Institutions. A Critical Appraisal of the 'Markets and Hierarchies' Paradigm, London u.a. 1983

Franke, Nikolaus (1997):
Das Image des Herstellers im Handel – Theoretische Konzeption eines allgemeinen Modells und kausalanalytische Überprüfung im Taschenbuchmarkt, in: Marketing ZFP, 19. Jg., Heft 4/1997, S. 209-219

French, John R. P.; Raven, Bertram (1959):
The Base of Social Power, in: Studies of Social Power, hrsg. v. Dorwin Cartwrigt, Ann Arbor 1959, S. 150-166

Gaitanides, Michael; Westphal, Jörg (1990):
'Nachfragemacht' und Erfolg: Eine empirische Untersuchung von Erfolgsdeterminanten in Hersteller-Handels-Beziehungen, in: ZfB, 60. Jg., Heft 2/1990, S. 135-153

Ganesan, Shankar (1994):
Determinants of Long-Term Orientation in Buyer-Seller Relationships, in: Journal of Marketing, 58. Jg., Heft 2/1994, S. 1-19

Gaski, John F. (1996):
Distribution Channels: A Validation Study, in: International Journal of Physical Distribution & Logistics Management, 26. Jg., Heft 5/1996, S. 64-93

GEA-Consulenti Associata di gestione aziendale (Hrsg.):
Supplier-Retailer Collaboration in Supply Chain Management: A Study Conducted for the Coca-Cola Retailing Research Group – Europe, Project V, ohne Ortsangabe 1994

Gemünden, Hans Georg (1985):
Wahrgenommenes Risiko und Informationsnachfrage, in: Marketing ZFP, 7. Jg., Heft 1/1985, S. 27-38

Gemünden, Hans Georg (1990):
Innovationen in Geschäftsbeziehungen und Netzwerken, Arbeitspapier des Instituts für angewandte Betriebswirtschaftslehre und Unternehmensführung, Karlsruhe 1990

Gemünden, Hans Georg; Helfert, Gabi (1997):
Hypothesen zum Einsatz bei Kundengeschäftsbeziehungen, in: Marketing ZFP, 19. Jg., Heft 4/1997, S. 247-258

Geppert, Hubert Matthias (1995):
Vertikales Marketing in der Touristik-Branche: Distributive Leistungssysteme aus der Sicht deutscher und schweizerischer Großreiseveranstalter zur Motivation und Steuerung mittelständischer Reisemittler, Bern 1995

Gerhard, Andrea (1995):
Die Unsicherheit des Konsumenten bei der Kaufentscheidung – Verhaltensweisen von Konsumenten und Anbietern, Gießen 1995

Glöckner-Holme, Irene (1988):
Betriebsformen-Marketing im Einzelhandel, Augsburg 1988

Götz, P.; Toepffer, J. (1991):
Kooperationsstrategien im Lichte der Transaktionskostentheorie, Arbeitspapier Nr. 7 des Lehrstuhls für Marketing an der Universität Erlangen-Nürnberg, Nürnberg 1991

Griebel, Hans-Dieter (1982):
Zur Theorie des Handelsbetriebes: Ein spieltheoretischer Beitrag zu einer Theorie des Binnenhandels, Frankfurt am Main 1982

Grossekettler, Heinz (1978):
Die volkswirtschaftliche Problematik von Vertriebskooperationen: Zur wettbewerbspolitischen Problematik von Vertriebsbindungs-, Alleinvertriebs-, Vertragshändler- und Franchisesystemen, in: Zeitschrift für das gesamte Genossenschaftswesen, 28. Jg., 1978, S. 325-374

Grote, Birgit (1990):
Ausnutzung von Synergiepotentialen durch verschiedene Koordinationsformen ökonomischer Aktivitäten. Zur Eignung der Transaktionskosten als Entscheidungskriterium, Frankfurt am Main u.a. 1990

Gümbel, Rudolf (1985):
Handel, Markt und Ökonomik, Wiesbaden 1985

Gundlach, Gregory; Cadotte, Ernest (1994):
Exchange Interdependence and Interfirm Interaction: Research in a Simulated Channel Setting, in: Journal of Marketing Research, 31. Jg., November/1994, S. 516-532

Gutenberg, Erich (1979):
Grundlagen der Betriebswirtschaftslehre, Bd. 2: Der Absatz, 16. Aufl., Berlin u.a. 1979

Haas, Hans-Lüder (1993):
Was produziert ein Handelsbetrieb?, in: ZfB, 63. Jg., Heft 11/1993, S. 1137-1155

Hahne, Henric (1995):
Category Management, in: DBW, 55. Jg., Heft 6/1995, S. 799-801

Hahne, Henric (1998):
Category Management aus Herstellersicht: Ein Konzept des Vertikalen Marketing und dessen organisatorische Implikationen, Lohmar u. Köln 1998

Hallier, Bernd (1999):
Wird ECR zum Club der Großen, in: Handbuch Efficient Consumer Response: Konzepte, Erfahrungen, Herausforderungen, hrsg. v. Andreas von der Heydt, München 1999, S. 55-61

Hansen, Ursula (1990):
Absatz- und Beschaffungsmarketing. Eine Aktionsanalyse, 2., neubearbeitete u. erweiterte Aufl., Göttingen 1990

Hansen, Ursula; Bode, Matthias (1999):
Marketing & Konsum: Theorie und Praxis von der Industrialisierung bis ins 21. Jahrhundert, München 1999

Hart, Oliver D. (1987):
Incomplete Contracts, in: The New Palgrave: A Directory of Economics, hrsg. v. John Eatwell, Murray Milgate u. Peter Newmann, Band 2, London 1987, S. 752-759

Hauser, Heinz (1981):
Zur ökonomischen Theorie von Institutionen, in: Nationalökonomie morgen. Ansätze zur Weiterentwicklung wirtschaftswissenschaftlicher Forschung, hrsg. v. Manfred Timmermann, Stuttgart u.a. 1981, S. 59-84

Hax, Herbert (1991):
Theorie der Unternehmung: Information, Anreize und Vertragsgestaltung, in: Betriebswirtschaftslehre und ökonomische Theorie, hrsg. v. Dieter Ordelheide; Bernd Rudolph u. Elke Büsselmann, Stuttgart 1991, S. 51-72

Heide, Jan B. (1994):
Interorganizational Governance in Marketing Channels, in: Journal of Marketing, 58. Jg., January/1994, S. 71-85

Heide, Jan B.; John, Georg (1988):
The Role of Dependence Balacing in Safeguarding Transaction-Specific Assets in Conventional Channels, in: Journal of Marketing, 52. Jg., January/1988, S. 20-35

Heinemann, Gerrit (1997):
Kooperative Effizienzstrategien im Absatzkanal: Was der Handel bei ECR bedenken sollte, in: Thexis, 14. Jg., Heft 4/1997, S. 38-40

Heinen, Edmund (1977):
Einführung in die Betriebswirtschaftslehre, 6. Aufl., Wiesbaden 1977

Heinen, Edmund (1980):
Einführung in die Betriebswirtschaftslehre, 7. Auf., Wiesbaden 1980

Helm, Sabrina (1997):
Neue Institutionenökonomik – Einführung und Glossar, 2., erw. Aufl., Düsseldorfer Schriften zum Marketing, Nr. 2/1997, hrsg. v. Bernd Günther, Düsseldorf 1997

Hempel, Carl G. (1975):
Deduktiv-nomologische Erklärungen, in: Theorie, Handeln und Geschichte: Erklärungsprobleme in den Sozialwissenschaften, hrsg. v. Bernhard Giesen u. Michael Schmid, Hamburg 1975

Hempel, Carl G.; Oppenheim, Paul (1948):
Studies in the Logic of Explanation, in: Philosophy of Science, 9. Jg., 1948, S. 135-175

Henning-Bodewig, Frauke; Kur, Annette (1988):
Marke und Verbraucher – Funktionen der Marke in der Marktwirtschaft, Bd. 1, Weinheim 1988

Herkner, Werner (1991):
Lehrbuch Sozialpsychologie, 5. Aufl., Bern u.a. 1991

Hess, Andreas (1994):
Konflikte in Vertraglichen Vertriebssystemen der Automobilwirtschaft. Theoretische und empirische Analyse, Ottobrunn 1994

Heydt, Andreas von der (1997):
Efficient Consumer Response (ECR): Basisstrategien und Grundtechniken, zentrale Erfolgsfaktoren sowie globaler Implementierungsplan, Frankfurt am Main u.a. 1997

Heydt, Andreas von der (1999):
Efficient Consumer Response – So einfach und doch so schwer, in: Handbuch Efficient Consumer Response: Konzepte, Erfahrungen, Herausforderungen, hrsg. v. Andreas von der Heydt, München 1999, S. 3-23

Homans, Georg C. (1958):
Social Behavior as Exchange, in: American Journal of Sociology, 63. Jg., May/1958, S. 597-606

Homans, Georg C. (1965):
Theorie der Sozialen Gruppe, 2. Aufl., Köln 1965

Homans, Georg C. (1968):
Elementarformen sozialen Verhaltens, Köln u.a. 1968

Hunt, Shelby D. (1983):
General Theories and the Fundamental Explananda of Marketing, in: Journal of Marketing, Jg. 47, Fall/1983, S. 9-17

Hüser, Annette (1992):
Institutionelle Regelungen und Marketinginstrumente zur Überwindung von Kaufbarrieren auf ökologischen Märkten, Arbeitspapier Nr. 3 des Forschungsprojektes „Marketing und ökonomische Theorie, Frankfurt am Main 1992

Irmscher, Markus (1997):
Markenwertmanagement – Aufbau und Erhalt von Markenwissen und -vertrauen im Wettbewerb: Eine informationsökonomische Analyse, Frankfurt am Main 1997

Irrgang, Wolfgang (1989):
Strategien im vertikalen Marketing. Handelsorientierte Konzeptionen der Industrie, München 1989

Irrgang, Wolfgang (1992):
Pull-Strategien, in: Vahlens Großes Marketinglexikon, hrsg. v. Hermann Diller, München 1992, S. 986

Irrgang, Wolfgang (1993):
Strategien im vertikalen Marketing der Industrie, in: Vertikales Marketing im Wandel, hrsg. v. Wolfgang Irrgang, München 1993, S. 1-24

Jensen, Michael C.; Meckling, William H. (1976):
Theory of the Firm: Managerial Behaviour, Agency Costs and Ownership Structure, in: Journal of Financial Economics, 3. Jg., Oktober 1976, S. 305-360

Jones, Edward D. (1912):
Cost of Living and the Retail Trade, in: Mill Supplies, 2. Jg., 1912, S. 461-462

Jones, Gareth, R.; Hill, Charles W.L. (1988):
Transaction Cost Analysis of Strategy-Structure Choice, in: Strategic Management Journal, 9. Jg., Heft 2/1988, S. 159-172

Kaas, Klaus P. (1990):
Langfristige Werbewirkung und Brand Equity, in: Werbeforschung und Praxis, Heft 3/1990, S. 48-52

Kaas, Klaus P. (1990):
Marketing als Bewältigung von Informations- und Unsicherheitsproblemen im Markt, in: DBW, 50. Jg., Heft 4/1990, S. 539-548

Kaas, Klaus P. (1992):
Kontraktgütermarketing als Kooperation zwischen Prinzipalen und Agenten, in: ZfbF, 44. Jg., 1992, S. 884-901

Kaas, Klaus P. (1992):
Marketing und Institutionenökonomik, Arbeitspapier Nr. 1 aus dem Forschungsprojekt Marketing und ökonomische Theorie, Frankfurt am Main 1992

Kaas, Klaus P. (1994):
Ansätze einer institutionenökonomischen Theorie des Konsumentenverhaltens, in: Konsumentenforschung – gewidmet Werner Kroeber-Riel zum 60. Geburtstag, hrsg. v. Forschungsgruppe Konsum und Verhalten, München 1994, S. 245-259

Kaas, Klaus P. (1995):
Informationsökonomik, in: Handwörterbuch des Marketing, hrsg. v. Bruno Tietz; Richard Köhler u. Joachim Zentes, 2., vollst. überarb. Aufl., Stuttgart 1995, Sp. 971-981

Kaas, Klaus P. (1995):
Marketing und Neue Institutionenökonomik, in: Kontrakte, Geschäftsbeziehungen, Netzwerke: Marketing und Neue Institutionenökonomik, hrsg. v. Klaus P. Kaas, ZfbF-Sonderheft 35/95, Düsseldorf 1995, S. 1-17

Kaas, Klaus P.; Busch, Anina (1996):
Inspektions-, Erfahrungs- und Vertrauenseigenschaften von Produkten – Theoretische Konzeption und empirische Validierung, in: Marketing ZFP, 18. Jg., Heft 4/1996, S. 243-252

Kaas, Klaus P.; Gegenmantel, Rolf (1995):
Ökonomische Determinanten der Macht auf dem Lebensmittelmarkt, in: ZfB, 65. Jg., Heft 8/1995, S. 885-904

Kaiser, Claus-Jürgen (1998):
Szenario der Zukunft: Handel und Industrie im Jahr 2005, in: asw, 40. Jg., Heft 6/1998, S. 30-36

Kalmbach, Ulf (1999):
ECR Europe und ECR Deutschland – Ein Überblick, in: : Handbuch Efficient Consumer Response: Konzepte, Erfahrungen, Herausforderungen, hrsg. v. Andreas von der Heydt, München 1999, S. 24-40

Keller, Dietmar (1990):
Hersteller-Konditionen und Handelsleistungen: Theoretische Grundlagen und Ansatzpunkte einer Systemgestaltung, Frankfurt am Main u.a. 1990

Kemna, Harald (1979):
Key Account Management: Verkaufserfolg der Zukunft durch Kundenorientierung, München 1979

Kirchner, Christian; Picot, Arnold (1987):
Transaction Cost Analysis of Structural Changes in the Distribution System: Reflections in Institutional Developments in the Federal Republic of Germany, in ZgS/JITE, 143. Jg., 1987, S. 62-81

Klein, Benjamin; Crawford, Robert G.; Alchian, Armen A. (1978):
Vertical Integration, Appropriable Rents, and the Competitive Contracting Process, in: Journal of Law and Economics, 21. Jg., February/1978, S. 297-326

Klein, Benjamin; Leffler, Keith B. (1981):
The Role of Market Forces in Assuring Contractual Performances, in: Journal of Political Economy, 89. Jg., Heft 4/1981, S. 615-641

Klein, Henner, Lachhammer, Johann (1996):
ECR: Die Aufgaben des Beziehungs-Managements, in: Absatzwirtschaft, 38. Jg., Heft 2/1996, S. 62-66

Klein, Saul (1989):
A Transaction Cost Explanation of Vertical Control in International Markets, in: Journal of Academy of Marketing Science, 17. Jg., 1989, S. 253-260

Klein, Saul; Frazier, Gary L.; Roth, Victor J. (1990):
A Transaction Cost Analysis Model of Channel Integration in International Markets, in: Journal of Marketing Research, 27. Jg., May/1990, S. 296-208

Kleinaltenkamp, Michael (1992):
Investitionsgüter-Marketing aus informationsökonomischer Sicht, in: ZfbF, Heft 9/1992, S. 809-829

Kleinaltenkamp, Michael (1997):
Kundenintegration, in: WiSt, 26. Jg., 1997, S. 350-354

Kleinaltenkamp, Michael (1994):
Institutionenökonomische Begründung von Geschäftsbeziehungen, in: Arbeitsgruppe „Beziehungsmanagement" der wissenschaftlichen Kommission für Marketing im Verband der Hochschullehrer für Betriebswirtschaftslehre, hrsg. v. Klaus Backhaus u. Hermann Diller, Münster u. Nürnberg 1994, S. 8-39

Knoblich, Hans (1969):
Betriebswirtschaftliche Warentypologie: Grundlagen und Anwendungen. Köln, u.a. 1969

Konegen, Nobert; Sondergeld, Klaus (1985):
Wissenschaftstheorie für Sozialwissenschaftler, Opladen 1985

Koppelmann, Udo (1991):
Sicherung der Distributionsqualität des Markenartikels, in: Der Betriebsberater, 46. Jg., Heft 21/1991, S. 1440-1441

Koppelmann, Udo (1994):
Funktionenorientierter Erklärungsansatz der Markenpolitik, in: Handbuch Markenartikel – Anforderungen an die Markenpolitik aus Sicht von Wissenschaft und Praxis, hrsg. v. Manfred Bruhn, Stuttgart 1994, S. 219-237

Kortzfleisch, Gert v. (1971):
Wissenschaftstheoretische und wissenschaftspolitische Gedanken zum Thema: Betriebswirtschaft als Wissenschaft, in: Wissenschaftsprogramm und Ausbildungsziele der Betriebswirtschaftslehre, Bericht von der wissenschaftlichen Tagung in St. Gallen vom 2.-5. Juni 1971, hrsg. v. Verband der Hochschullehrer für Betriebswirtschaftslehre e.V., Berlin 1971, S. 1-20

Kotler, Philip; Bliemel, Friedhelm (1999):
Marketing-Management – Analyse, Planung, Umsetzung und Steuerung, Stuttgart 1999

Kricsfalussy, Andreas (1996):
Vom kurzfristigen Verkaufen zur langen Geschäftsbeziehung, in: Marketing Journal, Heft 4/1996, S. 242-248

Kroeber-Riel, Werner (1980):
Konsumentenverhalten, 2., neu gefaßte u. wesentlich erw. Aufl., München 1980

Krüsselberg, Utz (1992):
Theorie der Unternehmung und Institutionenökonomik: Die Theorie der Unternehmung im Spannungsfeld zwischen neuer Institutionenökonomik, ordnungstheoretischem Institutionalismus und Marktprozeßtheorie, Heidelberg 1992

Kuhn, Thomas S. (1979):
Die Struktur wissenschaftlicher Revolution, 2. Aufl., Frankfurt am Main, 1979

Kuhn, Thomas S. (1992):
Die Entstehung des Neuen: Studien zur Struktur der Wissenschaftsgeschichte, Frankfurt am Main 1992

Kühne, Karl (1982):
Evolutionsökonomie: Grundlagen der Nationalökonomie und Realtheorie der Geldwirtschaft, Stuttgart u.a. 1982

Kümpers, Ursula A. (1976):
Marketingführerschaft. Eine verhaltenswissenschaftliche Analyse des vertikalen Marketing, Münster 1976

Kunkel, Rolf (1977):
Vertikales Marketing im Herstellerbereich. Bestimmungsfaktoren und Gestaltungselemente stufenübergreifender Marketing-Konzeptionen, München 1977

Kurt Salomon Associates (1993):
Efficient Consumer Response. Enhancing Consumer Value in the Grocery Industry. The Research Department Food Marketing Institute, Washington 1993

Lademann, Rainer P. (1986):
Nachfragemacht von Handelsunternehmen – Analyse der Begriffs-, Erklärungs- und Rechtstatsachenprobleme, Göttingen 1986

Lampe, Adolf (1958):
Umrisse einer Theorie des Handels, Berlin 1958

Lange, Manfred (1993):
Rabattpolitik, in: Vertikales Marketing im Wandel, hrsg. v. Wolfgang Irrgang, München 1993, S. 326-336

Laurent, Monika (1996):
Vertikale Kooperationen zwischen Industrie und Handel. Neue Typen und Strategien zur Effizienzsteigerung im Absatzkanal, Frankfurt am Main 1996

Leipold, Helmut (1985):
Ordnungspolitische Implikationen der Transaktionskostenökonomie, in: ORDO, Jahrbuch für die Ordnung von Wirtschaft und Gesellschaft, Band 36, 1985

Lingen, Thomas von (1992):
Informationsökonomik, in: Vahlens Großes Marketinglexikon, hrsg. v. Hermann Diller, München 1992, S. 448-449

Litzinger, Dieter (1995):
Die Gewinnung der Kooperation des Handels bei Verkaufsförderungsmaßnahmen von Herstellern in: Kontrakte, Geschäftsbeziehungen, Netzwerke – Marketing und Neue Institutionenökonomik, hrsg. v. Klaus P. Kaas, ZfbF-Sonderheft 35/95, Düsseldorf 1995, S. 269-286

Macneil, Ian R. (1974):
The Many Futures of Contracts, in: Southern California Law Review, 47. Jg., 1974, S. 691-816

Macneil, Ian R. (1978): Contracts: Adjustments of Long-term Economic Relations Under Classical, Neoclassical and Relational Contract Law, in: Northwestern University Law Review, 72. Jg., 1978, S. 854-905

Malewski, Andrzej (1967):
Verhalten und Interaktion: Theorie des Verhaltens und das Problem der sozialwissenschaftlichen Integration, Tübingen 1967

Männel, Wolfgang 1983:
Wenn Sie zwischen Eigenfertigung und Fremdbezug entscheiden müssen ..., in: io-Management-Zeitschrift, 52. Jg., 1983, S. 301-307

Matt, Dominique von (1988):
Markenpolitik in der schweizerischen Markenartikelindustrie, Bern u.a. 1988

Mattmüller, Roland (1992):
Marketing-Prognosen für den Handel, 2., überarb. Aufl., Augsburg 1992

Mattmüller, Roland (1993):
Handels-Marketing, in: Marketing-Systeme: Grundlagen des institutionalen Marketing, hrsg. v. Paul W. Meyer u. Anton Meyer, 2., überarb. Aufl. 1993, S. 77-138

Mattmüller, Roland (1997):
Zur Wettbewerbsschwäche von Verbundgruppen im Handel – eine institutionenökonomische Analyse der Beziehung zwischen Zentrale und Anschlußbetrieben, in: GfK Jahrbuch der Absatz- und Verbrauchsforschung, 43. Jg., Heft 4/1997, S. 383-400

Mattmüller, Roland (1998):
Marketingstrategien des Handels und staatliche Restriktionen: Geschäftsfeldsegmentierung, Wachstumsoptionen und rechtliche Rahmenbedingungen, 2., überarb. Aufl., München 1998

Mattmüller, Roland; Tunder, Ralph (1998):
Zur theoretischen Basis der Marketingwissenschaft: Die Verknüpfung der Neuen Institutionenökonomik mit dem Integrativ-Prozessualen Marketingansatz, Arbeitspapier Nr. 5 des Lehr- u. Forschungsteam Marketing, 2. Aufl., Schloß Reichartshausen 1998

Meffert, Heribert (1992):
Marketingforschung und Käuferverhalten, 2. Aufl. 1992

Meffert, Heribert (1992):
Marketing-Geschichte, in: Vahlens Großes Marketinglexikon, hrsg. v. Hermann Diller, München 1992, S. 662-665

Meffert, Heribert (1992):
Marketing-Theorie, in: Vahlens Großes Marketinglexikon, hrsg. v. Hermann Diller, München 1992, S. 698-702

Meffert, Heribert (1998):
Marketing, 8. Aufl., Wiesbaden 1998

Meffert, Heribert; Bruhn, Manfred (1984):
Markenstrategien im Wettbewerb – Empirische Untersuchung zur Akzeptanz von Hersteller-, Handels- und Gattungsmarken (No Names), Wiesbaden 1984

Mellerowicz, Konrad (1963):
Markenartikel – Die ökonomischen Gesetze ihrer Preisbildung und Preisbindung, 2. Aufl., München u.a. 1963

Meyer, Anton (1983):
Dienstleistungsmarketing: Erkenntnisse und praktische Beispiele Augsburg 1983

Meyer, Anton (1993):
Dienstleistungs-Marketing, in: Marketing-Systeme: Grundlagen des institutionalen Marketing, hrsg. v. Paul W. Meyer u. Anton Meyer, 2., überarb. Aufl., Stuttgart 1993, S. 173-220

Meyer, Anton (1994):
Abschied vom Marketing-Mix und Ressortdenken, Teil 1 und 2, in: asw, Heft 9/1994, S. 94-101 bzw. Heft 10, S. 102-106

Meyer, Anton (1996):
Das Absatzmarkprogramm, in: Integrierte Marketingfunktionen, hrsg. v. Paul W. Meyer, 4. Aufl., Stuttgart u.a. 1996, S. 52-83

Meyer, Anton; Mattmüller, Roland (1987):
Qualität von Dienstleistungen: Entwurf eines praxisorientierten Qualitätsmodells, in: Marketing ZFP, 9. Jg., Heft 3/1987, S. 187-195

Meyer, Anton; Mattmüller, Roland (1996):
Marketing, in: Betriebswirtschaftslehre, hrsg. v. Hans Corsten u. Michael Reiß, 2. Aufl., München 1996, S. 837-931

Meyer, Anton; Tostmann, Tom (1995):
Die nur erlebbare Markenpersönlichkeit, in: Harvard Business Manager, 18. Jg., Heft 4/1995, S. 9-15

Meyer, Margit (1995):
Ökonomische Organisation der Industrie – Netzwerkarrangements zwischen Markt und Unternehmung, Wiesbaden 1995

Meyer, Paul W. (1973):
Die machbare Wirtschaft: Grundlagen des Marketing, Essen 1973

Meyer, Paul W. (1978):
Markenspezifisches Herstellermarketing, in: Markenartikel heute – Marke, Markt und Marketing, hrsg. v. Gabler Verlag, Wiesbaden 1978, S. 159-181

Meyer, Paul W. (1990):
Handels-Marketing: Materialien zu den Grundlagen des Marketing, Bd. 7, 6. Aufl., Augsburg 1990

Meyer, Paul W. (1996):
Der integrative Marketingansatz und seine Konsequenzen für das Marketing, in: Integrierte Marketingfunktionen, hrsg. v. Paul W. Meyer, 4. Aufl., Stuttgart u.a. 1996, S.13-30

Meyer, Paul W.; Mattmüller, Roland (1987):
Ein Ansatz zur Systematik des Handels, in: Handelsforschung 1987, Jahrbuch der Forschungsstelle für den Handel Berlin (FfH) e.V., hrsg. v. Volker Trommsdorff, Heidelberg 1987, S. 123-137

Meyer, Paul W.; Meyer, Anton (1982):
Kaufentscheidung! Das Herz des Marketing, in: Werbung – Publicité, Heft 11/1982, S. 14-18

Meyer, Paul W.; Meyer, Anton (1993):
Vorwort der Herausgeber, in: Marketing-Systeme: Grundlagen des institutionalen Marketing, hrsg. v. Paul W. Meyer u. Anton Meyer, 2., überarb. Aufl. 1993, S. 5-6

Michael, Bernd M. (1990):
Wenn die Markentechnik die Produkttechnik überholt, in: Jahrbuch Marketing, hrsg. v. Klaus M. Schöttle, 5. Aufl., Wiesbaden 1990, S. 154-162

Michaelis, Elke (1985):
Organisation unternehmerischer Aufgaben: Transaktionskosten als Beurteilungskriterium, Frankfurt am Main 1985

Möhlenbruch, Dirk (1985):
Betriebswirtschaftliche Probleme einer Kontrolle der Nachfragemacht des Handels unter besonderer Berücksichtigung der Marktabgrenzung und des Diskriminierungsverbotes, Göttingen 1985

Möhlenbruch, Dirk (1997):
Kundenorientierung durch Category Management – Kritische Analyse eines Kooperationsmodells zwischen Industrie und Handel, in: in: Handelsforschung 1997/98, Jahrbuch der Forschungsstelle für den Handel Berlin (FfH) e.V., hrsg. v. Volker Trommsdorf, Wiesbaden 1997, S. 113-133

Müller-Hagedorn, Lothar (1990):
Zur Erklärung der Vielfalt und Dynamik der Vertriebsformen, in: ZfbF, 42. Jg., Heft 6/1990, S. 451-466

Muser, Viktor (1996):
Der Absatzabschluß, in: Integrierte Marketingfunktionen, hrsg. v. Paul W. Meyer, 4. Aufl., Stuttgart u.a. 1996, S. 142-171

Nelson, Phillip (1970):
Information and Consumer Behaviour, in: The Journal of Political Economy, Vol. 78, 1970, S. 311-329

Nelson, Phillip (1974):
Advertising as Information, in: The Journal of Political Economy, 82. Jg., 1974, S. 729-753

Nieschlag, Robert; Dichtl, Erwin; Hörschgen, Hans (1997):
Marketing, 17. Aufl., Berlin 1997

Niestrath, Ulrich (1983):
Nachfragemacht des Handels: Begriffe Theorie, Operationalisierung, Frankfurt am Main 1983

o.V. (1991):
Jahresgespräch endete im Krankenhaus, in: Lebensmittelzeitung, 13.12.1991, S. 4

Obergfell, Eugen (1977):
Die Führungsrolle des Handels im Absatzweg von Konsumgütern: Eine aktionsanalytische Untersuchung der gate-keeper-Position, Frankfurt am Main 1977

Oberparleiter, Karl (1955):
Funktionen und Risiken des Warenhandels, 2., neubearb. u. erw. Aufl., Wien 1955

Ouchi, William G (1980):
Markets, Bureaucracies, and Clans, in: Adminstrative Science Quarterly, 25. Jg., 1980, S. 129-141

Parasuraman, A.; Zeithaml, Valarie A.; Berry, Leonard L. (1994):
Reassessment of Expectations as a Comparision Standard in Measuring Service Quality: Implications for Further Research, in: Journal of Marketing 58. Jg. January/1994, S. 111-124

Parsons, Talcott (1964):
Social Structure and the Symbolic Media of Interchange, in: Approches to the Study of Social Structure, hrsg. v. Peter M. Blau, London 1964, S. 94-120

Pennings, Johannes M. (1981):
Strategically Interdependent Organizations, in: Handbook of Organizational Design, hrsg. v. Paul C. Nystrom u. William H. Starbuck, Bd. 1., New York 1981, S. 433-455

Pepels, Werner (1990):
Marketing als Markenmanagement, in: GfK Jahrbuch der Absatz- und Verbrauchsforschung, 36. Jg., Heft 4/1990, S. 433-443

Pepels, Werner (1991):
Einführung in die Denkhaltung und Aktivitätenbereiche des Marketing, Regensburg 1991

Pfeffer, Jefferey (1987):
A Resource Dependence Perspective on Intercorporate Relations, in: Intercorporate Relations, hrsg. v. Mark S. Mizruchi u. Michael Schwartz, Cambridge 1987

Pfeffer, Jeffrey (1982):
Organizations and Organizations Theory, London 1982

Pfeffer, Jeffrey; Salancik, Gerald (1978):
The External Control of Organizations: A Resource Dependence Perspective, New York u.a. 1978

Picot, Arnold (1982):
Transaktionskostenansatz in der Organisationstheorie: Stand der Diskussion und Aussagewert, in: DBW, 42. Jg., Heft 2/1982, S. 267-284

Picot, Arnold (1985):
Transaktionskosten, in: DBW, 45. Jg., Heft 2/1985, S. 224-225

Picot, Arnold (1985):
Transaktionskosten, in: DBW, Heft 2/1985, S. 224-225
Picot, Arnold; Dietl, Helmut (1990):
Transaktionskostentheorie, in: WiSt, 19. Jg., Heft 4/1990, S. 178-183

Picot, Arnold (1987):
Ökonomische Theorien und Führung, in: Handwörterbuch der Führung, hrsg. v. Alfred Kieser, Gerhard Reber u. Rolf Wunderer, Stuttgart 1987, Sp. 1583-1595

Picot, Arnold (1991):
Ein Ansatz zur Gestaltung der Leistungstiefe, in: ZfbF, 43. Jg., Heft 4/1991, S. 336-357

Picot, Arnold (1991):
Ökonomische Theorien der Organisation: Ein Überblick über neuere Ansätze und deren betriebswirtschaftliches Anwendungspotential, in: Betriebswirtschaftslehre und ökonomische Theorie, hrsg. v. Dieter Ordelheide, Bernd Rudolph u. Elke Büsselmann, Stuttgart 1991, S. 143-170

Picot, Arnold (1992):
Ronald H. Coase – Nobelpreisträger 1991. Transakationskosten: Ein zentraler Beitrag zur wirtschaftswissenschaftlichen Analyse, in: WiSt, Heft 2/1992, S. 79-83

Plinke, Wulff (1989):
Die Geschäftsbeziehung als Investition, in: Marketing-Schnittstellen: Herausforderungen für das Management, hrsg. v. Günter Specht, Günter Silberer u. Werner H. Engelhard, Stuttgart 1989, S. 305-325

Plötner, Olaf (1993):
Risikohandhabung und Vertrauen des Kunden, Berliner Reihe „Business-to-Business-Marketing, Arbeitspapier Nr. 2, hrsg. v. Michael Kleinaltenkamp, Berlin 1993

Pollmüller, Heinz-Dieter (1981):
Rechtliche Aspekte Vertraglicher Vertriebssysteme, in: Vertragliche Vertriebssysteme zwischen Industrie und Handel: Grundzüge einer betriebswirtschaftlichen, rechtlichen und volkswirtschaftlichen Beurteilung, hrsg. v. Dieter Ahlert, Wiesbaden 1981, S. 125-236

Popper, Karl R (1979):
Ausgangspunkte: Meine intellektuelle Entwicklung, Hamburg 1979

Popper, Karl R (1994):
Logik der Forschung, 10., verb. u. vermehrte Aufl., Tübingen 1994

Prießnitz, Horst (1996):
Handelskonzentration: Herausforderung an die Politik, in: Markenartikel, Heft 3/1996, S. 95-100

Raffée, Hans (1980):
Grundfragen der Marketingwissenschaft, in: WiSt, 9. Jg., Heft 7/1980, S. 317-324

Raffée, Hans (1993):
Gegenstand, Methoden und Konzepte der Betriebswirtschaftslehre, in: Vahlens Kompendium der Betriebswirtschaftslehre, hrsg. v. Michael Bitz et al., Band 1, 3., überarb. u. erw. Aufl., München 1993, S. 1-46

Raffée, Hans (1995):
Grundprobleme der Betriebswirtschaftslehre, 9., unveränderter Nachdruck der 1. Aufl. von 1974, Göttingen 1995

Ramser, Hans Jürgen (1979):
Eigenerstellung oder Fremdbezug von Leistungen, in: Handwörterbuch der Produktion, hrsg. v. Werner Kern, Stuttgart 1979, Sp. 435-450

Reve, Torger; Stern, Louis W. (1985):
The Political Economy Framework of Interorganizational Relations, in: Changing the Course of Marketing, Alternative Paradigms for Widening Theory, Research in Marketing, Supplement Nr. 2, hrsg. v. Nikhilkesh Dholakia u. Johan Arndt, Greenwich 1985, S. 289-300

Ricardo, David (1817):
Principles of Economy and Taxation, London 1817; hier zitiert nach: Ricardo, David: Über die Grundsätze der politischen Ökonomie und der Besteuerung, übersetzt von Gerhard Bondi, hrsg. von Heinz D. Kurz unter Mitarbeit von Christian Gehrke, Marburg 1994

Richter, Rudolf (1990):
Sichtweise und Fragestellungen der Neuen Institutionenökonomik, in: ZgS/JITE, 110. Jg., 1990, S. 571-591

Richter, Rudolf (1991):
Institutionenökonomische Aspekte der Theorie der Unternehmung, in: Betriebswirtschaftslehre und ökonomische Theorien, hrsg. v. Dieter Ordelheide, Bernd Rudolph u. Elke Büsselmann, Stuttgart 1991, S. 395-429

Richter, Rudolf; Furubotn, Eirik G. (1996):
Neue Institutionenökonomik. Eine Einführung und kritische Würdigung, Tübingen 1996

Ringbeck, Jürgen (1986):
Qualitäts- und Werbestrategien bei Qualitätsunsicherheit der Konsumenten, Wiesbaden 1986

Rüschen, Gerhard (1986):
Die Marke – unser Wertvollstes Gut: Der Markenartikel als Instrument der Verkaufsförderung, in: Markenartikel, 48. Jg., Heft 6/1986, S. 210-217

Rüschen, Gerhard (1994):
Ziele und Funktionen des Markenartikels, in: Handbuch Markenartikel – Anforderungen an die Markenpolitik aus Sicht von Wissenschaft und Praxis, hrsg. v. Manfred Bruhn, Stuttgart 1994, S. 121-134

Schade, Christian; Schott, Eberhard (1993):
Kontraktgüter im Marketing, in. Marketing ZFP, 15.Jg., Heft 1/1993, S. 15-25

Schäfer, Hans-Bernd; Ott, Claus (1986):
Lehrbuch der ökonomischen Analyse des Zivilrechts, Berlin u.a. 1986

Schanz, Günther (1983):
Unternehmensverfassungen in verfügungsrechtlicher Perspektive, in: DBW, 43. Jg., 1983, S. 259-270

Schanz, Günther (1990):
Die Betriebswirtschaftslehre als Gegenstand kritisch-konstruktiver Betrachtungen: Kommentare und Anregungen, Stuttgart 1990

Schär, Johann F. (1923):
Allgemeine Handelsbetriebslehre, 5. Aufl., Leipzig 1923

Schenk, Hans-Otto (1991):
Marktwirtschaftslehre des Handels, Wiesbaden 1991

Schenk, Hans-Otto (1995):
Handelsbetriebe, in: Handwörterbuch des Marketing, hrsg. v. Bruno Tietz, Richard Köhler und Joachim Zentes, 2., vollst. überarb. Aufl., Stuttgart 1995, Sp. 853-863

Schenk, Hans-Otto (1996):
Die Handelsspanne als zentrale Leistungs- und Führungskennzahl des Handels (Teil 2), in WISU, 25. Jg., Heft 2/1996, S. 133-139

Schenk, Karl-Ernst (1986):
Buchbesprechung zu: Michaelis, Elke: Organisation unternehmerischer Aufgaben: Transaktionskosten als Beurteilungskriterium, in: ZgS/JITE, 142. Jg., 1986, S. 466-469

Schenk, Karl-Ernst (1988):
Buchbesprechung zu: Williamson, Oliver E.: The Economic Institutions of Capitalism: Firms, Markets, Relational Contracting, in: Zeitschrift für Wirtschafts- und Sozialwissenschaften, 108. Jg., 1988, S. 315-318

Schmalensee, Richard (1978):
A Model of Advertising and Product Quality, in: Journal of Political Economy, 86. Jg., 1978, S. 485-503

Schmidt, Ingo; Elßer, Stefan (1992):
Die Rolle des Markenartikels im marktwirtschaftlichen System, in: Marke und Markenartikel als Instrumente des Wettbewerbs, hrsg. v. Erwin Dichtel u. Walter Eggers, München 1992, S. 47-70

Schmidt, Manfred (1998):
Jetzt müssen die Marken aufrüsten, in: Markenartikel, 60. Jg., Heft 1/1998, S. 16-18

Schmoller, Gustav v. (1900):
Grundriß der allgemeinen Volkswirtschaftslehre, München 1900

Schneider, Dieter (1982):
Das Versagen der Paradigmavorstellung für die Betriebswirtschaftslehre, in: ZfbF, 34. Jg., Heft 10/1982, S. 849-869

Schneider, Dieter (1983):
Auf Abwegen, in: ZfbF, 35. Jg., Heft 11/12/1983, S. 1075-1077

Schneider, Dieter (1983):
Marketing als Wissenschaft oder Geburt einer Marketingwissenschaft aus dem Geiste des Unternehmerversagens, in: ZfbF, 35. Jg., Heft 3/1983, S. 197-223

Schneider, Dieter (1984):
Erklären Lieb-Coase-ungen mit einem „Marktversagen" die Existenz von Unternehmungen?, in: Betriebswirtschaftslehre und Nationalökonomie, hrsg. v. Günther Schanz, Wiesbaden 1984, S. 225-246

Schneider, Dieter (1985):
Die Unhaltbarkeit des Transaktionskostenansatzes für die „Markt oder Unternehmung"-Diskussion, in: ZfB, 55. Jg., Heft 12/1985, S. 1237-1254

Schneider, Dieter (1987):
Agency Costs and Transaction Costs: Flops in the Principal-Agent-Theory of Financial Markets, in: Agency Theory, Information and Incentives, hrsg. v. Günter Bamberg u. Klaus Spremann, Berlin 1987, S. 481-494

Schneider, Dieter (1993):
Betriebswirtschaftslehre, Bd. 1: Grundlagen, München 1993

Schneider, Dieter (1993):
„Unsichtbare Hand"-Erklärungen für die Institution Unternehmung, in: ZfB, 63. Jg., Heft 2/1993, S. 179-195

Schneider, Rolf (1977):
Kriterien der Absatzwegewahl, Zürich u.a. 1977

Schnoedt, Eike (1994):
Kooperation im Distributionskanal: Eine Analyse interorganisatorischer Kooperationspotentiale und -hemmnisse in der Konsumgüterdistribution, Nürnberg 1994

Schobert, Frank (1996):
Procter & Gamble's „Neuer Weg", in: Marketing Journal, Heft 4/1996, S. 264-270

Schüller, Alfred (1983):
Property Rights, Theorie der Firma und wettbewerbliches Marktsystem, in: Property Rights und ökonomische Theorie, hrsg. v. Alfred Schüller, München 1983, S. 145-183

Schumann, Jochen (1992):
Grundzüge der mikroökonomischen Theorie, 6. Aufl., Berlin u.a. 1992

Schütze, Roland (1992):
Kundenzufriedenheit: After-Sales-Marketing auf industriellen Märkten, Wiesbaden 1992

Schwaner, Jost (1996):
Integration von Kunden und Lieferanten: Analyse langfristiger Geschäftsbeziehungen, Wiesbaden 1996

Scott, William R. (1987):
Organizations: Rational, Natural and Open Systems, 2. Aufl., Englewood Cliffs 1987

Seyffert, Rudolf (1972):
Wirtschaftslehre des Handels, 5., neubearb. Aufl., Opladen 1972

Shaw, Arch W. (1912):
Some Problems in Market Distribution, in: Quarterly Journal of Economics, 26. Jg., 1912, S. 703-765

Simon, Herbert A. (1978):
Rationality as Process and as Product of Thought, in: American Economic Review, 68. Jg., 1978, S. 1-16

Simon, Herbert A. (1957):
Models of Man. Social and Rational, New York 1957

Söllner, Albrecht (1993):
Commitment in Geschäftsbeziehungen: Das Beispiel Lean Production, Wiesbaden 1993

Sommer, Horst (1985):
Handelskonzentration und Markenpolitik – Programmierter Konflikt oder Chance zum gemeinsamen Erfolg?, in: Markenartikel, 47. Jg., Heft 1/1985, S. 2-6

Sparling, Samuel E. (1906):
Introduction to Business Organization, New York 1906

Specht, Günter (1998):
Distributionsmanagement, 3., überarb. u. erw. Aufl. Stuttgart u.a. 1998

Speer, Franz (1994):
Kompetenz als Erfolgsstrategie – Warengruppenmanagement: Kooperation zwischen Handel und Industrie unerläßlich, in: Dynamik im Handel, Heft 6/1994, S. 12-16

Spence, Michael A. (1976):
Informational Aspects of Market Structure: An Introduction, in: Quarterly Journal of Economics, 90 Jg., 1976, S. 591-597

Spremann, Klaus (1988):
Reputation, Garantie und Information, in: ZfB, 58. Jg., Heft 5/6, 1988, S. 613-629

Spremann, Klaus (1990):
Asymmetrische Information, in: ZfB, Jg. 60, 1990, S. 561-586

Steffenhagen, Hartwig (1975):
Konflikt und Kooperation in Absatzkanälen: Ein Beitrag zur verhaltensorientierten Marketingtheorie, Wiesbaden 1975

Steffenhagen, Hartwig (1992):
Konditionenpolitik, in: Vahlens großes Marketinglexikon, hrsg. v. Hermann Diller, München 1992, S. S. 550-551

Steffenhagen, Hartwig (1994):
Effizienz und Flexibilität in leistungsorientierten Konditionensystemen der Markenartikelindustrie, in: Marktorientierte Unternehmensführung im Umbruch, hrsg. v. Manfred Bruhn; Heribert Meffert u. Frank Wehrle, Wiesbaden 1994, S. 99-114

Steffenhagen, Hartwig (1995):
Konditionengestaltung zwischen Industrie und Handel: Leistungsbezogen, systematisch, professionell, Wien 1995

Steffenhagen, Hartwig (1998):
Der Handel, Stuttgart u.a. 1998

Stern, Louis W.; Brown, James W. (1969):
Distribution Channels: A Social System Approach, in: Distribution Channel, Behavioral Dimensions, hrsg. v. Louis W. Stern, Boston 1969

Stiglitz, Joseph E. (1974):
Information and Economic Analysis, in: Current Economic Problems, hrsg. Michael. Parkin; Avelino R. Nobay, London u.a. 1974, S. 27-52

Sundhoff, Edmund (1965):
Die Rationalisierung der Distribution: Erster Teil, in: Mitteilungen des Instituts für Handelsforschung an der Universität zu Köln, 17. Jg., Heft 1/1965, S. 1-7

Sutrich, Othmar (1994):
Prozeßmarketing anstelle des Mix, in: Harvard Business Manager, Heft 1/1994, S. 118-125

Swoboda, Bernhard (1997):
Wertschöpfungspartnerschaften in der Konsumgüterwirtschaft: Ökonomische und ökologische Aspekte des ECR-Managements, in: WiSt, 26. Jg., Heft 9/1997, S. 449-454

Tellis, Gerald J.; Fornell, Claes (1988):
The Relationship between Advertising and Product Quality over the Product Life Cycle – A Contingency Theory, in: Journal of Marketing Research, 25. Jg., 1988, S. 64-71

Terberger, Eva (1994):
Neo-institutionalistische Ansätze: Entstehung und Wandel, Anspruch und Wirklichkeit, Wiesbaden 1994, S. 23

Thibaut, John W.; Kelly, Harold H. (1959):
The Social Psychology of Groups, 5. Aufl., New York u.a. 1959

Thies, Gerhard (1976):
Vertikales Marketing. Marktstrategische Partnerschaft zwischen Industrie und Handel, Berlin, New York 1976

Thommen, Jean-Paul (1991):
Allgemeine Betriebswirtschaftslehre: Umfassende Einführung aus managementorientierter Sicht, Wiesbaden 1991

Thommen, Jean-Paul (1996):
Glaubwürdigkeit: Die Grundlage unternehmerischen Denkens und Handels, Zürich 1996

Tiburtius, Joachim (1949):
Lage und Leistungen des deutschen Handels in ihrer Bedeutung für die Gegenwart, Berlin u. München 1949

Tietz, Bruno (1975):
Das Schär`sche Gesetz, in: WiSt, Heft 9/1975, S. 447-448

Tietz, Bruno (1993):
Binnenhandelspolitik, 2. Aufl., München 1993

Tietz, Bruno (1993):
Die bisherige und künftige Paradigmatik des Marketing in Theorie und Praxis – Erster Teil. Zur bisherigen Entwicklung und derzeitigen Situation des Marketing, in: Marketing ZFP, 15. Jg., Heft 3/1993; S. 149-163

Tietz, Bruno (1993):
Der Handelsbetrieb: Grundlagen der Unternehmenspolitik, 2., neubearb. Aufl., München 1993

Tietz, Bruno (1993):
Marketing, 3., überarb. u. erw. Aufl., Düsseldorf 1993

Tietz, Bruno (1993):
Zukunftsstrategien für Handelsunternehmen: Dynamik im Handel, Band 3, Frankfurt am Main 1993

Tietz, Bruno (1995):
Efficient Consumer Response (ECR), in WiSt, 24. Jg., Heft 1 0/1995, S. 529-530

Tolle, Elisabeth (1994):
Informationsökonomische Erkenntnisse für das Marketing bei Qualitätsunsicherheit der Konsumenten, in: ZfbF, 46. Jg., Heft 11/1994, S. 926-938

Tomczak, Torsten (1992):
Forschungsmethoden in der Marketingwissenschaft: Ein Plädoyer für den qualitativen Forschungsansatz, in: Marketing ZFP, 14. Jg., Heft 2/1992, S. 77- 87

Tomczak, Torsten (1993):
Differenzierte Formen der Zusammenarbeit von Industrie und Handel, Bericht und Materialien 1/93 aus dem Forschungsinstitut für Absatz und Handel an der Hochschule St. Gallen für Wirtschafts, Rechts- und Sozialwissenschaften, St. Gallen 1993

Tomczak, Torsten; Gussek, Frank (1992):
Handelsorientierte Anreizsysteme der Konsumgüterindustrie, in: ZfB, 62. Jg., Heft 7/1992, S. 783-806

Töpfer, Armin (1995):
Efficient Consumer Response – Bessere Zusammenarbeit zwischen Hersteller und Handel, in: Handelsforschung 1995/96, Jahrbuch der Forschungsstelle für den Handel Berlin (FfH) e.V., hrsg. v. Volker Trommsdorf, Wiesbaden 1995, S. 187-200

Töpfer, Armin (1999):
Das ECR-Konzept als Anforderung an Theorie und Praxis, in: Handbuch Efficient Consumer Response: Konzepte, Erfahrungen, Herausforderungen, hrsg. v. Andreas von der Heydt, München 1999, S. 362-375

Trumpp, Andreas (1995):
Kooperation unter asymmetrischer Information: Eine Verbindung von Prinzipal-Agenten-Theorie und Transaktionskostenansatz, Neuried 1995

Turk, Jeremy (1983):
Conclusion: Power, Efficiency and Institutions, some implications of the debate for scope of economics, in: Power, Efficiency and Institutions: A Critical Appraisal of the 'Markets and Hierarchies' Paradigm, hrsg. v. Arthur Francis, Jeremy Turk u. Paul William, London u.a. 1983, S. 189-204

Twardawa, Wolfgang (1998):
Share of Customer – Der langfristige Erfolgsfaktor, in: Markenartikel, 60. Jg., Heft 3/1998, S. 30-36

Ungern-Sternberg, Thomas von; Weizsäcker, Carl-Christian von (1981):
Marktstruktur und Marktverhalten bei Qualitätsunsicherheit, in: Zeitschrift für Wirtschaft- und Sozialwissenschaft, 101. Jg., Heft 6/1981, S. 609-626

Weber, Hans Hermann (1966):
Grundlagen einer quantitativen Theorie des Handels, Köln u.a. 1966

Weiber, Rolf (1993):
Was ist Marketing? Ein informationsökonomischer Erklärungsansatz, Arbeitspapier Nr. 1 zur Marketingtheorie der Universität Trier, hrsg. v. R. Weiber, Trier 1993

Weiber, Rolf; Adler, Jost (1995):
Positionierung von Kaufprozessen im informationsökonomischen Dreieck: Operationalisierung und verhaltenswissenschaftliche Prüfung, in: ZfbF, 47. Jg., Heft 2/1995, S. 99-123

Weiber, Rolf; Adler, Jost (1995):
Der Einsatz von Unsicherheitsreduktionsstrategien im Kaufprozeß: Eine informationsökonomische Analyse, in: Kontrakte, Geschäftsbeziehungen, Netzwerke – Marketing und Neue Institutionenökonomik, hrsg. v. Klaus P. Kaas, ZfbF Sonderheft 35/95, Düsseldorf 1995, S. 61-77

Wenzel, Holger (1996):
Verbraucherkommunikation durch Hersteller und Handel, in: Markenartikel, 58. Jg., Heft 6/1996, S. 230-232

Werani, Thomas (1998):
Der Wert von kooperativen Geschäftsbeziehungen in industriellen Märkten: Bedeutung, Messung und Wirkungen, Linz 1998

Werani, Thomas (1999):
Der Wert von kooperativen Geschäftsbeziehungen in Business-to-Business-Märkten, in: Technischer Vertrieb, 1. Jg., Heft Juni, 3/1999, S. 26-28

Westphal, Jörg (1991):
Vertikale Wettbewerbsstrategien in der Konsumgüterindustrie, Wiesbaden 1991

Wiedmann, Klaus-Peter (1993):
Rekonstruktion des Marketingansatzes und Grundlagen einer erweiterten Marketingkonzeption, Stuttgart 1993

Wiese, Leopold von (1933):
System der allgemeinen Soziologie, 2. Aufl., München u.a., 1933

Wilkinsion, Ian (1981):
Power, Conflict, and Satisfaction in Distribution Channels, in: International Journal of Physical Distribution and Materials Management, 11. Jg., Heft 7/1981, S. 20-30

Williamson, Oliver E. (1971):
The Vertical Integration of Production: Market Failure Considerations, in: The American Economic Review, 61. Jg., 1971, S. 112-123

Williamson, Oliver E. (1975):
Markets and Hierarchies: Analysis and Antitrust Implications: A Study in the Economics of Internal Organization, New York 1975

Williamson, Oliver E. (1979):
Transaction-Cost Economics: The Governance of Contratual Relations, in: The Journal of Law and Economics, 22. Jg., 1979, S. 233-261

Williamson, Oliver E. (1984):
The Economics of Governance: Framework and Implications, in: ZgS/JITE, 140. Jg., 1984, S. 195-223

Williamson, Oliver E. (1985):
The Economics of Institutions of Capitalism: Firms, Markets, Relational Contracting, New York 1985

Williamson, Oliver E. (1990):
Die ökonomischen Institutionen des Kapitalismus. Unternehmen, Märkte und Kooperationen, Tübingen 1990

Williamson, Oliver E.; Ouchi, William G. (1983):
The Markets and Hierarchies Programme of Research. Origins, implications, prospects, in: Power, Efficiency and Institutions: A Critical Appraisal of the 'Markets and Hierarchies' Paradigm, hrsg. v. Arthur Francis, Jeremy Turk u. Paul William, London u.a. 1983, S. 13-34

Windsperger, Josef (1985):
Transaktionskosten und das Organisationsdesign von Koordinationsmechanismen, in: Jahrbuch für Neue Politische Ökonomie, Bd. 4, 1985, S. 199-218

Windsperger, Josef (1996):
Transaktionsspezifität, Reputationskapital und Koordinationsform, in: ZfB, 66. Jg., Heft 8/1996, S. 965-978

Wollnik, Michael (1977):
Die explorative Verwendung systematischen Erfahrungswissens: Plädoyer für einen aufgeklärten Empirismus in der Betriebswirtschaftslehre, in: Empirische und handlungstheoretische Forschungskonzeptionen in der Betrieswirtschaftslehre, hrsg. v. Richard Köhler, Stuttgart 1977, S. 43-64

Woratschek, Herbert (1996):
Die Typologie von Dienstleistungen aus informationsökonomischer Sicht, in: der markt, 35. Jg., 1996, S. 59-71

Zentes, Joachim; Anderer, Michael (1993):
Warenwirtschaftssysteme, in: Handbuch Informationsmanagement – Aufgaben – Konzepte – Praxislösungen, hrsg. v. August W. Scheer, Wiesbaden 1993, S. 347-363

Zentes, Joachim; Ihrig, Falk (1995):
Bedeutung der Markenpolitik für das vertikale Marketing, in: Markenartikel, 57. Jg., Heft 1/1995, S. 18-24

GPSR Compliance

The European Union's (EU) General Product Safety Regulation (GPSR) is a set of rules that requires consumer products to be safe and our obligations to ensure this.

If you have any concerns about our products, you can contact us on ProductSafety@springernature.com

In case Publisher is established outside the EU, the EU authorized representative is:

Springer Nature Customer Service Center GmbH
Europaplatz 3
69115 Heidelberg, Germany

Batch number: 10816188

Printed by Printforce, the Netherlands